한길민문학문고 12
생각하는 사람

철학은
어디에 있는가

삶과 텍스트 사이에서 생각하기

강영안 지음

한길인문학문고 **12**
생각하는 사람

한길사

철학은 어디에 있는가

삶과 텍스트 사이에서 생각하기

지은이 · 강영안
펴낸이 · 김언호
펴낸곳 · (주)도서출판 한길사

등록 · 1976년 12월 24일 제74호
주소 · 413-756 경기도 파주시 광인사길 37
    www.hangilsa.co.kr
    E-mail: hangilsa@hangilsa.co.kr

전화 · 031-955-2000~3   팩스 · 031-955-2005

CTP 출력 및 인쇄 · 현문인쇄 | 제본 · 광성문화사

제1판 제1쇄 2012년 2월 17일
제1판 제2쇄 2014년 4월 15일

값 17,000원

ISBN 978-89-356-6233-3 03100

이 도서의 국립중앙도서관 출판시도서목록(CIP)은 e-CIP 홈페이지(http://www.nl.go.kr/ecip)와
국가자료공동목록시스템(http://www.nl.go.kr/kolisnet)에서 이용하실 수 있습니다.
(CIP제어번호: CIP2012000456)

삶은 철학의 이유

• 책을 펴내며

2010년 8월부터 2011년 8월까지 나는 미시간에 있는 기독교 대학 칼빈 칼리지(Calvin College)에 머물렀다. 2002년 12월 말부터 2004년 봄까지 약 14개월간 머물면서 고대 중국철학을 포함해서 철학을 다섯 과목이나 가르친 학교라 학교 풍경, 교내 지리, 도서관 등이 모두 익숙했다. 그런데 전과 달리 백발이 성성한 노인들이 어린 학생들 사이로 캠퍼스를 부지런히 오가는 모습이 유난히 눈에 들어왔다. 이들은 노인을 위한 교육 프로그램에 참여하는 사람들인데, 쉽지 않은 철학 특강 시간에도 모습을 드러내었다. 기억을 되살려보면 비단 미국에서만 이런 현상을 경험한 것은 아니다. 한국연구재단이 지원하고 석학 인문강좌 운영위원회에서 주관하여 매주 토요일 오후 3시부터 5시까지 서울역사박물관에서 열리는 '석학 인문강좌'에는 50대 이상의 청중들이 250석의 강당을 채우다 못해 강당 로비까지 의자를 놓아야 할 정도로 몰려든다. 작년 4월과 5월 나는 기업체를 가진 몇몇 분들과 대학 교수들에게 플라톤에서 칸트까지 철학 특강을 한 적이 있다.

우리는 매우 진지하게 철학 텍스트를 함께 읽고 삶의 문제를 생각했다. 무엇이 이들에게 문학과 역사를 위시하여 쉽지 않은 철학에까지 관심을 갖게 하는가?

그러나 눈을 돌려 젊은 대학생들의 경향을 보면 상황은 다르다. 인문학에 대한 학생들의 관심은 최근 들어 현저히 떨어졌다. 80년대와 90년대 초반만 하더라도 한국 사회와 정치 상황과 관련해서 학생들은 숱한 고민에 싸였고 사회과학 서적이나 철학을 위시한 인문학 서적들을 읽었다. 그러나 90년대 중후반에 학부제가 도입되면서 전공과 부전공, 복수전공 선택의 폭과 자유가 훨씬 더 커졌음에도, 막상 상상력과 사고를 키우고 역사적 사례와 인간의 궁극적인 관심과 추구를 알아볼 수 있는 공부에 관심 두는 학생들은 예전에 비해 많이 줄어들었다. 독일어나 프랑스어 등 제2외국어에 대한 관심의 하락은 말하기조차 민망하다. 취직은 되지 않고, 다른 학생들과 차별화를 위해 이른바 '스펙'을 관리해야 할 상황에 처했다고 믿는 학생들에게 철학이나 문학 또는 역사와 관련된 과목이 눈에 들어오기란 쉽지 않다. 삶을 어느 정도 살았을 뿐 아니라 그리 많이 남지도 않은 삶을 그래도 조금은 풍요롭게 살고자 하는 노인들에게는 그토록 갈구의 대상이 되는 인문학이, 영혼을 빚어가고 관점을 세우고 타인의 생각과 문화를 폭넓게 이해해야 할 젊은이들에게는 외면되는 현상을 어떻게 보아야 할 것인가?

내가 몸담고 있는 서강대학교의 경우는 '서강 6과' 제도를 만들어 말하고 듣고 생각하고 쓰는 공부를 더욱 강화했기 때문에 인문교육이 약화되었다고 말할 수는 없다(더구나 2011년 12월을 기준으로 현재 철학을 제1전공으로 선택해서 공부하고 있는 학생만 해도 185명이 넘는다). '서강 6과' 가운데서 나는 '동서고전 세미나'를 맡아 4년간 가르쳤다. 예컨대 '전쟁과 귀환'이란 주제로 호메로스의 『일리아스』와 『오디세이아』, 베르길리우스의 『아이네이스』를, '캐물어본 삶'이란 주제로 플라톤의 『소크라테스의 변명』『크리톤』, 칸트의 『도덕형이상학기초』를, '신앙의 물음'이란 주제로 아우구스티누스의 『고백록』, 마르크스의 『헤겔법철학 서문』, 니체의 『선악의 피안』을, '불교의 지혜'란 주제로 『아함경』『반야심경』『육조단경』을, '지식의 문제'란 주제로 베이컨의 『새 논리학』, 포퍼의 『추측과 반박』, 쿤의 『과학혁명의 구조』를 다루었다. 동서고전세미나는 이런 방식으로 열두 주제를 중심으로 약 36권의 책을 다루는 수업이었다. 학생들은 무척 힘들어하면서 따라왔지만 대부분 만족스러운 마음으로 교실을 떠났다. 나는 이 강의를 진행하면서 한 가지를 분명하게 경험했다. 삶의 문제를 가지고 텍스트를 읽고 씨름하면 분명히 우리가 얻는 것이 있다고. 철학을 하거나 문학을 하거나, 우리가 삶의 문제에 초점을 맞춘다면 인문학은 외면당할 수 없다고. 그럼에도 우리는 우리가 몸담고 있는 나라가 경제 지상주의의 우상을 그 어느 나라보다도 성실하게 섬기고 있다는 사실을 외면할 수 없다. 신문사의 요청으로 칼럼을 쓰고 신문사가 기대하는 여론 조성에 참여하는 사람들을 보라. 대부분이 경제학자들이거나 경영학자들이다. 법학자들의 참여도 일부 보이지만 역사학자나 철학자, 문학자의 의견을 묻는 신문이나 방송은 이제 거의 보이지 않는다. 인문학자들의 의견이나 근본적인 물음은 이제 들을 가치가 없기 때문에 그런 것일까?

90년대 초중반까지 우리 한반도를 지배하던 이념의 시대가 지나가자 그 자리를 대신 차지한 것은 아마도 경제 중심주의가 아닌가 생각한다. 삶의 각 영역에 정치적 민주화가 자리 잡기 시작하면서 먹고사는 문제에 사람들의 관심이 쏠리는 것은 당연한 일이다. 억울함을 당한 사람이 어느 정도 억울함을 풀게 되고 체면을 유지하고 이름 석 자를 떳떳하게 행사할 수 있는 권리를 찾게 되면 그다음에는 더 많은 소유와 더 많은 즐거움을 추구하게 되는 것이 인간의 본성에 자연스러운 일일 것이다. 배고프고 힘들때 오히려 문학을 논하고 역사를 되새기고 철학을 말하지만 풍요를 누리게 되면 그토록 갈구하던 삶의 진실은 오히려 듣기 고통스러운 것이 되는 게 아닌가 짐작해본다. 새로운 시대 변화에 맞추어 철학과 인문학은 변신을 꾀하지만 음식으로 배부르고 몸이 편안한 상황에 대중들이 귀 기울여줄 것이라 기대하는 일은 처음부터 무리인지 모른다. 이런 상황에서 인문학자와 철학자들은 소크라테스가 마치 아테네 시민들에게 쇠파리처럼 굴었듯이 사람들을 귀찮게 하고, 문제를 일으키는 귀찮은 존재가 되어야 하지 않을까 생각한다.

여기 한 자리에 모은 글은, 삶에 관심을 가질 때 인문학이 비로소 살아날 수 있다는 생각을 가지고 쓴 글들이다. 크게 두 부분으로 나누어서 첫 번째는 이론적인 논의를 하고 두 번째는 좀더 구체적인 삶의 주제들을 다루었다.

1부에서 맨 앞자리를 차지한 「철학은 어디에 있는가」라는 글은 프랑스 파리에 소재한 유네스코의 지원으로 출판되는 철학과 인문학 전문잡지 『디오게네스』(*Diogenes*)의 '오늘의 인문학' 특집호(2010)에 초대를 받아 쓴 글이다. 서양철학의 역사를 보면 적어도 플라톤 이후로 데카르트, 칸트, 헤겔을 거쳐 20세기 초반 후설과 논리 실증주의자들에 이르기까지 철학자들은 철학을 엄밀한 학(學)으로 만들려는 노력을 멈추지 않았다. 철학의 개념 사용이나 논리 전개는 그 결과 더욱 엄밀해졌다. 철학은 서서히 모든 것을 설명하고 모든 것을 논의하는 이론적 체계처럼 이해되었다. 칸트 자신이 누구보다 먼저 깨달았듯이, 이렇게 된 철학은 논리적 완벽성에는 뛰어나지만 삶과는 별로 상관이 없다. 하이데거는 다른 이유를 가지고 철학이 학문이 되고자 한 노력을 거부한다. 그는 학으로서의 철학 대신 '존재 사유'(das Denken des Seins)를 새로운 대안으로 제안한다. 존재를 사유한다고 해서 앉아서 골똘히 '존재란 무엇인가'를 생각한다는 말은 아니다. 존재 사유는 과거의 철학 텍스트를 다시 읽는 과정을 통해 그 가운데 '생각되지 않은 것', '감추어진 것'을 드러낸다. 그러므로 존재 사유를 하는 데는 텍스트가 중요한 의미를 갖는다. 하이데거 철학의 이러한 측면을 극단으로 밀고나간 데리다에 이르러 철학은 이제 하나의 글쓰기가 된다. 글 쓰는 행위를 떠나서 철학은 따로 존재하지 않는다. 이제 철학이 나아가야 할 길에는 두 방향이 제시된 것 같다. 지식 가운데서도 최고의 지식일 뿐 아니라 다른 지식을 근거 짓는 지식임을 지향하는 방향과 철학 자신을 스스로 글쓰기에 국한시키는 방향. 철학이 단순한 존립만을 위해서가 아니라 자신의 소명을 다하고자한다면, 과연 어느 쪽을 선택해야 할 것인가? 양자 선택의 대안으로 나는 칸트 다시 읽기를 제안한다. 완전한 철학적 지식의 체계를 담고 있는 철학은 아직 없기 때문에 우리는 철학을 배울 수 없고 다만 철학함을 배울 수 있다고 칸트가 말할 때, 그의 의도는 철학의 역사를 배제하는 것이 아니라 과거에 이루어진 철학적 시도들을 다시 검토하고 그것을 딛고 서서 삶의 문제를 묻고 생각하고 따지자는 것이다. 이때 철학은 삶과 동떨어진 논리적 완벽성만을 겨냥하지 않고 삶과 밀접한 생각을 이어갈 수 있다.

두 번째에 자리한 「인문학, 놀고 즐기고 살다」는 기술시대 인문학의 가치를 다룬다. 이 글은 2008년 학술진흥재단(현 한국연구재단)의 지원으로 성공회대학교와 중앙대학교가 공동주최한 아시아 인문학자대회에 초청을 받아 발표한 글이다. 내가 받은 주제는 새로운 과학기술이 적용되는 시대에 인문학의 가치란 무엇인가 하는 것이었다. 20세기에 들어서서 영화가 나오고 컴퓨터가 개발되고 쉽게 휴대할 수 있는 랩톱·아이팟·아이패드·킨들이 등장하면서 더 이상 인쇄가 된 책을 사용하지 않고도 인문학 관련 자료를 읽고 생산할 수 있게 되었다. 인문학적 상상력과 논의는 책에 제한되지 않고 영화로, 전자책으로 확대되었다. 근대 인문학은 인쇄술의 발전과 함께 '책의 학문'으로 자리매김해왔다. 그러나 책은 이제 그 영향력이 옛날보다 감소되었다. 그렇다면 인문학의 가치도 책의 영향력 감소와 비례하는가? 반드시 그렇지 않다는 것이 두번째 글에서 내가 주장하는 주요 논제 가운데 하나이다.

인문학은 책을 거치지 않더라도 인터넷이나 아이팟, 아이패드 등을 통해서 생산되고 전달될 수 있다. 이때 문자가 필연적으로 사용된다. 문자가 있는 곳에 인문학이 있다. 심지어 영화를 통해서도 역사와 철학과 문학은 전달될 수 있고 논의될 수 있다. 그러므로 새로운 기술의 발전은 인문학의 가치를 떨어뜨리는 원인이 될 수 없다. 인문학이 고통과 슬픔뿐 아니라 기대와 희망이 있는 인간의 현실에서 주고받는 지적 노력이라고 한다면 삶의 실재론, 삶의 현실주의(realism)는 인문학의 가능 근거라 볼 수 있다. 오늘 우리의 삶의 방식 가운데서 만일 인문학에 위협을 안겨주는 것이 있다면 삶의 실재를 희석시키면서 오히려 나의 감정을 만족시키는 데서 행복을 찾는 '센티멘털리즘'이 아닌가 한다. 참된 관계와 그로부터 얻는 자유, 그리고 존재 의미보다는 오히려 타인으로부터 받는 인정이나 목표 실현 등에서 삶의 의미를 찾으려는 경향이 근대 기술의 가능성으로 훨씬 더 강화되었다고 볼 수 있다. 이러한 경향으로 인해 현대 문명 사회에서는 주어진 상황에서 상상력과 비판 능력을 발휘하면서 삶의 규칙을 지키는 가운데 삶을 누리고 즐기는 호모 루덴스(homo ludens)형의 인간보다 삶을 만들고 통제하고 원하는 결과를 산출하는 데 방향이 맞추어진 호모 파베르(homo faber)형의 인간을 선호하지 않는가 생각한다.

「휴머니즘의 길찾기」에서는 근대철학과 근대 인문학이 근본적으로 깔고 있는 휴머니즘의 의미를 몇 갈래로 구분해서 살펴본다. 르네상스 휴머니즘을 거쳐 근대 인문학은 데카르트에 이르러 신랄한 비판에 직면한다. 데카르트의 『방법서설』 1부는 그가 학교에서 배운 인문학에 대해 어떻게 생각하고 어떻게 평가했는지 명료하게 보여준다. 그에 따르면 인문학적 지식은 약간의 유익이 있긴 해도 근본적으로 확실성이 결여된 학문이다. 따라서 확실한 지식을 얻기 위해서는 인문학에 의존해서는 안 된다. 데카르트는 이른바 '방법적 회의'를 통해 내가 생각한다는 것, 내가 존재한다는 것을 확보한 다음, 차례로 하나님이 존재한다는 것, 그리고 하나님이 창조한 물질세계가 존재한다는 것을 확실한 지식으로 확보한다. 이것을 토대로 데카르트는 자연과학을 자연에 적용시킬 수 있는 토대를 마련한다. 데카르트의 정신은 계몽주의적인 휴머니즘으로 이어지고, 글에 바탕을 둔 르네상스 인문주의는 점점 그 중요성을 잃게 된다. 그러나 데카르트 이후의 과학적 휴머니즘은 지난 몇십 년간 서양에서 다시 비판의 도마에 오른다. 과학적이고 계몽주의적인 휴머니즘에 대한 비판과 더불어 수사학의 중요성이라든지 인간 경험의 애매성, 영원한 것보다 시간적인 것의 중요성이 다시 강조된다. 살과 피를 가진 인간 현실에 다시 관심을 갖게 된 것은 인문학의 존립 가치와 관련하여 중요한 변화라고 할 수 있을 것이다.

「지난 세기 유럽철학의 풍경」에서는 20세기 유럽철학을 전체적으로 조망해본다. 1900년에 『논리연구』를 출간하며 현상학의 문을 연 후설에서 하이데거, 레비나스, 메를로-퐁티, 사르트르 그리고 데리다까지 내려오는 현상학 전통과 1920년대 유럽에서 발생했으나 유럽에서는 잠시 일종의 에피소드에 그치고는 미국 철학 형성에 큰 영향을 준 논리실증주의, 이른바 프랑크푸르트학파로 불리는 비판이론, 그리고 프랑스를 중심으로 발전하면서 후기 구조주의와 포스트모더니즘 철학 형성에 크게 기여한 구조주의 등을 주로 다루었다. 나의 방식은 지난 세기 철학을 휴머니즘과 반휴머니즘의 관점에서 보는 것이다. 이때 말하는 휴머니즘은 고전어와 고대 문헌연구 중심의 인문주의 전통과 구별해서 인간을 중심에 내세우는 철학을 뜻하고, 반휴머니즘은 인간의 얼굴을 지워버리고자 애쓴 철학을 말한다. 굳이 이것을 우리말로 번역해서 쓰자면 인간주의와 반인간주의라고 하는 것이 좋을 듯하다.

2부에는 남과 나, 전쟁과 평화, 정(情)과 고통과 진실을 다룬 글을 배치했다. 이 주제들은 우리 삶과 너무나 가까운 주제이다.

남과 나의 문제를 다룬 「타인을 위한 삶은 진정 가능한가」는 20세기 철학자 레비나스와 로티를 중심으로 다루었다. 레비나스는 후설과 하이데거를 통해서 발전된 현상학 전통에 서 있지만 현상학의 '자아 중심적인 사고' 또는 '존재 중심적인 사고'와 달리

'타자 중심의 사고'를 펼친 프랑스 철학자이다. 로티는 분석철학 전통에서 철학 훈련을 받았으나 분석철학을 떠나 실용주의적 관점을 따른 미국 철학자이다. 두 철학자는 어떤 점에서는 공통점이 있으나 자아와 타자를 보는 관점에서는 판이한 철학을 펼쳤다. 레비나스는 나에 대한 관심보다는 타자에 대한 관심을 우선시하며 타자와의 연대가 나의 나됨을 구성하는 본질적 요소임을 강하게 주장한다. 로티는 타자에 대한 관심보다는 나에 대한 관심을 우선시할 뿐 아니라 타자에 대한 관심, 곧 연대가 나의 나됨과는 무관하다고 주장한다. '자기 창조'란 개념이 로티에게 중요하다면 레비나스에게는 타자에 대한 '책임', '타자를 위한 존재'가 중요한 개념이다. 그럼에도 로티는 여전히 '연대'를 소중한 개념으로 다룬다. 타자 철학을 강조하는 레비나스는 자신의 철학을 '주체성의 변호'라 부른다. 그러므로 이들의 철학은 미래의 삶이 어떤 모습이어야 할까를 생각하고 고민할 때 대화 상대로 활용할 수 있는 철학이 될 것이다.

이어서 나오는 「전체성과 역사를 너머 지금 여기에」는 앞에서 얘기한 레비나스 철학을 전쟁과 평화의 관점에서 바라본 글이다. 전쟁이 모든 것을 나에게로 환원하여 지배하고자 하는 의도에서 타인과의 갈등으로 빚어진 상태라고 한다면, 평화는 나를 뒷전에 두고 타인을 수용하고 환대할 때 가능한 상태라고 가정해볼 수 있다. 전쟁을 피하고 평화를 가능하게 할 수 있는 생각의 틀을 고민하고 대안을 제시하려는 의도가 레비나스에게 있었음을 이 글은 보여줄 것이다. 칸트의 『순수이성비판』 1판과 2판 서문이 칸트의 비판철학의 의도를 이해하는 데 매우 중요한 열쇠를 제공하듯이 레비나스의 철학적 의도가 그의 『전체성과 무한자』 서문에 잘 드러난다고 보고 나는 이 책의 서문을, 그 가운데서도 첫 여덟 문단을 며칠 동안 아주 천천히 읽어나갔다. 그 결과 얻어낸 것이 이 글이다.

정의 현상을 다룬 「'정'답게 세상을 보다」에서는 우리말에서 정이라는 단어가 쓰이는 양상을 개략적으로 살펴본 다음 일종의 정의 현상학과 해석학을 시도하였다. 여기서 나는 아리스토텔레스의 『니코마코스 윤리학』 8권과 9권에서 나타나는 자기중심적 우애의 정과 『신약성경』 「누가복음」 10장의 '선한 사마리아인'의 비유에서 볼 수 있는 타자 중심, 이웃 중심의 정을 서로 대비해서 보았다. 우리 인간은 필연적으로 자신을 중시하는 존재이다. 스피노자는 인간의 본질을 다른 사물과 마찬가지로 '자신 안에서 존재를 유지하고자 하는 노력', 즉 이른바 '코나투스 에센디'(conatus essendi)가 인간의 본질이라고 본다. 만일 그렇다면 인간은 자기 자신으로부터 출발할 수밖에 없다. 그런데 사마리아인의 비유에서 우리는 그와 반대되는 움직임을 본다. 자기보다는 생명의 위협을 받고 있는 피해자를 먼저 생각하는 삶의 태도를 본다. 이는 동일자의 원을 확대하기보다는 오히려 동일자의 원을 깨뜨리고 밖으로 나가 고통 받는 남을 돌보고 다시 자기 자신으로 돌아오는 자아의 모습이다.

정에 이어서 「고통이 타인을 돌아보게 한다」에서는 고통의 문제를 다루었다. 고통의 현상을 직접 들여다보기보다는 아들을 잃고 박완서 선생이 쓴 『한 말씀만 하소서』라는 글을 통해서 고통이 어떤 현상인지, 어떤 의미가 있는지, 고통에 대해서 어떻게 처신하게 되는지를 간접적으로 살펴보았다. 어떤 종류의 고통이든지 고통은 아프고 쓰라린 경험이다. 따라서 마조히스트를 제외하면 누구도 고통을 즐기지 않는다. 그 가운데서도 탈출구가 없는 고통, 어떠한 의미도 부여할 수 없는 고통은 견딜 수 없다. 고통의 이런 면을 박완서가 누구보다 직관적으로 정확하게 포착하고 있다고 생각한다. 가스통 바슐라르가 말했듯이 "시인은 탁월한 현상학자"이다. 박완서는 개념 언어를 전혀 쓰지 않고 이야기를 통하여 자신이 경험한 고통을 누구보다 예민하게 그려낸다. 박완서가 부산 분도수도원에 머물 때 미끄럼틀을 보고는 손주들을 데리고 와서 그 앞에서 사진을 찍으면 좋겠다는 생각을 한 순간, 자신의 생각에 스스로 화들짝 놀란다. 나는 그 모습을 보고 작가의 민감함에 놀랐다. 손주들과 사진을 찍으면 좋겠다고 생각한 것은 미래를 계획하는 일이고, 미래를 계획한다는 것은 현재의 고통으로부터 이미 벗어나고 있음을 보여주기 때문에 자신의 그러함에 대해서 작가는 순간적으로 놀라게 된 것이다. 얼마나 민감하면 이런 현상을 그려낼 수 있을까? 나는 고통의 현상을 박완서 선생의 자전적인 작품을 통해 드러내보고자 하였다.

이어지는 「진리를 밝히는 기호의 힘」은 오래전에 발표한 에코의 『장미의 이름』이란 소설에 관한 글이다. 중세를 배경으로 하고 있는 이야기이지만 중세철학과 중세신학의 논의가 풍부하게 전개된 소설일 뿐 아니라 현대철학에서 논의되는 책의 문제, 텍스트의 문제, 상호텍스트성의 문제, 기호와 의미의 문제, 삶의 진실과 권력의 문제 등이 매우 흥미롭게 전개된다. 탐정소설의 형식을 취했지만 역사소설과 사상소설의 면모를 유감없이 보여준다. 비극을 다루고 있는 1권과 달리 희극을 다루었으나 지금은 소실된 아리스토텔레스의 『시학』 2권을 에워싸고 수도원에서 벌어지는 살인 사건이 이 소설의 전체 줄거리를 이룬다. 이 소설은 사건을 추적하는 윌리엄 수사와 조수 아드소의 모험기이면서 중세 교회와 정치, 중세의 상징신학, 계시와 사건의 관계를 매우 흥미롭게 보여준다. 기호와 상징, 신앙과 진실, 회의할 수 있고 웃을 수 있는 신앙의 문제 등이 거론된다.

여기 실린 글들을 완성하는 데는 많은 분들이 도움을 주었다. 「철학은 어디에 있는가」라는 글이 나오는 데는 덴마크 대학의 안드르스 페터슨 교수의 조언이 유익했다. 서강대 대학원 박사과정에 있는 김동규 군과 윤동민 군은 원래 영어로 쓴 나의 글을 번역하는 일에 수고하였다. 「인문학, 놀고 즐기고 살다」를 쓰기까지는 성공회대 백원담 교수와 연세대 연구교수로 있는 조경란 교수, 그리고 한동대 손화철 교수가 도움을 주었다. 레비나스와 로티에 관한 글은 로티 철학에 관한 입문서를 편집한 김동식 교수 덕분에 가능했고, 『전체성과 무한자』 서문 첫 부분을 꼼꼼하게 읽고 쓴 레비나스의 정치철학에 관한 글은 일본사상사학회 회장을 맡았던 경희대 허우성 교수의 성화 때문에 쓸 수 있었다. 정(情)의 현상을 다룬 글은 서강대 김승혜 교수와 철학과 정재현 교수에게 많은 빚을 졌다. 박완서 선생의 『한 말씀만 하소서』를 다룬 글은 기호학회 회장을 맡았던 이화여대 김치수 교수 덕분으로 완성되었다. 에코의 『장미의 이름』에 관한 글은 차하순 교수께서 서강대 인문과학연구소 소장을 맡았을 때 시작한 정기 콜로키움에 발표를 부탁하지 않았으면 준비하지 않았을 터이고, 당시 대학원생이던 서동욱 교수가 녹취의 수고를 해주지 않았으면 글로 남을 수가 없었다. 최종 원고를 읽고 교정을 보는 일에는 서강대 대학원생 김동규, 윤동민, 박진희, 이태멘, 그리고 특별히 김현선이 수고를 많이 했다. 이 모든 분들께 진심으로 감사를 드린다. 마지막으로, 한 권의 책으로 묶을 수 있도록 독려해주신 한길사 김언호 사장과 편집작업에 수고한 박희진 편집장과 임소정 씨에게 감사의 말씀을 드린다. 나의 존재와 나의 활동이 언제나 타인의 사랑과 관심과 희생 때문에 가능했음을 다시 깨닫고는 주위의 모든 분들께 감사를 드린다. 철학과 인문학과 삶을 생각하는 분들께 조금이라도 생각할 거리를 안겨드린다면 더 이상 바랄 게 없을 것이다.

2012년 1월
강영안

1 철학의 얼굴

"삶은 철학적 물음의 원천이다. 읽는 이뿐만 아니라 글을 쓰고
말을 하고 토론에 참여하는 모든 사람이 삶이라는 현장을 가지고 있다.
만일 삶을 무시한다면 철학이 어떻게 성립할 수 있겠는가?
사유하는 능력, 사유능력을 적용하고 훈련할 수 있는 철학 텍스트, 그리고 삶.
이 셋을 우리는 철학의 필요충분조건이라 말할 수 있다."

철학은 어디에 있는가

철학은 어디서도 **구체적으로는** 주어진 적이 없는, 하나의 가능한 학문의 순전한 이념이다. (……) 우리는 단 하나의 길을 찾아낼 때까지 이것을 발견하려고 한다. 그때까지 우리는 철학을 배울 수 없다. 철학은 어디에 있는가. 누가 철학을 소유하고 있는가. 어디서 철학을 인식할 수 있는가? 우리는 철학함을 배울 수 있을 뿐이다. 다시 말해 보편적 원리들을 준수하는 이성의 재능을 우리 앞에 있는 몇몇 시도들을 통해서 연습할 수 있다(칸트, 『순수이성비판』, A838/B866).

칸트(Immanuel Kant)의 『순수이성비판』은 많은 질문을 담고 있다. 우리의 경험은 어떻게 가능한가. 선험적 종합판단은 어떻게 가능한가. 학으로서의 형이상학은 어떻게 가능한가? 칸트는 이 물음들을 가지고 이성의 범위와 한계를 검토한다. 칸트의 이 물음들은 이론적인 지식과 관련해서 칸트의 비판 철학이 어디에 초점을 맞추고 있는지를 드러낸다. 『순수이성비판』 2편에 해당하는 방법론의 두 번째 장 '이성의 기준'에서 칸트는 "나는 무엇을 알 수 있는가, 나는 무엇을 해야 하는가, 나는 무엇을 희망해도 되는가?"라는 물음을 우리 이성의 근본적 관심이란 이름으로 소개한다. 이 물음은 각각 지식과 도덕, 종교와 관련이 있다.『순수이성비판』방법론의 세 번째 장 '이성의 건축술'에서 칸트는 철학 자체에 대한 물음을 제기한다. 그 자리에서 칸트는 이렇게 묻고 있다. "철학은 어디에 있는가, 누가 철학을 소유하고 있는가, 어디서 철학을 알 수 있는가?" 칸트의 질문과 해답은 이른바 '인문학의 위기', '철학의 위기'를 이야기하는 우리 시대에 다시 한 번 검토할 가치가 충분히 있다고 생각한다. 그 이야기에 들어가기 전에 먼저 인문학의 위기, 철학의 위기가 어떤 성격인지 간략하게 생각해보자.[1]

인문학적 이상의 상실

지난 2, 30년간 유럽과 미국, 그리고 우리가 살고 있는 국내에서도 인문학의 위기가 자주 언급되었다.[2] 언어학, 예술연구, 종교연구, 문학연구, 역사 및 철학을 포괄하는 인문학의 영역에서 일하는 사람들이 위기에 대해 말하기 시작했다는 것이 만일 특이하다면 특이한 현상이다. 이 학문 분야는 다루는 대상이 어느 정도 구체적이냐 추상적이냐에 따라 차이가 있지만 모두 '인간이 남긴 표현들'과 관계한다는 점에서 '인문학'이란 이름으로 통칭

될 수 있다. 왜냐하면 인(人)이 사람을 가리킬 때 문(文)은 사람이 남긴 무늬, 흔적, 자국으로 이해할 수 있을 것이기 때문이다. 이 점에서 사람이 남긴 무늬, 사람의 흔적을 다루는 인문학은 '하늘의 무늬'(天文)와 '땅의 결'(地理)을 다루는 자연과학, 사회과학과 구별된다. 인문학이 위기에 처했다는 인식은 이 분야에 속한 학문들의 존립이 어렵게 되었다는 말이다.

90년대 초 암스테르담 대학교 문과대학에서 제출한 기획안이 그 좋은 예가 될 것이다. 행정 직원은 그대로 두되 연구 및 교수직 인원 가운데서 80명의 전임 자리를 폐지해야 한다는 대학의 예산절감 정책에 대해서 단과대 자체의 대응책으로 내놓은 방안이었다. 그 골자는 번역학, 미국학, 음성학, 현대 그리스어, 핀란드어, 루마니아어, 폴란드어, 세르비아-크로아티아어, 체코어, 중세 라틴어, 파피루스학 분야를 폐지하고 네덜란드, 독일어, 프랑스어, 영어, 고전어, 슬라브어, 미술사 분야 인원은 줄인다는 것이었다.[3] 모든 분야가 이런 식으로 감축정책을 쓰는 것은 아니다. 예컨대 법학이나 경영학 관련 학부와 대학원은 학생들과 사회의 요구를 수용하느라 교수 숫자를 늘리고 건물을 더 짓고 있다. 이와 달리 사회적 요구가 없거나 낮은 학문 분야는 그와 비례해서 감축, 통폐합하지 않을 수 없는 상황에 내몰리게 된 것이 오늘의 대학 현실이다.

일단 이러한 경향의 원인은 인문학의 사회경제적 효용성이 문제가 되었기 때문이라 진단해볼 수 있다. 인문학 관련 학과를 졸

업한 학생들은 공대나 상경대 출신보다 직장을 얻을 기회가 상대적으로 낮다. 이 분야에 종사하는 젊은 학자들도 다른 분야보다 연구 지원비를 받을 가능성이나 연구비 액수가 훨씬 낮다. 이러한 점들은 현대사회에서 인문학 경시나 인문학 평가절하의 표지라고 말할 수 있겠다. 인문학을 하는 사람들에게 이러한 상황은 전통 유교사회에서 글을 배운 선비들이 권력, 명예, 부를 향유해온 것에 비춰보면 실망스러울 수 있지만 사회변화의 당연한 결과로 받아들여야 할 일로 생각할 수도 있다. 어떤 경우든 오늘날 인문학 관련자들이 경험하고 있는 현실을 사회경제적 효용성에 따라 평가하는 자본주의 체제의 경제논리 때문이라고 진단하는 것은 크게 잘못된 일이 아닐 것이다. 미국의 대표적 철학자 너스바움(Martha Nussbaum)이 인문학의 필요성을 역설한 책의 제목을 『이익을 위한 것이 아니다』(*Not for Profit*)라고 한 것을 보면 전 세계의 사정도 이와 비슷한 듯하다.[4)]

미국과 유럽뿐 아니라 한국에서도 대학과 교육기관에서 실행되는 배움이란, 하이데거(Martin Heidegger)가 말한 "계산적 사유"(das rechnenede Denken)의 지배를 받는다.[5)] 이는 모든 것이 계산되고, 계획되고, 통제될 수 있다는 가정을 기반으로 삼고 있다. 진리는 효용성이 되고, 지식은 정보와 동일한 것으로 취급된다. 장 프랑수아 리오타르(Jean-François Lyotard)가 지적한 것처럼 현대 세계에서 지식은 정보로 번역될 수 있을 때 새로운 회로에 편입될 수 있고 사용될 수 있다.[6)] 체계화된 지식 가운데 정보의 가치를 담은 지식만이 생산되고 소비되며, 잔여물들은 폐기처분된다. 요컨대 지식은 팔리기 위해, 더 많은 부가가치를 얻기 위해 생산된다. 지식은 그 고유한 내적 가치를 상실하고 교환가치로 평가받기에 이르렀다. 그러나 이것을 이른바 정보사회의 새로운 산물로 믿는 것은 잘못이다. 적어도 지난 4, 5세기 동안 서양 학문은 이러한 변화를 준비해왔다. 철학은 이러한 흐름에 적응하면서 발전해온 것이다.

우리가 살고 있는 동아시아에서는 전통적으로 고전 텍스트 읽기가 강조되었다. '근대성의 문화'가 도입되기 전에는 서양에서도 고전 텍스트를 읽고 외우고 삶에 적용하는 일이 배움의 과정에서 핵심적인 역할을 했다. 서양에서는 호메로스(Homeros), 타키투스(Tacitus), 키케로(Cicero), 베르길리우스(Vergilius), 그리고 『성경』 텍스트를, 동아시아에서는 공자, 맹자, 주희 등을 인간성을 발전시키는 길로 여기면서 부지런히 읽고 연구하였다. 그리스의 파이데이아(paideia, 교육)의 이상, 유교의 배움(學)의 이념, 기독교의 의(義)로 교육함(paideia en dikaiosune)의 이상(「디모데후서」 3:16)에는 자연, 하늘(天), 또는 신을 지향하면서 여기에 부합하는 인간성을 도야하고자 하는 의도가 있었다.[7] 그러나 근대성의 문화가 시작되면서 성립한 현대 학문에는 인간성을 도야하고자 하는 이러한 이상이 서서히 사라졌다. 만일 철학과 인문학의 위기가 실질적으로 존재한다면 나는 인간성의 도야라는 인문학적 이상의 상실이 그 주요 원인이라고 생각한다(나는 사회경제적 효용성으로 인한 위기를 '외적 위기'라 부르고 학문 가치의 상실로 인한 위기를 '내적 위기'라 부른다).[8]

동아시아 전통의 공부 방식을 보라. 텍스트를 읽을 때 단어의 의미, 문장의 구조, 맥락 및 저자의 전체적인 의도를 따라 읽고 해석하는 관행이 전혀 없었던 것은 아니나 공자를 읽고 주자를 읽는 목적은 단지 텍스트 자체를 객관적으로 이해하고 그들의 사상을 체계적으로 파악하는 데 있지 않았다. 텍스트를 자세하게 읽은 이유는 그것을 일종의 양식(糧食)으로 삼아 풍성하게 먹기 위함이었다. 그리하여 그들이 발견하고 가르친 도(道, the Way)를 따라 그것을 실천하면서 살기 위한 것이었다. 다시 말해 텍스트 읽기와 텍스트의 이해는 지적 작업에 그치는 것이 아니라 궁리실천(窮理實踐)을 위한 것이었다.[9] 19세기 이후 서양철학이 중국, 일본 그리고 한국에 도입된 이후, 공자와 맹자, 노자와 장자의 텍스트는 플라톤과 아리스토텔레스, 칸트와 헤겔의 텍스트가 서양에서 연구되는 방식으로 연구되었다.

플라톤과 칸트를 공부하는 것과 같은 방식으로 공자와 장자의 철학 텍스트를 공부하는 이 방식이 가져온 결과는 무엇인가? 우리는 몇몇 저자와 학파에 대해 보다 넓은 역사적 관점을 얻음으로써, 텍스트에 대한 더욱 풍부한 지식과 몇몇 교설에 관한 체계적 이해를 얻게 된다. 예를 들어, 『도덕경』은 전통적으로 노자가 쓴 책으로 알려져 있지만, 펭귄북에서 나온 영역 『노자 도덕경』을 번역한 딘 척 라우(Din Cheuk Lau, 劉殿爵)는 노자가 실존 인물이 아니라는 주장을 펼치기도 한다.[10] 예컨대 19세기 이후 『성경』 연구에 적용된 역사비평 방법(historical-critical method)은 서양뿐만 아니라 동아시아에서도 적용되기 시작했다. 이런 방식으로 철학을 하게 된 것은, (서양 학문이 들어오기 이전의 사유와 앎의 방식을 '철학'이란 단어를 붙여 부를 수 있다고 할 때) 과거 전통과는 크게 다르다고 할 수밖에 없다.[11]

현대의 대학 현실 속에 이것이 반영되는 방식을 보자. 예컨대 대학 철학과에서 노장철학이나 불교철학을 가르칠 사람을 찾는 다고 해보자. 이에 적합한 사람은 노자, 장자나 불교에 대한 치밀 하고도 비판적인 지식은 부족하지만 이 전통에서 바람직한 것으로 생각되는 삶의 방식을 따라 사는 사람인가, 아니면 실제 삶과는 거리가 있더라도 이 전통의 텍스트를 연구하고 논문을 쓸 수있는 훈련이 된 사람인가? 이 물음은 기독교 신학에도 그대로 적용된다. 신학 관련 학위는 없지만 모든 점에서 좋은 그리스도인이며 『성경』과 신앙 전통을 잘 아는 사람을 채용할 것인가, 아니면 신학 관련 학위를 가진 사람을 채용할 것인가? 현대 학문 체계를 따라 대학에서 훈련을 받은 사람이면 이 질문에 어떻게 대답해야 할지를 분명하게 알고 있다. 전통에 깊이 몸이 젖은 사람, 실천을 깊이 이해하고 실행하는 사람보다는 이론 공부를 착실히하여 연구를 할 수 있고 논문을 쓸 수 있는 사람을 발탁할 가능성이 높다. 물론 실천 속에 깊이 들어가 삶을 통해 노장 사상이나 불교 전통, 또는 기독교 신앙의 전통을 몸으로 체득하고 실천하면서도 그 분야의 학문적 깊이까지 가진 사람이면 더욱더 좋은 후보자로 거론될 것이다. 그러나 오늘날의 학문이 삶으로부터의 분리를 하나의 당연한 사실로 전제하고 있다는 점을 우리는 부인할 수 없다. 학문과 삶의 분리는 현재 우리가 대학이나 연구소에서 실제로 경험하고 있는 현실이다.

철학에 대한 인간의 욕구

이제 우리의 시선을 철학으로 좁혀보자. 오늘 우리의 삶의 현실에서 철학이 어려움에 봉착한 것이 사실이라면 나는 그 까닭을 시장이 주도하는 현실에서뿐만 아니라 근대 이후의 철학 자체에서 찾아야 한다고 생각한다. 그래서 나는 "'철학'이란 이름으로 연구되고 교육되는 활동이 인간의 관심과 기대를 충족시키는가?" 하는 물음을 던져보자고 제안한다. 문학이나 역사, 종교나 언어, 또는 예술연구와 관련해서도 동일한 질문이 가능하다. 현대 문학이, 또는 오늘날 대학에서 연구되는 역사학이 사람들이 기대하는 바를 충족시키는가? 이 물음에 대한 답변을 찾기 전에 먼저 인간의 욕구와 관심이 인문학 일반, 특히 철학과 어떤 상관이 있는지 생각해볼 것이다.

인간은 무엇보다도 활동하는 능동적인 존재임을 가정하자. 인간의 활동은 관심, 동기, 목표 설정을 전제한다. 무의식적 요인이 작용할 수 있지만 우리가 관찰할 수 있고 이해할 수 있는 동기와 관심은 늘 의식적이다. 활동을 통제하는 의식적인 관심은 적어도 세 가지 범주로 분류될 수 있다.

첫째, 사람들은 자기 자신의 존재를 유지하려는 노력(conatus essendi)의 일환으로 주변 세계를 이용하려고 한다는 점을 고려할 수 있다. 인간은 식량을 얻고 추위로부터 자신을 지킬 수 있는 집을 짓느라 애쓴다. 이러한 관심을 우리는 '기술적' 관심이라고 부를 수 있다. 돌도끼부터 컴퓨터에 이르기까지, 도구와 연장을 만들어내는 인간의 수고는 이러한 기술적 관심의 자극에서 비롯된 것이다.

둘째, 유용성이나 도구적 가치와는 무관하게 사물과 사태를 알고자 하는 순수한 '인식적' 관심이 있다. 후설의 표현대로 '어떤 관심도 가지지 않은 채'(다시 말해 어떠한 이익이나 손해를 고려하지 않고서) 무엇을 알고자 하는 관심이, 철학자와 과학자뿐만 아니라 심지어는 어린아이들에게서도 발견된다.[12] 그리스 전통은 이러한 관심을 '본다'는 뜻에서 나온 '테오리아'(theoria, 관조)라는 말로 불렀다. 철학은 이러한 범주 속에서 가장 탁월한 활동으로 간주되었다.

셋째, 앞의 두 가지와 구별해서 의미에 대한 관심을 생각해볼 수 있다. 의미에 대한 관심이 무엇인지 확인하기란 쉽지 않다. 하지만 나는 이런 유형의 관심이 우리의 희망과 두려움, 기쁨과 슬픔, 행복과 불행을 특정한 의미체계 속에서 파악하고 이해하려는 욕망과 연관된다고 생각한다. 이것을 우리는 '의미에 대한 욕망'

이라 부를 수 있다. 우리 인간은 사람들 사이에서, 우리 주변의 사물과 사건 사이에서, 우리 실존의 의미를 찾으려는 깊은 욕망을 가지고 있다. 의미에 대한 관심은 우리의 존재, 우리의 고통, 우리의 욕망, 심지어는 우리의 의미 추구의 근거에 관한 물음과 깊이 연관되어 있다.[13]

이 가운데 과연 어떤 관심이 철학과 관련된 것일까? 철학으로부터 무엇을 기대하는가에 따라 이 물음에 다르게 답할 수 있다. 철학으로부터 우주에 대한 지식, 인간에 대한 지식을 기대한다면 철학은 인식적 관심과 관련이 될 것이다. 그러나 철학으로부터 의미와 방향, 근거에 대한 일종의 이해나 지침, 어떤 논의의 실마리를 기대한다면 철학은 의미 추구의 관심과 관련이 될 것이다. 그러므로 누군가 나에게 철학과 관련된 물음을 열거해보라면, 나는 다음과 같은 질문을 목록에 올리겠다. 나는 누구인가. 나는 무엇을 해야 하는가. 어떻게 사는 것이 잘 사는 것인가. 신은 존재하는가. 우리의 세계보다 더 좋은 완벽한 세계가 존재하는가. 왜 고통이 존재하는가. 정의란 무엇인가. 옳고 그름, 참과 거짓, 선과 악을 구별할 기준은 있는가. 삶의 의미는 있는가. 삶은 살 만한 가치가 있는가? 철학이란 학문의 엄격한 훈련을 받기 전에 나를 포함해서 대부분의 사람들은 이런 물음을 가지고 철학의 문 앞을 서성거렸다. 오늘의 세대는 전혀 다를까? 나는 그렇게 생각하지 않는다. 기억할 수 없는 옛날부터 오늘에 이르기까지 인간은 거의 동일한 물음을 제기해왔다. 이러한 질문에 대해서 어떤 해답을, 만일 해답이 없다면 스탠리 카벨(Stanley Cavell)이 말한 것처럼 최소한 '해답을 향한 지침'이라도 철학으로부터 듣고자 하는 기대는 여전히 정당하다고 나는 생각한다.[14]

그렇다면 오늘날 학문적 철학이 처한 상황은 어떠한가? 이런 식의 물음에 철학이 관여하고 있는가? 불행하게도 나의 대답은 그리 긍정적이지 않다. 왜냐하면 철학에 실질적 위기가 존재한다면 이 위기에 대한 원인은 사람들의 의미 추구와 연관된 필요를 충족시키는 일에 철학이 기여하지 못했다는 데서 찾아야 한다고 생각하기 때문이다.

현대철학은 삶의 의미에 대해서 심각하게 묻지 않는다. 드러내 놓고 말을 하지는 않지만, 아마도 오늘날 주류 철학의 논의는 삶에는 의미가 없다는 전제를 깔아놓고 시작하지 않는가 하는 의구심을 가져볼 수 있다. '의미'라는 말이 물론 현대철학에서 완전히 사라진 것은 아니다. 현상학, 해석학, 구조주의, 그리고 분석철학과 같은 현대의 여러 주류 철학은 '의미'란 용어를 매우 중요하게 사용한다. 하지만 '의미'의 의미에 대한 이 학파들의 논의를 주목해보면 구체적인 삶에 관한 물음들과는 거리가 멀다는 판단을 하지 않을 수 없다. 어떤 이는 현대 윤리학이 여전히 인간의 삶을 다루고 있지 않느냐고 반문하고 싶을 것이다.

하지만 내가 보기에 인간의 삶에 관한 물음은 결코 윤리학에 제한될 수 없다. 우리는 누구인가. 신체는 우리 인간에게 어떤 의미를 갖는가. 자고, 먹고, 사랑하고, 물건을 사고팔고, 타인과 대화한다는 것은 도대체 무엇을 의미하는가. 고통과 죽음은 무엇을 의미하는가? 이 물음들은 동양은 물론이고 서양 현대철학의 주류 학파들에게서 대체로 무시되고 있다.[15] 나는 철학이 이러한 물음을 자신의 것으로 다시 가짐으로써 자신의 참된 소명을 회복해야 한다고 생각한다. 왜냐하면 철학은 (만일 이것이 단순한 지적 유희가 아니라 진정한 철학이라면) 인간의 삶과 존재에 대한 반성이고 이 반성에 따라 삶을 살아가는 활동이기 때문이다.

학문으로서의 철학

어떻게 해서 철학이 인간의 삶과 존재 물음을 무시하는 데까지 이르렀는가? 나는 철학이 지나치게 학문적이 되었기 때문에 이런 일이 일어났다고 믿는다. 윤리학자가 윤리적으로 반드시 올바르게 행동할 필요는 없다는 말을 가끔 듣는다. 그러나 생각해보면 이론과 실천의 분리를 전제하지 않고서는 이렇게 말할 수 없다. 이론과 실천, 삶과 학문의 관계를 이런 방식으로 보는 것은 마치 신학자가 자신이 이야기하는 하나님을 믿어서는 안 된다고 말하는 것과 같다. 윤리학이나 신학을 마치 물리학이나 생물학처럼 개인의 구체적이고 실제적인 삶과 동떨어져서 연구할 수 있는 것처럼 보는 입장이 여기에 개입되어 있다. 그런데 생각해보라. 참으로 온몸과 마음으로 물리학이나 생물학을 연구하는 사람이라면 그 연구가 정말 삶을 이해하고 삶을 살아가는 태도와 무관할 수 있겠는가? 혼이 살아 있고 정열이 있다면 물리학이나 생물학은 결코 삶과 무관할 수 없다.[16] 그러나 이러한 태도가 만연한 것은 가치중립성의 이상이 윤리학과 신학, 그리고 결국에는 철학과 같은 지적 추구에까지 적용되었기 때문이다. 만일 이것이 참이라면 철학자는 과학자들이 하는 것처럼 문제를 푸는 작업(Problem-solving activity)에 만족해야 할 것이다. 철학자는 자신의 논문을 학술회의에서 발표할 수 있고 주어진 문제에 대한 해법을 제시할 수 있으며 자신의 해법과는 무관하게 살아갈 수 있다. 이것은 이론과 실천, 삶과 지식의 간극에 관한 태도를 곧장 반영한 것이다.

　그런데 한번 물어보자. 철학이 학문이기를 요구한 사람은 누구인가? 20세기 철학자 가운데 철학을 과학(학문)으로 만들고자 한 경우를 두 사례에서 찾을 수 있다. 하나는 통합학문을 구축하기를 꿈꾸었던 모리츠 슐리크(Moritz Schlick), 루돌프 카르납(Rudolf Carnap) 같은 논리 실증주의자들이고, 다른 하나는 '엄밀한 학문으로서의 철학' 이념을 내세운 현상학의 창시자 후설(Edmund Husserl)이다.[17] 이들의 이념은 다시 데카르트와 칸트로 거슬러 올라가고 다시 아리스토텔레스와 플라톤으로까지 거슬러 올라간다. 칸트는 이렇게 말한다.

　따라서 우리가 〔형이상학에 대한〕 우리의 지식을 증명하건 무지를 증명하건, 우리는 우리 스스로 제기하는 학문의 본성에 관한 어떤 특정한 결론에 도달해야만 한다. 곧 이 문제와 관련해서는 도저히 현재의 발판에 머물러 있을 수 없다. 다른 모든 학문이 지속적인 진보를 이루는 동안, 스스로 지혜가 되기를 욕망하고, 모든 사람이 신탁으로 간주한 형이상학은, 더 이상의 진전이 없이 지속적으로 같은 자리를 향하는 우스꽝스러운 상황에 처한 것처럼 보인다.[18]

칸트의 비판서가 지닌 가장 중요한 의도 가운데 하나는, 인간 이성이 학문으로서의 형이상학을 형성하기 위한 적법한 권리와 힘을 가지는지를 탐구하는 것이었다. 칸트는 본질상 실천적인 인간 이성의 '체계적' 성격을 기반으로 형이상학에 학문의 지위를 보장해주려고 하였다.[19] 칸트는 자신의 철학이 이전까지 일종의 전장이었던 철학에 평화를 가져다주었다고 생각했다.[20]
  데카르트는 자기 시대의 철학에 대해 칸트보다 훨씬 더 비판적이었다.

  철학에 관해서 나는 다음과 같은 것만 말하고 싶다. 오랜 세월에 걸쳐 가장 탁월한 정신의 소유자에 의해 철학이 연구되었음에도 불구하고 철학에는 논쟁의 여지가 없는 것이 하나도 없고, 그러므로 의심의 여지가 없는 것이 하나도 없다.[21]

데카르트 이후 이제 철학은 명석하고 판명한 직관, 곧 '참된 것'에 대한 지식에서 출발하는 지식이 된다. 철학은 그리하여 자신과 여타 다른 학문을 정초하는 학문으로 자리매김하게 된다. 데카르트는 통상 회자되는 대로 "나는 생각한다. 그러므로 나는 존재한다"(cogito ergo sum)라는 명제를 통해 주체 철학의 길을 열었다. 하지만 데카르트의 관심은 이보다 더 원대하고 포괄적이었다. 프랜시스 베이컨과 마찬가지로 데카르트의 궁극적 관심은 학문(과학)을 통해서 인간을 행복하게 하는 데 있었다. 이것은 데카르트가 철학을 나무에 비유한 데서 잘 나타난다.[22] 나무의 뿌리에 해당하는 것이 형이상학이고, 자연학은 나무의 둥치이며, 이 둥치로부터 뻗어나온 주요 가지는 실천학에 속하는 의학과 기계학(기술)과 도덕이다. 이 가지로부터 우리는 우리의 건강을 보장하고 경제적 부를 일구고 개인적 덕과 사회의 안전을 확보할 수 있다. 즉 자연학과 형이상학은 실천학의 기초로 요구되었다.

데카르트의 궁극적 관심은 인간 지식의 전 영역을 안전하게 하여 모든 지식이 인류를 이롭게 하도록 만드는 것이었다. 『철학의 원리』는 이 점을 명백하게 보여준다. 이 책은 인간 지식의 원리를 다룰 뿐만 아니라 물질세계(신체, 연장, 물질, 시간, 공간, 운동, 운동의 법칙), 가시적 세계(천체현상, 행성운동, 우주의 구조)의 원리, 대지와 대지 안에 있는 사물, 감각, 그리고 뇌와 정신의 관계를 다룬다. 데카르트에게 철학은 완전한 지혜의 체계이자 인간이 알 수 있는 모든 것에 관한 지식, 결국에는 인간의 행복을 가능하게 하는 지식의 체계였다. 이런 점에서 철학은 여러 학문 가운데 하나이면서도 유일한 학문이기도 하다. 철학은 다른 모든 학문에 바탕을 제공하고 하나의 거대한 체계를 통해서 모든 학문을 총괄하는 학문으로 이해되었다.[23]

우리의 논의에서 중요한 것은 데카르트가 철학과 인문학 사이의 엄밀한 구별을 제시한다는 점이다.[24] 확실성의 원리를 기반으로 삼는 학문(scientia)으로서의 철학은 인문학과 대립된다. 데카르트가 볼 때 인문학은 문헌을 기반으로 한 문자의 학문이다. 그러므로 데카르트에게 인문학은 문자 그대로 '문자들의 연구'(l'étude des lettres)였다. 고전적인 형태의 역사학, 시학, 수사학, 신학 및 철학과 같은 분야의 학문들은 인간의 글쓰기와 이야기에 기초한 것으로 어느 정도 유용하기는 하지만 확실한 지식을 제공하는 것은 아니었다. 기껏해야 그럴듯한 것, 진리와 유사한 것을 제공할 뿐이었다. 그래서 데카르트는 이런 지식을 멀리하고 학교를 박차고 뛰쳐나와 '세상이라는 큰 책'(le grand livre du monde)을 통해서 좀더 확실하고 믿을 만한 배움을 얻고자 시도했다. 이것이 그가 유럽 전역을 몇 년간 여행한 동기였다. 그러나 데카르트는 '세상이라는 큰 책'도 책의 학문과 마찬가지로 의견과 추측, 다양한 관습으로 가득 차 있을 뿐 명석하고 판명한 지식을 주지 못한다는 사실을 발견한다. 그래서 데카르트는 자기 자신을 연구하기로 결심한다. '자기로의 귀환', 곧 사유하는 영혼 또는 정신으로의 귀환은 우리가 아는 대로 철학을 '모든 것을 정초하는 학문'으로 변형시키는 결과를 초래한다. 철학은 더 이상 '문헌', 곧 문자에 의존하지 않는다. 철학의 생명은 전통과 편견, 그리고 권위를 벗어나 사유하는 정신을 통해 유지된다. 우리는 여기서 계몽주의적 이성의 탄생을 목도한다. 계몽주의적 이성의 출현으로 배제된 편견과 전통, 권위를 가다머(Hans-Georg Gadamer)가 이해의 가능조건으로 다시 복권하려고 시도했던 배경을 여기서 보게 된다. 인간 존재가 이해와 관련되어 있고 이해가 역사적 경험을 떠나 존재할 수 없다면, 역사적 경험을 매개하는 편견과 전통과 권위는 이해를 방해하기보다 오히려 이해를 가능하게 하는 조건으로 다시 조명을 받게 된다. 가다머는 이러한 생각을 '영향사적 경험'이라는 개념과 '지평 융합'이란 개념을 통해서 심화시켰다.[25]

다시 데카르트로 돌아가 생각해보자. 데카르트에게서 볼 수 있는 문자(gramma)와 정신(pneuma), 의견(doxa)과 참된 지식(episteme)의 대립은 '철학의 고향'인 고대 그리스, 특히 철학과 수사학을 날카롭게 대립시킨 플라톤으로 거슬러 올라간다. 『고르기아스』와 『파이드로스』라는 대화편에서 소크라테스라는 인물을 통해 플라톤은 말과 문자에 의존하는 수사학을 강하게 비판한다. 수사학에 대한 플라톤의 비판은 세 가지로 요약될 수 있다. 첫째, 플라톤은 언어에 내재하는 애매성을 강하게 의식한다. 언어는 인간을 올바른 방향으로 이끌 수 있지만 잘못된 방향으로 이끌 수도 있다. 강한 수사학적 힘을 가진 말은 인간을 움직일 수 있고 설득시킬 수도 있다. 하지만 설득력이 진리의 기준일 수는 없다는 것이 플라톤의 생각이다. 둘째, 시를 통해서 전달되는 말은 플라톤에게 오디세우스와 그의 동료들을 유혹하는 세이렌들(Seirenes, 영어식으로 사이렌[the Sirens]이라 부르는 이름에 우리는 익숙해 있다)의 노래와 같은 것으로 받아들여졌다. 수사학자와 시인들이 하는 말은 너무 강력해서 오디세우스가 했던 것처럼 심지어 속임수를 써야 할 정도라고 플라톤은 본다. 셋째, 수사학자들이 쓰는 단어는 폭력적일 수 있다. 플라톤은 단어를 통한 폭력을 포함해 모든 종류의 폭력을 제거하길 원했고, 인간이 이성의 지시를 따르게 하려고 했다.[26]

말은 ①오도(誤導)할 수 있고 ②진리를 은폐시키고 ③폭력적일 수 있다는 이 세 가지 근거를 가지고 플라톤은 수사학자와 시인, 그리고 이들의 수단인 '기록된 말'에서 탈피하여 진리를 배우고 나누는 가장 신뢰할 만한 수단으로 '살아 있는 대화'를 선택한다. 대화 속에서 우리는 물음을 제기하고 대답을 할 수 있다. 대답은 새로운 질문을 부르고 새로운 질문은 또 다른 대답을 통해서 응답된다. 플라톤은 대화가 영혼을 일깨워 눈에 보이지 않고 감각으로 접촉할 수 없는 정신세계로 우리를 향하게 한다고 생각했다. 그런데 우리는 어디서 참된 말과 그릇된 말을 구별할 기준을 얻는가? 플라톤은 세계를 감각 세계와 지성 세계로 구별하는 데서 참된 말과 그릇된 말을 구별할 수 있는 기준을 얻는다. 감각 세계는 그런 것처럼 나타나 보이는 세계, 곧 의견(doxa)의 세계인 반면 지성의 세계는 그렇게 실재하는 세계, 곧 참된 지식 (episteme)의 세계이다. 두 세계와 두 가지의 다른 인식방식에 관한 이러한 구분으로부터 참된 지식의 체계로서의 서양 형이상학이 탄생한다. 이렇게 수사학과 대립하는 지점에 선 철학은 여타의 인문학과 대조를 이룬, 학문의 모범으로서의 철학으로 등장한다. 그러나 하이데거에 따르면, 플라톤이 제시한 '학문으로서의 철학', 곧 포괄적 지식 체계로서의 철학의 탄생은 이미 '철학의 종말'이라는 씨앗을 담고 있다.[27)]

글쓰기로서의 철학

하이데거 철학은 학(學)이 되고자 하는 강박증에서 벗어나려 애쓴 철학의 한 본보기이다. 이른바 그의 '전회'(Kehre)는 철학이 학, 그 가운데서도 형이상학이 됨으로 인해 존재 상실의 위기를 맞게 된 것에 대해서 '한 걸음 뒤로 물러남'(eine Schritte zurück)으로 철학 고유의 사유를 되살려내려는 노력으로 이해될 수 있다.[28)] '한 걸음 뒤로 물러남'은 전통 형이상학의 본질을 사유하는 것이다. 형이상학의 본질을 사유하는 일은 형이상학 텍스트를 읽음으로써 가능하다. "지금까지의 존재론 역사에 대한 해체"란 말로 하이데거가 일컫던 것이 바로 이것이다. 존재론의 역사를 해체하는 작업은 철학 텍스트를 읽어냄으로써 완수된다. 이것은 철학이 하나의 작품, 언어의 작품, 하나의 문헌 작품으로 이해될 수 있음을 함축한다. 만일 철학이 문헌과 떨어질 수 없다면 철학함은 읽고 쓰는 일과 분리될 수 없다. 하이데거는 철학 텍스트를 읽는 일을 통해 이 작업을 실천에 옮겼다. 철학 텍스트를 읽는 과정을 통해 '사유되지 않은 것'이 드러나도록 하는 것이 그의 의도였다. 이것이 곧 '물러남'이자, 기존의 존재론적 사유를 '해체'하는 길이었다.

루뱅 대학의 후설연구소 소장을 지낸 사무엘 에이슬링(Samuel IJsseling)은 이 맥락에서 우리가 하이데거를 바르게 이해하려면 ①철학이 순수하게 인간이 만들어낸 작품이라는 견해 ②진리를 대응 개념을 가지고 보는 견해, 곧 철학이 철학 바깥에 주어진 실재를 옮기거나 표상한다는 생각 ③작품을 작품 외부의 실재를 지칭하는 기호 또는 기호 체계로 보는 견해를 피하라고 경고한다. 이런 식으로 철학을 이해하고 접근하는 순간 우리는 하이데거가 '형이상학적 사유'라고 부른 것의 희생자가 된다.[29] 하이데거에 따르면 '말함'(Sagen)은 '보여주는 것'(Zeigen)이다.[30] 보여줌은 감추어진 것을 드러냄이다. 그러므로 말함은 말함 외부의 실재와 일대일 대응관계를 갖는 것으로 추정되는 기호들로 환원될수 없다. 철학을 언어의 작품, 일종의 문학 작품으로 보는 것은, 사물에 대한 지식 또는 사물을 다루고 만질 수 있는 기술적 도구를 철학으로부터 기대해서는 안 된다는 뜻을 담고 있다. 철학 텍스트에 대해서 할 수 있는 일은 텍스트를 읽고 존재의 목소리에 귀 기울이는 것이다. 정말 그런가?

철학이 만일 하나의 작품(work)이라면 그것은 하나의 구성물(construction)임이 논리적으로 따라온다. 철학이 만일 구성물이라면 당연히 해체(deconstruction)의 대상이 될 수 있다. 왜냐하면 구성된 것은 결국에는 해체될 수 있기 때문이다. 그런데 하이데거는 해체를 전통을 부정하거나 파괴하는 것으로 보지 않는다. 해체는 전통을, 그것이 유래한 기원으로 되돌리는 작업이다. 이런 점에서 해체는 '출생증명서'(Geburtsbrief)를 찾는 일이다. 하이데거는 해체의 의미를 다음과 같이 기술한다.

해체는 폐기하거나 파괴하는 것을 의미하지 않는다. 오히려 해체는 철학사에 관한 단순한 주장을 풀어내고 분리하여 따로 구별해내는 작업을 의미한다. 해체는 무엇이 철학사 속에서 존재자들의 존재로서 우리에게 말하는지에 귀를 기울이고 우리를 자유롭게 풀어주는 것을 뜻한다.[31]

하이데거는 해체를 통해서 형이상학을 극복하고자 했다. 그의 방법은 해석학적이었다. 하지만 그의 의도는 '텍스트의 의미'나 '저자의 의도'를 알아채는 것이 아니었다. 예컨대 하이데거가 칸트를 읽거나 아리스토텔레스를 읽거나 니체를 읽을 때 그의 관심은 이 철학자들을 정확하게 이해하는 데 있지 않았다. 그의 관심은 철학자들의 사유 속에서 존재사건이 어떻게 일어나는지를 확인하는 것, 존재 자체의 은폐와 드러남을 감지하고 지각하는 데 있었다. 다시 말해 존재 자체가 철학자의 텍스트를 통해서 하는 말을 분별하면서 어떻게 존재가 그 자신을 보여주고 은폐하는지를 이해하고자 하였다.

하이데거가 20세기 철학의 역사에 한 기여 가운데 하나는 철학을 마치 수학이나 자연과학처럼 엄밀한 학으로 만들려는 시도에 쐐기를 박은 것이 아닌가 생각한다. 데리다(Jacques Derrida)와 로티(Richard Rorty)는 이 점에서 하이데거의 길을 따라 걸었다. 철학은 과학의 반열에 들어서기보다는 인문학 가운데 본연의 자리를 가진 지적 노력임을 강조할 수 있게 되었다. 이에 관해 미국의 철학자 퍼트넘(Hilary Putnam)은 이렇게 말한다.

내가 만일 데리다에게 동의하는 점이 있다면 그것은 바로 철학이란 글쓰기(writing)라는 것이다. 그리고 철학은 그것이 철학이기 때문에 그 권위를 물려받거나 수여받는 것이 아니라 언제나 새롭게 싸워 얻어야 하는 글쓰기임을 배워야 한다는 것이다. 철학은 결국 인문학 중의 하나이지 과학이 아니다.[32]

여기서 곧장 물음이 하나 등장한다. 이제 철학은 인문학의 한 분야로, 여러 글쓰기 방식 가운데 하나의 방식으로 정착해야 하는가? 하이데거가 유일한 대안인가? 이른바 '존재사유'(das Denken des Seins)라는 것이 과학과 기술시대에서 철학할 수 있는 유일한 길인가? 아마 교조적인 하이데거주의자들을 제외하고는 이 물음에 대해 긍정적으로 답하기가 어려울 것이다. 퍼트넘도 여기에는 동의하지 않는다. 그는 이렇게 말을 잇는다.

철학은 결국 인문학 중의 하나이지 과학이 아니다. 하지만 그렇다고 해서 기호논리학이나 방정식, 논증이나 논문이 배제되는 것은 아니다. 우리 철학자들은 한 분야를 물려받은 것이지 권위를 물려받은 것이 아니다. 이것으로 충분하다. 수많은 사람들을 매혹시키는 것은 결국은 분야이다. 만일 우리가 우리의 엄격함이나 태도로 그러한 매력을 완전히 파괴하지만 않는다면 이것은 우리가 참으로 감사해야 할 그 무엇이다.[33)]

이렇듯 만일 철학이 인문학 중의 하나로, 또는 글쓰기 가운데 하나로 간주될 수 있다면 '철학의 과제를 어떻게 확인해야 하는가'가 문제가 된다. 철학자들이 시간을 어떻게 사용하는지 주의 깊게 살펴보면, 이들은 학생들을 가르치고 학생들의 과제를 점검하는 일 외에는 대체로 많은 시간을 읽고 쓰는 데 보낸다는 사실을 발견하게 된다. 문제와 물음을 가지고 씨름하는 사람은 논문이나 책에서 읽은 문제와 물음을 가지고 씨름한다. 철학은 글로 된 텍스트를 읽고 새로운 텍스트를 쓰는 일을 벗어나 생각할 수 없다. 이런 의미에서 철학은 텍스트와 밀접하게 연관되어 있고 텍스트의 그물 없이는 존재할 수가 없다. 텍스트는 철학함을 위한 일종의 물질적 토대이다. 플라톤이 쓴 작품을 떠나서, 플라톤의 철학을 찾을 수 있는가? 후설의 책, 논문, 편지들을 검토하지 않고서, 과연 후설 철학을 알 수 있는 방법이 있는가?

플라톤과 데카르트, 그리고 후설은 쓰어진 텍스트를 신뢰하지 않았지만 누구보다도 많은 글을 남겼다. 플라톤은 심지어 그의 대부분의 작품을 살아 있는 대화체로 썼다. "플라톤은 글을 쓰면서 죽었다"(Plato scribens mortuus est)라는 키케로의 말은 플라톤이 얼마나 쓰는 데 몰두했는지를 드러낸다. 데카르트는 『방법서설』을 마치 '우화'(fabula)처럼 썼다. 데카르트는 글을 쓰지 않고는 자신의 철학적 자각의 경험을 표현할 길이 없었다. 그러므로 문자를 불신했지만 문자를 통해서만이 자신의 철학을 표현할 수 있었다. 후설은 "문제 자체로 돌아가자"(Zu den Sachen selbst)란 말로 매우 유명하다.[34] 말이나 개념에 매이지 말고 문제 자체, 사실 자체를 보자는 말이었다. 피타고라스의 정리와 같은 수학적 명제와 관련하여 후설은 정신의 눈으로 그 본질을 파악하는 활동을 여전히 강조한다. 하지만 이 명제가 객관성을 얻게 되는 과정을 서술하는 자리에서 후설은 발견자의 '원초적 명증성'과 더불어 '문자를 통한 고정(固定)'을 중시한다. 피타고라스 정리처럼 직각삼각형의 세 변의 관계를 통찰했다 하더라도 그것을 텍스트로 기록하지 않으면, 그것을 처음 통찰한 사람의 머리에는 명확하게 파악되지만 전달할 수 있는 객관적 수단이 없으므로 후세에 전해지지 못한다. 그렇기 때문에 후설은 반드시 문자를 통해서 기록되어야 함을 강조한다. 후설 자신도 직관적 사유를 원했지만 그의 사유도 문자로 기록되지 않고서는 현실적인 실재성을 보유할 수 없었다. 그러므로 그는 엄청난 분량의 글을 남겼다. 지금까지 출판된 것이 전체의 10분의 1 정도에 지나지 않는다고 할 정도로 많은 원고를 썼다.[35] 글쓰기가 없다면 플라톤, 데카르트, 후설은 철학 자체를 할 수 없었다. 철학자는 글을 넘어서서 진리의 본질로 곧장 들어가기를, 그리하여 선생이나 언어, 전통, 공통의 경험이라는 매개를 거치지 않고 진리와 마주하기를 꿈꾼다. 그러나 철학이 살아 있는 말과 기록된 말을 통해 실천되고 전승된다는 사실은 도무지 부인할 수가 없다. 만일 철학이 말과 글을 떠난다면, 그것은 몸이 없는 혼이 되어버릴 것이다. 그러나 이렇게만 생각하는 것도 충분한 것은 아니다. 과연 철학은 단순히 말하기와 글쓰기 활동에 지나지 않는다고 해야 할 것인가?

칸트로부터 배우는 교훈

철학이 학(學)이어야 하는가, 글쓰기 활동이어야 하는가 하는 문제와 관련해서는 칸트의 입장을 살펴보는 것이 도움이 되리라 생각한다. 칸트는 『순수이성비판』을 거의 마무리하는 부분에서 철학의 두 가지 의미, 곧 객관적인 의미의 철학과 주관적인 의미의 철학을 구별한다. 객관적인 의미의 철학은 "모든 철학적 인식의 체계"이며 "어디서도 구체적으로는 주어지지 않은" 철학의 원형(archetype)이다. 주관적인 의미의 철학은 이 원형의 모형(ectype)으로 원형을 향한 인간의 노력을 일컫는다.[36] 이런 의미에서 우리는 철학을 배울 수 없다. 왜냐하면 배울 수 있는 객관적인 의미에서의 철학이란 존재하지 않기 때문이다. 칸트에 따르면 철학은 "가능한 학문에 대한 하나의 단순한 이념"이며 우리는 다양한 길을 통해 이 이념에 접근할 수 있다. 이어서 칸트는 다음과 같이 말한다.

철학은 어디서도 구체적으로는 주어진 적이 없는, 하나의 가능한 학문의 순전한 이념이다. (······) 우리는 단 하나의 길을 찾아낼 때까지 이것을 발견하려고 한다. 그때까지 우리는 철학을 배울 수 없다. 철학은 어디에 있는가. 누가 철학을 소유하고 있는가. 어디서 철학을 인식할 수 있는가? 우리는 철학함을 배울 수 있을 뿐이다. 다시 말해 보편적 원리들을 준수하는 이성의 재능을 우리 앞에 있는 몇몇 시도들을 통해서 연습할 수 있다.[37]

여기서 칸트는 무엇을 이야기하고 있는가? 단순히 객관적인 관점에서 보면 철학은 지금 여기에 구체적으로 존재하지 않는다. 철학은 '가능한 학의 이념'이기 때문에 앞으로 완성될 수 있으리라는 희망을 품을 수밖에 없다. 지금 우리는 철학을 배우고자 해도 배울 수 없다. 왜냐하면 철학은 지금 여기에 주어져 있지 않기 때문이다. "우리는 철학(Philosophie)을 배울 수 없다. 다만 철학함(philosophieren)을 배울 수 있다." 사람들은 통상 칸트의 이 말을 철학사의 도움을 받지 않고 사유하는 법을 배우는 일이 철학자에게 중요하다는 뜻으로 이해한다. 철학사와 철학책은 전혀 무가치한 것은 아니지만 그것보다는 철학하는 활동을 칸트가 더 중시했다고 보는 것이다. 그러면 어떻게 우리는 철학하는 법을 배울 수 있는가?

우리는 철학함을 배울 수 있을 뿐이다. 다시 말해 보편적 원리들을 준수하는 이성의 재능을 연습할 수 있다.

이 구절만 읽는다면, 철학함을 배운다는 것은 "보편적 원리들"을 가지고 사유함을 배우는 것이고, 이것은 곧 논리적으로 생각함을 배운다는 의미로 쉽게 단정지을 수 있다. 이럴 경우 철학함을 배운다는 것은 결국 논증하는 법을 배우는 것이라는 결론에 이르게 된다. 체계를 세우는 일보다 논증이 철학함에 중요하다는 생각을 이 결론으로부터 추론해낼 수 있는 것처럼 보이기 때문이다.

나는 이런 방식의 독해가 완전히 틀렸다고 생각하지는 않는다. 하지만 이렇게만 읽는다면 여전히 부분적인 이해에 머물고 만다. 칸트의 요점을 이해하자면 앞의 구절을 아주 천천히 읽어나가야 한다. "보편적 원리들을 준수하는 이성의 재능을 우리 앞에 있는 몇몇 시도들을 통해서 연습할 수 있다." 여기서 이성 재능의 연습은 결코 순수한 논리적 논증에 한정되는 것이 아니다. 칸트는 "우리 앞에 있는 몇몇 시도들"을 손에 들고 이것들을 읽고 따짐으로써 우리의 사고 능력을 연습하는 것이 철학함이라 보고 있다. 그런데 생각해보자. "우리 앞에 있는 몇몇 시도들"을 어디에서 발견할 수 있는가? 앞선 철학자들이 쓴 책을 통하지 않고서는 "우리 앞에 있는 시도들"을 만날 길이 없다. 『신학대전』『대이교도대전』을 읽지 않고서 어디서 신의 현존을 논증한 토마스 아퀴나스의 시도를 접할 수 있겠는가? 『방법서설』『제일철학에 관한 성찰』을 보지 않고서 어디서 데카르트의 방법적 회의를 알 수 있겠는가? 물음을 제기하고 논증하고 반론을 구성하는 훈련을 우리는 철학 텍스트에서 발견한다. 이로부터 "철학을 하기 위해서는 한편으로는 철학 텍스트를 읽어야 하고 다른 한편으로는 텍스트를 토대로 논증하는 법을 배워야 한다"는 결론을 얻게 된다.

칸트에 관한 나의 독해는 일반적인 이해와 다르다. 통상 칸트는 우리가 철학을 하고자 할 때, 과거 철학자들의 글에 의존하지 않으면서 스스로 철학하기를 시도해야 한다고 말한 것으로 이해되기 때문이다. 그러나 그런 방식으로 칸트를 읽게 되면 철학사와 역사를 통해 전승된 철학 텍스트는 철학에 비본질적인 것이 된다. 그렇기 때문에 나는 칸트의 구절을 "우리는 우리에게 전수된 철학 텍스트를 읽고 그 텍스트를 토대로 사유 능력을 연습함으로써 철학함을 배우고 이를 통해 객관적 의미의 원형적 철학으로 다가간다"라는 뜻으로 읽고자 한다.

물론 여기에는 철학의 체계 형성을 위한 선행 작업으로 칸트가 이성 비판을 수행했다는 전제가 있다. 내가 강조하고자 하는 것은 칸트가 철학의 텍스트적 성격을 거부하거나 무시했다기보다 오히려 인정했다는 것이다. 텍스트 없이는 우리 이성의 재능을 연습할 수단이나 계기가 없다. 철학의 필요조건은 한편으로는 철학 텍스트를 읽는 일이고 다른 한편으로는 사유하고 논증하는 일이라는 것을 나는 이로부터 추론한다. 몸과 영혼에 비유해서 말하자면 텍스트는 철학적인 사유와 논증을 위한 일종의 몸이며 철학적인 사유는 텍스트를 위한 일종의 영혼이다.

그렇다면 앞에서 말한 두 필요조건을 합치는 것으로 철학의 충분조건이 성립되는가? 나는 여기에 다른 하나의 필요조건이 더 고려되어야 철학의 충분조건을 제공할 제3의 조건을 얻을 수 있다고 생각한다. 이미 앞에서 강조해서 말한 것처럼 철학 텍스트는 논증과 반론을 위해 직접 활용할 수 있는 '원천'이다. 전문적인 철학자의 작업은 대부분 철학 텍스트에 대한 사유와 반성으로 이루어진다. 그러므로 '철학은 어디에 있는가?'라는 물음에 대해서 나는 '철학은 텍스트 안에 있다'는 답을 제시하고 싶은 유혹을 받는다. 그러나 한 걸음 물러나 생각해보면 텍스트와 텍스트를 생성하는 글쓰기만으로는 철학이 되지 않는다.

그렇다면 무엇이 더 필요한가? 텍스트가 의미를 가지기 위해서는 읽는 사람이 있어야 한다. 만일 읽는 이가 없다면 텍스트는 물리적인 실체를 가진 것 외에 다른 기능을 할 수 없다. 읽는 이가 되기 위해서 우리는 글을 읽는 법을 배워야 한다. 그렇지 않으면

종이 위의 문자들은 그냥 끄적거려놓은, 의미 없는 것들에 지나지 않는다. 그런데 누가 읽는 이인가? 읽는 이는 생각하고, 지각하고, 상상하고, 먹고, 자고, 고통을 느끼고, 괴로워하면서 삶에 대해 물음을 가진 사람이다. 삶에는 많은 물음들이 있으며 삶과 관련된 물음을 철학만 던지는 것은 아니지만, 삶의 여러 물음들 가운데 가장 난해하고 심각한 물음들을 철학이 던져왔음은 부인할 수 없을 것이다.

이러한 의미에서 삶은 철학적 물음의 원천이다. 읽는 이뿐만 아니라 글을 쓰고 말을 하고 토론에 참여하는 모든 사람이 삶이라는 현장을 가지고 있다. 여기서 나는 '물음을 안겨주는 삶'을 철학의 세 번째 필요조건으로 지목하고자 한다. 만일 삶을 무시한다면 철학이 어떻게 성립할 수 있겠는가? 우리의 사유하는 능력(논증과 반론), 사유 능력을 적용하고 훈련할 수 있는 철학 텍스트, 그리고 삶. 이 셋을 일컬어 우리는 철학의 필요충분조건이라 말할 수 있다.

그런데 칸트는 삶에 관해 관심을 가졌던가? 『순수이성비판』에서 칸트는 삶을 직접 문제 삼지 않는다. 이성과 관련해서 철학자가 가진 특별한 위치를 서술할 때 삶에 관해서 간접적으로 언급할 뿐이다. 칸트에 따르면 자연과학자나 논리학자는 이성을 사용하는 기술을 보여주고 가르치는 '이성의 기술자일 뿐'(nur Vernunftkuenstler)이다.[38] 이런 학자들과 대조적으로 철학자는, 인간 이성의 목적 및 목표에 관한 '이성의 입법자'(Vernunftgesetzgeber)이다. 철학자에 대한 이러한 개념은 철학에 대한 새로운 정의를 가능하게 한다. 이 맥락에서 칸트는 철학을 '인간 이성의 목적론'(teleologia rationis humanae)이라 부른다.[39] 철학은 인간 지식의 완벽한 체계를 구축하는 일에만 그치지 않고 자유롭고 평화로운 세계시민들의 공동체를 구성하는 데 기여하는 일이기 때문이다.

인간의 여러 지식을 세계시민이 되는 본질적인 목적과 연관시키는 법을 가르치는 선생으로서의 철학자. 이러한 철학자의 이상을 표현해주는 철학 개념을 칸트는 철학의 "세계 개념"(conceptus cosmicus)이라 부른다.[40] 칸트의 『논리학 강의』에서 알 수 있듯이, 철학의 '세계 개념'은 인간을 세계시민으로 보는 철학 개념이다. 철학은 단순하게 하나의 학문, 하나의 학설, 하나의 담론이 아니라, 자신의 감정을 통제하고 마음과 정신을 바로잡아 타인과 더불어 도덕적 자기 완성을 향해서 걸어가는 세계시민들이 조화롭고 평화롭게 살아가는 삶의 방식이자 활동이다. 세계시민의 삶을 위한 이성의 입법자로서의 철학자를 칸트는 "도덕가"라고 부른다.[41] 도덕가는 이성의 법칙을 따라 사는 인간의 '원형' 또는 인간의 '이상'이다. 이런 의미에서 철학자는 단순한 '이성의 기술자'가 아니라 '이성의 입법자'이다. 이성의 입법은 어떻게 살 것인가 하는 문제이므로 삶에 대한 관심을 떠나서는 의미가 없다. 철학은 지나간 텍스트를 읽고 논증하되, 인간의 삶에 관심을 둔 활동이 아니고서는 그 맛을 잃고 만다. 우리는 이것을 칸트에게

서 다시 확인할 수 있다.[42)]

철학의 회복

지금처럼 세계화되고 있는 시기에 우리가 철학으로부터 기대할 수 있는 것은 무엇인가. 우리는 여전히 철학이 모든 학문 중의 학문이라는 생각을 유지해야 하는가. 아니면 철학은 여러 인문학 가운데 한 분과로 자리매김해야 하는가? 동아시아에서의 철학은 19세기와 20세기 초반까지만 해도 수학 · 물리학 · 화학과 같은 서양 학문들 중 하나로 여겨졌다. 이러한 생각은 사람들이 공자, 맹자, 순자를 플라톤, 데카르트, 칸트 등의 서양 철학자가 근대 유럽의 대학들에서 연구되었던 바와 동일한 방식으로 연구하게끔 만들었다. 결과적으로, 학문적인 엄밀함과 문헌에 대한 이해는 비교할 수 없이 발전한 반면에 학문과 삶의 간격은 엄청나게 커졌다. 칸트 학자들이 칸트의 철학을 인용하고 논하고 설명하지만 칸트의 철학과는 거의 상관없이 사는 것처럼, 노자나 장자 학자들도 노자, 장자를 다루지만 노자, 장자와는 다른 방식으로 살아간다. 철학이 개인의 삶과 분리되어 연구에만 머물기 때문에 이러한 현상이 생긴다. 이렇게 철학이 단지 역사 자료에 대한 지식으로만 남는다면 무슨 쓸모가 있겠는가? 이에 관해 비트겐슈타인은 이렇게 말한다.

철학에서의 작업은 실제로는 오히려 자기 자신에 대한 작업이다. 자기 자신의 파악에 대한 작업. 사물들을 어떻게 보느냐에 대한 작업(그리고 그것들로부터 요구되는 것에 대한 작업).[43]

이런 의미에서 철학은 우리 자신의 삶과 분리될 수 없다. 동서양의 위대한 철학자들이 바로 이 지점에서 만날 수 있다고 나는 믿는다. 철학은 하나의 학설, 하나의 가르침, 하나의 이론이 아니다. 철학은 삶의 방식이며 삶 자체이다. '철학'이라는 이름이 동아시아에 알려지기 전에 동아시아 사람들은 현학(玄學)이나 도학(道學)이라는 이름으로 철학을 했다. 도를 배우고 그 도를 따라 걷고자 할 때, 도와 멀찌감치 거리를 두고 초연하게 할 수는 없다. 길을 걷는 법은 길을 걸으면서 배운다. 그러므로 삶 전체의 헌신과 참여, 투신을 하지 않고서는 제대로 길 가는 법을 배울 수 없을 뿐더러 걸어갈 수도 없다. 철학이 사는 길은 삶의 길, 삶의 방식으로서의 모습을 회복하는 일이다.[44]

이제 내게 "철학이 어디에 있는가?"라고 다시 묻는다면, 나는 "철학은 삶과 텍스트 사이에서 묻고 답하고 읽고 대화하는 가운데 존재한다"고 답하겠다. 첫 번째로 텍스트와 관련하여, 철학은 무엇보다 과거의 텍스트를 읽는 작업에서 시작할 수밖에 없다. 말을 배우고 글을 읽고 역사를 알아야 한다. 그렇지 않고서는 우리는 어떤 텍스트도 읽을 수 없기 때문이다. 텍스트를 읽을 때 우리는 언제나 물음을 가지고 있다. 이 물음은 나의 삶에서 생긴 물음일 수도 있고 내가 읽는 텍스트가 던지는 물음일 수도 있다. 읽는 과정은 묻고 답하고 다시 묻는 과정이다. 과거의 텍스트는 물음을 가질 때 비로소 우리의 삶의 현실과의 유관성을 회복한다. 이때 중요한 것은 읽고 묻고 생각하고 대화하는 구체적 인격이다. 텍스트 자체의 생산성을 무시할 수는 없으나 텍스트를 읽고 의미를 찾는 인격 또한 더없이 중요하다. 만일 텍스트만 독립적으로 존재하고 읽는 이가 없다면 텍스트는 길가에 놓인 여느 돌과 다를 바 없다. 텍스트는 읽혀야 하고 의미가 해독되어야 한다.

두 번째로 삶과 관련하여 말할 때, 여기서 삶이란 구체적이고 일상적인 삶을 떠나 따로 존재하는 것이 아니다. 먹고 자고 일하고 병들고 고통 받는 인간의 현실, 정 때문에 괴로워하고, 고통 받고, 남과 더불어 또는 남과 적대하며 살아가는 인간 현실이 모두 철학의 대상이다. 문학이나 역사, 예술이 다 같이 삶을 다루지만 좀더 철저히 묻고 좀더 철저히 따지고, 좀더 철저히 논증하는 일에서 철학은 여타 학문과 구별된다. 철학이 좀더 철저히 묻고 따지는 까닭은 철학하는 사람이 다른 사람들보다 통찰력이 더 뛰어나거나 더 지혜롭기 때문이 아니라——이 점에서 철학하는 사람은 오히려 부끄러워해야 한다——좀더 깊이, 철저히 생각하는 일이 철학자에게 주어진 책임이기 때문이다.

인문학, 놀고 즐기고 살다

달라지는 인문학의 환경

앞에서 우리는 철학의 자리를 생각하는 가운데, 철학이 삶과 텍스트 사이에서 문제를 따지고 생각하는 지적 활동임을 드러내었다. 이제 관심을 좀더 넓혀서 인문학의 자리를 우리 삶의 환경과 관련하여 생각해보자. 인문학과 관련된 여러 물음들이 있지만 그 가운데 중요한 것은 과학기술이 중시되는 시대에 인문학을 배우고 가르칠 가치가 있는가, 있다면 그것은 무엇인가 하는 물음이 아닐까 생각한다. 이 물음은 경제적 이윤을 추구하는 경영인뿐만 아니라 인문학자들 또한 무시할 수 없는 물음이다. 이 물음의 범위를 조금 더 좁혀서 다시 물어보면 "신기술 시대에 인문학 환경이 변화하고 있는데도 여전히 인문학이 가치 있다고 볼 수 있는가?"가 될 것이다.[1] 이 물음이 묻고 있는 것을 먼저 다음과 같이 확인할 수 있다.

①우리는 지금 과거와는 다른 새로운 기술이 지배하는 시대 속에 살고 있다.

②이러한 상황은 인문학이 수행되는 환경을 엄청나게 바꾸었다(이때 환경은 대학일 수도 있고 시장일 수도 있고 시민사회일 수도 있다).

③이런 상황 속에서 인문학이 어떤 가치를 가질 수 있겠는가?

여기에는 인문학이 수행되는 환경이 새로운 기술(예컨대 컴퓨터, 인터넷, 이에 따른 읽기와 쓰기와 생각하기의 변화 등)의 영향으로 과거와는 엄청나게 달라졌다는 사실이 전제되어 있다. 여기서 중요한 질문은 과연 인문학이 가치를 가질 수 있는가, 가진다면 도대체 어떤 가치인가 하는 물음이다.

또한 물음을 다르게 이해할 수 있는 가능성도 있다.

①인문학에는 일정한 가치가 있다.

②그런데 우리는 '새로운 기술시대'에 살고 있다.

③새로운 기술은 인문학 환경(대학·시장·시민사회)에 엄청난 영향을 주고 있다.

④이러한 환경을 인문학의 가치가 제대로 발휘될 수 있는 상황으로 어떻게 전환할 수 있는가?

여기서 중요한 것은 새로운 기술이 통용되는 환경 속에서 인문학의 가치가 무엇인가 하는 것이 아니라 오히려 새로운 기술이 지배하고 있는 환경을 인문학의 가치가 제대로 수용되고 통용될 수 있는, 인문학에 우호적인 환경으로 전환시킬 수 있는 길이 무엇이겠는가 하는 물음이다. 이 방식을 따르면 인문학 환경의 전환에 초점을 맞추어야 한다. 이때의 환경은 앞에서 언급했듯이 대학이 될 수도 있고, 논의를 확장해가자면 시장이나 시민사회가 될 수도 있다.

　문제를 이렇게 두 가지 방식으로 나누어 보면, 접근하는 방식에 커다란 차이가 있을 수밖에 없음이 드러난다. 현대 인문학을 수행하는 환경(대학·시장·시민사회)이 새로운 기술의 지배를 받는 상황이 문제라면 그러한 상황이 인문학에 어떤 영향을 주고 있는지를 확인하고, 그 가운데서도 여전히 인문학이 가치 있는지를 물어보면 될 것이다. 새로운 기술의 지배를 받는 환경을 인문학의 가치가 제대로 발휘될 수 있는 우호적인 환경으로 바꾸는 것이 문제라면 그렇게 할 수 있는 전략과 전술을 고안하고 그것이 실제로 실행될 수 있는 행동 지침을 생각해보는 일이 과제가 될 것이다. 사실 이 두 가지 모두 철학자가 다룰 수 있는 문제가 아니다. 문제를 이렇게 정리해두고 보면 이념과 사회적 실천의 상호 작용에 관해서 연구하는 사회과학자가 이 문제를 다루어야 할 것이다. 그러므로 아래의 논의에서는 두 가지 가능성을 따르기보다 이보다 좀더 근원적인 질문이 선행되어야 한다는 생각을 중심으로 살펴보겠다.

기술시대의 인문학

나는 인문학을 하는 사람들에게 문제를 좀더 근본적 차원에서 보자고 제안하고 싶다. 앞장에서는 과학과 글쓰기 사이에서 서성이는 철학의 모습을 드러냈지만, 퍼트넘의 말처럼 철학도 결국은 인문학이라고 일단 보자. 그렇다면 인문학에는 언어학 · 예술학 · 종교학 · 문학 · 역사학 그리고 철학, 이렇게 여섯 분야를 포함시킬 수 있다. 앞에서 말했듯이 이들 학문 분야는 대상들의 구체성과 추상성에서 다르지만 인간의 여러 가지 '표현들'을 다룬다는 점에서 공통점이 있다.[2] 언어학은 인간의 언어적 표현을 다루고, 예술학은 구체적인 연행/연주가 있는 예술을 대상으로 한다. 종교학은 인류 문화와 역사의 과정에서 뚜렷한 현상으로 드러난 여러 종교적 표현을 다룬다. 문학은 시든 소설이든, 언어와 문자를 빌려 형성된 표현들을 연구한다. 역사학은 자연과 사회를 토대로 만들어온 인간의 여러 형태의 활동과 사건들을 그것들에 관한 기억과 기록들을 토대로 다룬다. 철학은 역사를 통하여 삶에 관해 성찰하고 논증한 인간의 사고 표현물을 다룬다.

인문학은 자연과학과는 성격이 다르지만 다른 분야를 이해하기가 쉽지 않을 정도로 세분화되어 있다. 하지만 그 속을 가만히 들여다보면 이 모두가 인간의 근본적 성향과 관련되어 있음을 어렵지 않게 발견한다. 인간은 시간의 단조로움에 진저리를 치는 존재이다. 인간은 공간의 침묵을 무서워한다. 그러므로 함께 모이기를 즐기고 이야기를 좋아한다. 이야기를 통해서 자신의 존재를 비추어 본다. 인간은 종교적·제의적 행위를 통해 삶의 이야기를 계속 이어왔다. 타인과 평화를 나누기도 하지만 엄청나게 싸우기도 했다. 무엇보다 인간은 의미를 추구한다. 그래서 자기 자신과 타인, 주변 세계, 나아가 자신을 에워싸고 있는 우주 전체와 그 배후에 있을 가능한 존재에 관한 물음을 끊임없이 제기한다. 이 가운데 개발한 것이 도구들이요, 기술이다. 돌도끼를 고안한 인간은, 그가 누구인지는 아무도 모르지만, 이미 자신의 세계를 주어진 대로 수용하지 않았던 최초의 인간인지 모른다. 도끼를 사용해서 사냥을 할 때 분명 자신의 힘을 의식했을 테고, 이를 통해 자신과 세계를 이해하는 방식에 변화가 왔을 것이다.

대부분의 기술은 앙리 베르그송(Henri Bergson)이나 루이스 멈퍼드(Lewis Mumford)가 강조하듯이 '몸의 연장'으로 이해된다(이 표현은 독일 출신으로 텍사스로 이주해 활동했으며 '기술철학'이란 말을 처음으로 사용한 에른스트 캅〔Ernst Kapp〕이 처음 사용한 것으로 알려져 있다).[3] 도끼와 화살은 손의 연장이고 망원경이나 현미경은 눈의 연장이다. 누적적으로 지적 추구를 가능하게 해준 인간의 기술 가운데는 언어와 문자가 있다. 언어와 문자는 사물을 지칭하고 서로 의사소통을 하는 수단일 뿐 아니라 지식을 보존하고 전승하고 비판과 수정을 가능하게 한 수단이 되었다. 만일 언어와 문자가 발명되지 않았다면 인문학의 가장 원초적인 자료는 생겨날 수가 없었을 것이고, 문자를 책이라는 도구 속에 담을 수 있는 인쇄술의 진보 없이는 인문학의 발전도 없었을 것이다.

인문학은 '글의 학문'이고 '책의 학문'이다. 글, 곧 문자와 책을 떠나 인문학을 주고받을 수는 없다. 그러므로 인쇄술을 통한 책의 등장 없이 인문학의 현재를 기대할 수 없다. 책은 아직도 가장 중요한 인문학의 매체이다. 그 어느 때보다 책이 많이 쏟아져 나오면서도 책에 대한 관심은 예전보다 못하다는 것을 나는 인정한다. 또한 요즘 사람들은 책 읽는 시간보다는 텔레비전과 인터넷, 그리고 영화에 소비하는 시간이 훨씬 더 많은 것처럼 보인다. 소설 대신 연속극을 보며, 신문이나 책을 통해 얻던 정보를 인터넷을 통해 얻고, 형이상학적 질문에 대한 답을 플라톤이나 아리스토텔레스에게서 찾기보다는 영화에서 찾으려는 사람들도 많다. 이렇게 보면 확실히 인문학의 여러 분야는 대중들의 시선에서 점점 멀어지고 있는 듯하다. 하지만 이런 현상조차 인문학에 반드시 불리하지만은 않다. 왜냐하면 인문학이 실천되고 수행되고 전달될 수 있는 매체가 영화, 인터넷으로 확대되었다고 볼 수 있기 때문이다. 자신과 타인을 이해하고 세계를 이해하는 수단으로서의 인문학은 기술 발전과 변화와 더불어 변화한다. 사람들은 (비록 호흡이 짧기는 하지만) 트위터를 통해 시를 띄워 보내거나, 페이스북을 통해 작품을 올리고 논쟁을 벌이기도 한다.

문제는 매체가 아니다. 매체는 또 다른 새로운 가능성을 가지고 있기 때문이다. 18세기에 신문이 출현하면서 글 읽기의 방식이 집중적 읽기에서 선택적이며 일회적인 읽기로 전환됐지만, 그렇다고 해서 인문학이 쇠퇴했다고 말할 근거는 없다. 19세기 말 영화가 발명되고 20세기 초반에 들어 텔레비전과 같은 영상 매체가 등장한 뒤로 인쇄 매체의 영향력이 감소한 것은 사실이지만 그렇다고 해서 책이 없어지지는 않았다. 또한 인터넷 매체의 사용은 분명히 책의 소비에 영향을 미칠 터이지만 이것이 곧 인문학에 대한 무관심을 도출해내는 근거로 사용되기는 힘들 것이다. 인터넷을 사용하지만 여전히 문자를 통해 글을 쓰고 읽기 때문에, 글 속에 담길 수 있는 내용조차 무의미하게 되었다고는 말할 수 없다.

전인적인 삶의 상실

그러면 기술은 인문학의 실천에 유익할 뿐 해로움이 없다고 보아야 할 것인가? 나의 이런 태도에 대해 어떤 이들은 기술에 대해서 너무 너그러운 태도라고 비난할 것이다. 어떤 특정한 도구나 기술이 아니라 모든 것을 기술의 수단으로 통제하고 이용하고자 하는, 닐 포스트먼이 '테크노폴리'라고 부른 기술주의가 인문학에 심각한 문제를 안겨준다는 데에는 나도 동의한다.[4] 그런데 가만히 들여다보면 기술주의의 영향은 반드시 직접적으로 행사되지는 않는다. 개별적인 인문학보다는 오늘날 서구 세계와 서구 세계의 영향을 받은 나라의 정책과 가치관을 통해 생각하고 가치

평가하고 행동하는 방식에 영향을 미침으로써 기술주의는 인문학에 간접적으로 작용하고 있지만, 그 결과는 상당히 광범위한 것으로 보인다. 기술이 미친 영향을 한 직업을 예로 삼아 먼저 생각해보고, 인문학자의 경우에 적용해서 또 생각해보자.

나는 최근에 어업을 생업으로 삼던 사람들의 마을에서 시간을 보낸 적이 있다. 내가 본 지금의 어부들은 과거의 어부와는 다르게 살아간다. 어업은 현대 기술의 적용으로 인해 과거와는 달리 기계적으로 대단히 전문화되어 있다. 그래서 기계가 고장나면 엔진 기사에게 의존을 해야 하고, 통신 장비에 문제가 있으면 통신 장비 기사에게 의존해야 한다. 전력 시스템에 문제가 있으면 전기 기사에게 의존해야 하며, 컴퓨터가 고장났을 경우에는 컴퓨터 전문 기사에게 의존해야 한다.

이렇게 각각 세분화된 기술을 사용하여 어업활동을 하는 것이 현재 어부들의 현실이다. 모든 것은 대량의 고기를 잡는 데 집중되어 있고 모든 기술은 어획고를 올리는 일에 매우 효율적으로 집중되어 있다. 그러므로 과거의 어업 방식과는 판이한 방식으로 생산율을 높일 수 있는 가능성이 현대 기술을 통해 열린 것이다.

그러나 근대 이전의 어업은 이와 달랐다. 어업은 단순히 고기를 많이 잡는 일이 아니라 사람살이의 모든 측면이 관여된 활동이었다. 고기 잡는 일은 식량을 조달하는 일이자 공동체를 구성하는 일이며, 동시에 종교적 행위가 그 사이에 개입되었다. 고기잡이배를 타고 가면서 사람들은 함께 노래하고 함께 노동을 하고, 잡은 고기의 일부를 따로 떼어 바다의 신에게 감사를 표시했다. 고기잡이는 어촌에 사는 사람들에게는 생활의 필요를 충족시키는 수단이면서 동시에 타인과 자연과 신들과 관계하는 방식이었다.

이러한 모습들은 근대 이후 과학기술의 발달로 기계가 도입되고 활동이 전문화되면서 사라졌다. 이것은 어업을 위시한 인간 활동이 전체적인 삶의 맥락을 상실하는 결과를 가져왔고, 따라서 삶의 의미 그물을 형성하는 타인과의 관계, 자연과의 관계, 신과의 관계를 잃어버린 것이다.

과학기술로 인한 분업화와 전문화가 과학기술을 별로 이용하지 않는 인문학에도 동일하게 발생했다고 볼 수 있다.[5] 인문학도 명칭만 인문학이지, 사실은 철학과 역사와 문학과 종교 등 엄청날 정도로 각각 전문화되어 뿔뿔이 흩어져 있는 형편이다. 철학을 하는 사람은 철학만 하고 문학을 하는 사람은 문학만 한다. 어느 학문보다도 통합 학문으로서의 성격을 강하게 지닌 철학을 들여다보면 논리학은 논리학대로, 인식론은 인식론대로, 윤리학은 윤리학대로 각각 세분화되어, 그 분야에 오랫동안 몸담고 있지 않으면 논문조차 읽을 수 없을 정도로 전문화, 세분화되었다.

그럴 수밖에 없게 된 것은 인문학이 대학이라는 학문 기관과 연관되어 발전하였기 때문이다. 동아시아 전통의 연원이라 볼 수 있는 고대 중국이나, 유럽 문화의 뿌리가 되는 고대 그리스 전통에서는 오늘날 인문학의 뿌리가 되는 지적 실천이 대학이라는 기관에서 수행되지 않았다. 그러므로 굳이 학문에 요구되는 고도의 지적 노력과 정치한 논리가 뒷받침될 필요가 없었다. 호메로스의 『일리아스』와 『오디세이아』, 베르길리우스의 『아이네이스』는 그리스어나 라틴어를 모국어로 쓰는 사람들에게는 쉽게 이해할 수 있는 작품이었다. 헤로도토스의 『역사들』(탐구들)이나 플라톤과 아리스토텔레스의 저작들도 모두 그리스의 일상 언어를 바탕으로 한 저술들이다. 이러한 저작들은, 글을 알고 생각할 수 있는 사람이면 『논어』 『장자』를 읽듯이 어느 정도의 지적 긴장만을 가지고 읽어낼 수 있고 삶에 유익을 얻을 수 있는 것들이다.

그러나 대학이 생긴 뒤, 그리고 대학에서 인문학이 '학문'(scientia)이란 이름 아래 연구되기 시작하면서 연구 기술은 점차 세련되어지고, 그 이전과는 확연하게 다른 연구 업적이 인문학 분야에서 쌓이게 된다. 아마 전폭적으로 이런 현상이 일어난 것은 근대, 특히 계몽주의와 낭만주의의 영향을 받은 19세기 유럽 대학이라고 해야 할 것이다. 특히 훔볼트의 연구중심 대학의 이념이 미국으로 전달되면서 유럽 대학이나 미국 대학은 인문학의 각 분야에서 이루 헤아릴 수 없는 많은 연구 성과를 산출하였다.

현대에는 우리가 지금 통칭해서 '인문학'이라 부르는 분야의 저서들을 전문가 수준으로 섭렵한 사람은커녕 자신이 속한 개별 분야의 저서들을 빠짐없이 섭렵한 사람도 없을 정도로 각 분야가 전문화되고 세분화되었다. 인문학도 우리의 구체적이고 일상적인 삶과는 거리가 먼, 그야말로 '학문'이 되어버렸다.

우리가 살고 있는 땅에서 오늘날 인문학이라 부르는 것들과 관련된 지식은 어떤 위치에 있었는가? 우리에게는 문학과 역사, 철학을 공부하는 오래된 전통이 있다. 교육을 제대로 받은 사람이면 그가 얻은 직책이 무엇이든, 그가 수행하는 일이 무엇이든, 예컨대 적어도 시를 담고 있는 『시경』과 역사를 담고 있는 『서경』, 사람의 운명과 삶을 담고 있는 『역경』을 읽고 필요할 때마다 참고하고 이용할 수 있는 수준이었다. 주희 이후에는 사서(四書)도 정경 가운데 포함시켜 국가시험 준비의 기본 텍스트가 되기는 했지만, 적어도 이념으로는 '수기안인'(修己安人)을 위한 기본 공부의 교재로 사용되었다.

과거 학자들도 원전 외에, 주석과 연구서를 읽고 또 자신의 주석을 썼다. 그럼에도 과거의 선비들과 오늘날 이 전통을 대학에서 연구하는 학자들 사이에는 어떤 차이가 있는가? 대상만 중국 텍스트일 뿐, 연구 방식은 예컨대 호메로스의 『일리아스』나 『오디세이아』, 플라톤의 『국가론』을 연구하는 방식처럼 오늘날 동아시아 학자들은 『논어』 『맹자』를 읽고 『장자』를 연구한다. 연구는 서서히 역사에 대한 정보와 지식을 얻거나 논증과 이론 수립에 머물게 되어 삶의 물음은 도외시된다. 오늘의 학문은 학자의 구체적이고 일상적인 삶의 방식과는 무관한 지식이 되었다.

서양 학문이 도입되기 이전의 전통 인문학자는 시를 짓고 글을 쓰고 그림을 그리며 경서를 해석하고 제사를 지내고 관료로서의 공직을 수행했다. 심지어는 농사를 지으면서 이러한 활동을 하기도 하였다. 이 가운데서 자신의 존재를 형성하고 타인과 관계하고 자연과 신(신들, 조상들)과 관계하는, 전인적인 삶이 가능했다. 글을 읽고 쓸 뿐 아니라, 과거의 역사를 이야기하고 삶의 근본 도리와 원리를 이야기하는 것이 삶 자체였기 때문에, 이런 활동 없이 인간의 삶이 인간답다고 말할 수 없었다.

그러나 지금은 사정이 완전히 다르다. 오늘날 어업이 서로 다른 기술들을 결합하여 고기잡이라는 목적을 효율적으로 수행하는 활동이 되었듯이, 인문학은 여러 전문 분야를 제도와 행정을 통해 한 단과대학에 통합해두었을 뿐 그것이 대상으로 하는 '인간'에 대한 담론(설명이든지, 이해든지, 비판이든지)에까지는 이르지 못한 형편이다. 그러므로 '인간 삶의 무늬'(人文)를 드러내는 활동이라고 하면서도 현대 인문학은 삶의 여러 무늬(紋)와 결(理)을, 삶의 움푹 패인 부분(凹)과 두드러진 부분(凸)을 드러내기에는 부족하다. 인간의 삶을 제대로 모르기 때문에 인문학이 인문학으로서의 가치를 제대로 발휘하지 못하게 되었다고 말하면 너무 심하게 들릴까?

기술과 파편화된 삶—센티멘털리즘의 덫

그러면 대안이 무엇인가? 두 가지를 생각할 수 있다. 하나는 전통으로 완전히 돌아가는 길이다. 그런데 아마 극소수를 제외하고는 누구도 이것이 가능하다고 생각하지 않을 것이다. 그렇다면 다른 길은 무엇인가? 실용화를 추구하는 길이다. 나는 인문학 위기 담론과 함께 우리 주변에 나타난 현상이 이것과 관련되지 않았나 생각한다. 각 대학에서 '표현인문학'(이화여대), '수행인문학'(한양대), '치유인문학'(강원대) 등 여러 대안이 나왔다. 대부분이 과거 학술진흥재단(현 한국연구재단)의 프로젝트를 따기 위한 주제로 등장한 것들이지만 한국 대학에서만 들어볼 수 있는 인문학의 여러 갈래들이다. 이런 또는 저런 방식으로 인문학이 삶에 유익한 지적 노력임을 보여줌으로써 인문학의 가치를 살려보려는 국내 대학들의 노력의 산물이다. 이 노력을 구체적으로 평가할 마음은 없다. 다만 이 노력의 저변에는 삶의 질을 높여보고자 하는 관심이 깔려 있지 않나 생각해볼 수 있다.

'삶의 질'에 대한 관심 자체를 폄하할 마음 또한 전혀 없다. 삶을 양(quantity)으로보다는 질(quality)로 보고자 하는 노력은 그 자체로 긍정적인 의미가 있기 때문이다. '삶의 질'은 삶의 한 부분(기능)의 충족이나 만족으로 주어질 수 없고 모든 부분(기능)이 충족되어야 한다. 사람에게는 예컨대 신체적·사회적·심리적 기능들이 있다. 그러므로 건강 관리나 기업 운영이 '삶의 질'에 관심을 갖는다는 것은 사람의 한 기능에 대한 관심에 국한하지 않고 모든 기능이 만족스럽게 작동하도록 관심을 가지고 통제한다는 뜻이 된다. 기업 경영에서뿐만 아니라 정부, 사회복지, 교육, 심지어는 생태환경에 이르기까지 삶의 질에 대한 관심을 표현하는 것은 삶의 통전성 회복에 눈을 뜨게 해준다. 그러나 그럼에도 '삶의 질'에 대한 관심에는 삶의 여러 측면에 인위적으로 개입하여 삶을 전체적으로 행복하게 할 수 있다는 기술주의적 사고가 개입될 여지가 있기 때문에 그냥 긍정적으로만 볼 수 없는 여지가 있다.

사람들이 생각하는 '질 높은 삶'은 어떤 삶을 두고 말하는 것인가? 서양이든 동양이든 이제 전 세계적으로 퍼져 있는 근대적 사고에 따르면 '질 높은 삶'이란 모든 면에서 만족스러운 삶을 말한다.[6] 그렇다면 '만족스러운 삶'이란 또 무엇인가? 소극적인 방식으로 정의한다면 아마도 '고통의 부재', 곧 고통이 없는 삶이라고 말할 수 있을 것이다. 온갖 종류의 '마음에 드는 일'들은 여기에 뒤따라온다. 무엇이 마음에 드는 일인가는 사람마다 자신의 느낌에 따라 결정할 수 있다. 성인이면 누구나 자신의 감정과 경험을 토대로 자신의 일을 결정해야 한다는 생각은 서양뿐만 아니라 우리나라에서도 점점 지배적인 생각으로 자리 잡기 시작했다. 사회가 해야 할 일은 삶을 주도하거나 통제하는 것이 아니라 각자 원하는 삶의 질을 추구할 수 있도록 보호하며 한 개인의 추구가 타인의 추구에 방해되지 않도록 조정하는 일이라고 사람들은 생각하게 되었다. 이런 사고방식 뒤에는 개인주의, 자유주의는 물론이고 개인의 심리적 만족을 최고의 가치에 두는 일종의 '센티멘털리즘'이 강하게 자리 잡고 있다. 현대 사회에 적응하고자 하는 인문학은 이 덫에 걸리기 십상이다. 그러므로 센티멘털리즘이라 일컬을 수 있는 삶의 태도가 어떤 것인지 좀더 생각해보자.

센티멘털리즘은 '현실 자체'보다는 자신이나 타인에 대한 생각·감정·평가에 민감한 삶의 방식이라고 일단 정의해보자. 말과 생각과 행동, 사실과 사건 그 자체가 무엇인지, 그 자체가 옳은지 중요한지, 이것을 중시하기보다 이러한 것들이 어떤 결과를 가져올 것인가에 대해서 민감하게 관심을 두는 태도로 이해해보자.[7] 이러한 태도는 우리 주변에 이제는 편만하게 된 삶의 방식에서 그 예를 찾아볼 수 있다. 예컨대 정치가들이 정치 자체보다는 재선에 관심을 두는 경우를 보라. 정책의 실현 가능성이나 도덕성, 공공선의 기여 여부를 무시하고 득표로 연결될 수 있다면 아무 정책이나 선거공약으로 내세우는 예가 여기에 포함될 수 있을 것이다. 종교인들이 미사나 예배, 예불을 제대로 드리기보다는 성당이나 교회, 법당을 찾는 사람들의 반응에 관심을 둔다고 생각해보라. 곧 일종의 고객 관리를 최우선으로 삼는다고 가정해보라. 방송이나 신문 기자가 사건과 사건에 대한 진실한 정보 자체보다는 개인 블로그를 통해서 시청자나 독자와의 연결고리를 형성하는 일에만 관심을 둔다고 해보라. 교사가 교실에서 지식을 전달하고 탐구하는 일에 집중하지 않고, 학교 홍보와 개인의 승진에만 관심을 둔다고 해보라.

이 모든 경우에 행동은 도구화되고, 현실은 축소되며, 타인의 존재는 배제되고, 자기 자신의 존재마저 수단화되고 마는 결과가 초래된다. 대중 조작, 광고, 이미지의 위력을 통해 과학기술은 사람들의 마음에 센티멘털리즘적인 삶의 태도를 심어두었다. 모든 것은 여기서 통제 가능한 현실로 환원된다. 그리하여 모든 현실은 원칙적으로 우리에게 주어져 있고, 조작 가능하고 통제 가능하다는 생각을 하게 된다. 그러한 생각은 우리의 감성이 충족될 수 있고 만족될 수 있다는 믿음을 생산한다. 결국 무엇이 올바른가, 무엇이 참된가, 무엇이 적합한가, 무엇이 중요한가 하는 물음은 억압되고 우리의 느낌이나 감정, 취향만이 중시된다.

센티멘털리즘은 정신적인 것, 영적인 것을 추구할 수는 있으나, 이때에도 즐거운 감정을 추구하는 범위 안에 그칠 뿐 거친 현실과 함께 무엇으로도 환원할 수 없는 타자의 고유성을 인정하는 데까지 확장되지는 않는다. 왜냐하면 위에서 정의한 방식의 센티멘털리즘을 근본적인 삶의 방식으로 선택하게 되면 나의 감정 만족과 타인에게 내가 미치는 영향에서 오는 만족의 감정에 삶의 공간을 제한하기 때문이다. 이런 삶의 방식으로는 설사 타인을 보더라도 나와 마찬가지로 단지 만족을 추구하는 감성적 존재로 볼 뿐이다. 순전한 센티멘털리즘에는 인격으로서의 타인, 타자로서의 타인이 들어설 자리가 없다. 타인에 대한 인정, 인격적 존재로서의 타인에 대한 의식의 결여는 자기 자신에 대한 이해에서도 동일한 결과를 가져온다. 타인에게서 참된 것, 선한 것, 아름다운 것을 추구하는 인격적 존재를 발견하지 못한다는 것은 다른 말로 하면 인간의 삶에서 '영적인 것'의 차원을 볼 수 없다는 것이다. 결과적으로 모든 것은 현재 나에게, 아니면 나의 범위 안에 들어오는 '우리들' 속에서의 만족의 감정에 종속된다.

센티멘털리즘의 삶의 방식은 우리 자신의 존재를 규정하는 조건 가운데 하나가 과거 유산, 역사와 관련되어 있다는 사실도 간과하게 만든다. 그런데 생각해보라. 인간은 어디에서 인간이 되는가? 몸으로 태어난 삶의 공간은 전통을 통해서 매개되는 역사와 얽혀 있다. 역사는 다시 기억을 통해서, 이야기를 통해서, 그리고 문자 속의 기록을 통해서 전해진다. 이 속에서 우리는 타인을 만나고 타인과의 만남 속에서 자신의 모습을 발견한다. 그러므로 오직 나의 만족의 감정 속에서 삶을 재단하고 삶을 평가할 때 사실은 나 자신조차 발견할 수 없게 된다. 자신뿐만 아니라 자신의 감정조차 사실은 제대로 보지 못한다. 왜냐하면 자신의 감정을 만족스러운 것과 만족스럽지 않은 것, 쾌락을 주는 것과 쾌락을 주지 않는 것의 한계 내에서만 보기 때문이다.

감정은 쾌락과 불쾌의 감정에만 한정될 수 없다. 사람은 우정을 그리워하고 사랑의 감정을 소중히 여긴다는 사실만으로도 감정을 쾌락과 불쾌의 감정에 한정시키는 것이 얼마나 협소한지, 얼마나 인간적인 것에 가까이 다가서지 못하게 하는지 알게 된다. 우정이나 사랑을 추구할 때 우리는 그것이 때때로 상처를 줄 수 있음을 알고 있다. 진정한 우정이나 사랑은 성공하기도 하고 실패하기도 한다. 단지 쾌락과 불쾌의 감정 이상의 진정한 관계, 관계의 진정성이 여기에 개입되어 있다. 이로 인해 우리는 행복할 수도 있고 불행할 수도 있다. 그러나 관계의 진정성 자체를 어떤 기술적 조작이나 통제를 통해 사전에 미리 규정할 수는 없다.

기술적 통제를 벗어나 있는 것이 우리가 우정이나 사랑에서 볼 수 있는 관계이다. 나 자신의 투여와 관심도 중요하지만 우리 '바깥에', 다시 말해, 타인의 태도도 이에 못지않게 관계 형성에 중요하다. 그러므로 스스로 행복하기 위해서 현실을 조종하고 현실을 내가 원하는 방식으로 만들어보려고 애쓸 수 있지만 오히려 이럴 경우 행복을 망쳐버릴 수 있는 가능성이 훨씬 더 많아진다. 왜냐하면 행복은 타인이 스스로 자신을 나에게 값없이, 아무런 계산 없이 내어줄 때 가능하기 때문이다.

우리의 감정과 욕망은 단지 그 자체 공간 안에 머물지 않는다. 이것들은 우리 바깥의 현실과 밀접하게 연관되어 있는 것이다. 또한 타인의 자유처럼 우리의 힘으로는 어쩔 수 없는 차원과 연결되어 있다. 따라서 우리가 어떻게 느끼는가 하는 주관적 조건만으로 감정과 욕망이 규정되지 않는다. 이는 타인의 생각과 행동, 타인의 평가(옳은가 틀린가, 적합한가 적합하지 못한가)에 달려 있다. 타인의 평가도 단순히 타인의 의견에 달려 있는 것이 아니라, 나의 행동과 감정과 나와 타인이 함께 참여하는 (나와 타인을 벗어난) 현실과의 적합성 여부와 관련된다.

이때의 현실은 나나 타인이 통제할 수 있는 현실이 아니다. 우리의 우정이나 사랑은 나의 감정과 타자의 감정만의 문제가 아니다. 제3자가 어떻게 생각하는지도 중요하다. 제3자의 생각은 나와 타인, 제3자가 다 같이 참여하면서도 이 모두를 초월한 현실, 곧 전통을 통해서 매개되는 현실이다. 그러므로 오늘날 많은 사람들에게 암묵적인 삶의 철학으로 자리 잡은 센티멘털리즘은 참일 수 없다. 왜냐하면 타자와의 관계, 현실과의 진정한 관계는 나와 타자를 벗어난 더 큰 현실의 실재성을 전제로 하지 않으면 안되기 때문이다.

현실 안에서의 진정한 놀이

지금까지 이야기한 센티멘털리즘의 삶의 태도는 산업사회적 인간 유형인 자신의 삶을 스스로 기획하고 창조하고자 하는 이른바 호모 파베르(homo faber), 곧 제작하는 인간의 한 모습이라 볼 수 있다. 호모 파베르는 자연뿐만 아니라 자신마저도 지배하고자 한다. 데카르트가 인간과 자연의 관계에 관해 말한 "자연의 주인이요, 소유주"는 자기 자신의 삶에도 그대로 적용된다. 그래서 "인간은 자기 자신의 주인이요, 소유자"라고 말할 수 있게 된다. 좀 도식적이기는 하지만 이것을 이렇게 표현해볼 수 있다. "기술적 가능성은 인간중심주의를 낳았고, 인간중심주의는 나르시시즘을 낳았고, 나르시시즘은 센티멘털리즘을 낳았다." 서양에서 시작하기는 했지만 이제는 전 세계로 확산된 근대 문화의 한 단면은 극단적인 나르시시즘과 센티멘털리즘으로 귀결되었다. 여기서 인간은 요한 하위징아(Johan Huizinga)가 이름 지은 호모 루덴스(homo ludens)와는 대척점에 있는 호모 파베르의 모습을 하게 되었다. 그렇다면 호모 파베르와 호모 루덴스는 어떤 점이 다를까?

첫째, '놀이하는 인간' 호모 루덴스는 놀이의 규칙을 따르는 데서 자신의 존재를 확립한다. 놀이는 바둑이든 축구든 간에 그 규칙을 따르는 데에서 놀이로서 성립되듯이 호모 루덴스도 놀이 규칙을 따를 때 자신의 존재를 확립한다. 이때 놀이 규칙은 사고와 행동을 통제하기 때문에 필연적으로 도덕적 의미를 띨 뿐 아니라 나의 행동과 관련해서 초월적이다. 다시 말해 놀이의 규칙은 나의 놀이하는 행동 안으로 환원되지 않는다. 그것은 나의 행동을 언제나 초월해 있다.

이에 비해 호모 파베르는 어떤가? 호모 파베르도 놀이하지 않는가? 물론 호모 파베르도 놀이하지만 그는 규칙 자체를 조종하고 통제하려고 시도한다. 놀이에 대해 초월적 의미를 띤 규칙은 여기서 내재화되고 통제된다. 따라서 진정한 놀이는 가능하지 않으며, 놀이에서 오는 해방과 자유를 얻지 못하고 자유인으로서의 삶을 살지 못한다.[8]

둘째, 호모 루덴스, 곧 '놀이하는 인간'도 호모 파베르와 마찬가지로 행복을 추구한다. 하지만 호모 루덴스는 행복이 제작될 수 있다고 생각하지 않는다. 진정한 행복은 마치 경기에서 얻는 승리처럼 우리에게 '찾아오는 것'임을 호모 루덴스는 안다. 결과가 확정된 놀이는 놀이로서 흥미로울 수 없다. 행복 추구는 기술적 통제가 불가능한 현실과, 우리의 욕망과 소망을 초월한 현실과의 대결에서 얻는 것이다. 타인의 수용, 나를 초월한 현실에 대한 수긍과 인정, 특히 나와 타인과 놀이를 초월해 있는 규칙에 대한 존경, 불확실한 미래에 대한 기대와 긴장, 온몸을 쏟은 투신과 헌신 등이 호모 루덴스형 인간의 특징이 될 것이다. 기술 지배의 결과로 현실을 잃고, 타인을 잃고, 심지어는 진정한 자신마저 잃도록 유인하는 센티멘털리즘, 그 바탕에 있는 나르시시즘을 벗어나 진정으로 삶을 삶으로 대결하고 만나고 타인과 함께 가꾸어갈 인간 유형이 곧 호모 루덴스형의 인간이다. '제작하는 인간' 호모 파베르와 '놀이하는 인간' 호모 루덴스 사이에는 행복을 스스로 만들려고 하는가, 아니면 규칙을 따름으로 인해 주어질 수 있는 행복을 (그리고 그와 반대 경우에 주어질 수 있는 불행을) 수용하는가 하는 차이가 있다.

셋째, 호모 루덴스의 존재론은 실재론이다. 놀이하는 인간 바깥의 현실은 놀이를 가능하게 하고 놀이 속에서 '놀이의 대상'으로 등장하지만, 놀이 안으로 환원될 수 없는 '바깥'의 요소를 유지한다. 반면에 호모 파베르의 존재론은 '반실재론'이라 부를 수 있다. 현실은 나의 감정과 욕망 안에서 빚어지고 만들어지고 통제된다. 호모 루덴스의 실재론에서 말하는 현실은 물리적 현실에 그치지 않고 이야기를 통해서 빚어지고 역사를 만들어내고——리쾨르가 상징에 관해서 했던 말을 응용한다면——'생각을 하게 해주는' 현실이다.

호모 루덴스의 관점에서 인문학이 관여하는 현실을 어떻게 볼수 있을까? 인문학을 통해서 읽고 쓰고 반성하는 현실은 나와 타인이 함께 참여하지만 나와 타인이 조작하고 통제할 수 없는 삶의 현실이다. 삶의 현실은 센티멘털리즘과 나르시시즘의 꿈을 깨뜨린다. 꿈이나 환상일 수 없는 삶의 현실 안에서 비로소 놀이가 가능하다. 이때 나와 타인은 놀이의 주인공이며, 놀이의 내용이 된다. 문학 작품과 역사를 통해 전해오는 서사들, 철학자들의 펜을 통해 개념화된 현실은 새로운 놀이의 장으로 초대되고, 무대에 올려지고, 감상되고, 토론되며, 나와 타인과 우리와 그들의 삶의 이야기가 계속 이어서 이야기될 수 있다. 이야기 형태로 전해지는 인문학은 기술로 통제되고 조작될 수 없는 공간 속에서 비로소 삶의 의미를 주고, 반성케 하고, 동시에 주어진 현실과 삶을 비판적으로 계속 이야기할 수 있는 풍부한 원천을 제공해 준다.

인격적 투신, 학문의 즐거움

만일 인문학이 삶과 분리된다면 무슨 기능을 할 수 있겠는가? 인문학을 하는 사람이 인문학을 통해 인격과 삶의 방식이 변화되지 않는다면 인문학을 하는 것이 무슨 가치가 있는가? 문학을 하는 사람이 가장 비문학적이고, 역사학을 하는 사람이 가장 비역사학적이며, 철학을 하는 사람이 가장 비철학적으로 살아간다면 그가 하는 학문은 무엇을 위한 것이라고 보아야 하는가? 소금은 그 맛을 잃으면 쓸모가 없다. 버림받아 사람들의 발에 밟힐 뿐이다. 인문학도 그것을 읽고 토론하고 공부하는 사람에게 삶의 현실을 열어주고 삶의 놀이에 참여하여 의미를 얻어가도록 하는 길이 되지 못한다면 맛을 잃은 소금처럼 버림받을 수밖에 없다. 인문학이 그 맛을 유지할 수 있는 길은 무엇인가?

우리는 공자가 "아는 것은 좋아하는 것보다 못하고, 좋아하는 것은 즐기는 것보다 못하다"고 한 말씀을 기억한다.[9] 이 말씀은 아는 것과 좋아하는 것, 즐기는 것을 위계화하는 것으로 보인다. 그래서 즐기는 것이 최상의 상태라는 말씀으로 들린다. 또는 즐기기 위해서는 좋아해야 하고, 좋아하기 위해서는 먼저 알아야 한다는 말씀으로도 들린다. 앎이 좋아함의 조건이고 좋아함이 즐거워함의 조건인 것처럼 이해될 수 있다. 또는 지식에서 좋아함으로, 그리고 다시 즐김으로 나아가라는 충고로도 들린다. 이 세 가지 해석이 모두 가능할 것이다. 그러나 나는 되묻고 싶다. 좋아하지 않고 과연 알 수 있는가? 좀 성급하지만 여기에 다시 덧붙이자면 즐기지 않고 정말 좋아할 수 있는가?

나의 되물음이 그렇게 중요한 것은 아니다. 내가 중요하게 생각하는 것은 문학을 연구하든 철학을 연구하든, 아니면 역사학을 연구하든 간에 우리에게 중요한 인문학적 앎은 기술이나 이론으로는 드러낼 수 없는 인간 삶의 깊은 측면, 아니, 너무나 얕아서 도무지 만지지도 못하고 지나칠 그런 삶의 차원을 공자가 꿰뚫어 보지 않았나 하는 것이다. 만일 그런 차원의 지식이 아니라면 어찌 그것을 좋아하고 즐길 수 있겠는가? 인간의 지극히 예민하고 아프기까지 한 삶을 깊게, 넓게, 두루 파 들어가, 아니 너무나 얇고 너무나 미약해서 사람들이 스쳐 지나가는 삶의 거짓과 진실, 삶의 기쁨과 슬픔, 고통과 즐거움을 정말 치열하게, 울고 웃으면서 드러내지 않고서야, 그런 지식이 다루는 대상을 단지 아는 것으로 그칠 뿐 아니라 어찌 좋아하고 즐길 수 있겠는가? 이 때문에 인문학에는 정확한 정보도 중요하지만 정확한 통찰과 판단력, 비판과 지혜가 담겨 있어야 한다. 그래야만 인문학은 그 가치를 제대로 발휘할 수 있을 것이다.

문제 상황을 이렇게 본다면 우리에게 필요한 것은 무엇인가? 바로 '인문학자로서의 각성'이라고 나는 생각한다. 인문학자는 현실을 객관적으로 관찰하고 서술하는 사람이 아니다. 자연과학에서는 어느 정도 이것이 가능하다고 해도 이러한 과학 이념은 자연과학에서조차도 완전히 들어맞지 않는다. 마이클 폴라니(Michael Polanyi)가 여러 연구를 통해 보여주듯이 자연과학자들도 현실의 숨겨진 모습을 드러내고자 마치 탐정처럼 현실을 더듬어가면서 탐구할 뿐 아니라 미적인 의식이나 경쟁의식, 동류의식 등을 가지고 있다.[10] 지적인 활동은 개인의 인격적 행위이며 동시에 타인과 더불어 현실을 탐구하는 사회적 활동이기도 하다. 그 속에는 기쁨이 있고 슬픔이 있으며, 야심도 있다. 자연과학자의 상황이 이러할진대 인문학자는 오죽하겠는가?

인문학은 현실 속에 몸담고 살아가는 인격적 존재인 우리 자신이 주체이면서 동시에 우리 자신을 대상으로 삼아 지적 추구를 하는 활동이다. 그러므로 여기에 깊은 인격적 투신이 없을 수 없다. 그럼에도 인문학은 나의 개인적 편견이나 내가 속한 계층의 당파적 이익을 초월해서 객관성을 추구한다. 이때 말하는 '객관성'(objectivity)은 근대 이후 하나의 이데올로기로 자리 잡은 '객관주의'(objectivisim)와 달리 인격적 신념과 투신이 개입된(personal commitment) 객관성이다.[11]

어떤 사람이 나에게 보낸 편지를 읽는다고 하자. 편지를 통해서 나는 위로를 받을 수 있고 분노할 수도 있고 어떤 사실에 대해서 정보를 얻을 수도 있다. 수신자로서 내가 편지에 대해서 취하는 태도나 편지가 나에게 산출시키는 반응도 중요하지만, 이보다 앞서 더욱더 중요한 것은 편지를 보낸 발신자의 의도를 정확하게 파악하는 일이다(이 점에서 나는 '텍스트의 의미'와 '독자의 의미'도 중요하지만 무엇보다 '저자의 의미'가 일차적이라는 고전적 입장을 취한다). 마찬가지로 인문학자가 텍스트를 읽을 때 독자로서 연구자가 의도하고 찾아내고자 하는 의미가 텍스트 속에 숨어들 수밖에 없으나 독자로서 최대한 노력해야 할 것은 저자의 의도, 저자가 뜻하는 바를 최대한 드러내는 일을 통해서 텍스트의 의미를 이해하고자 하는 일이다.

이런 방식으로 철학을 하고, 문학을 하며, 역사학을 공부하고 가르친다면 우리가 수행하는 인문학은 최소한의 학문적 기준을 충족하면서도 동시에 삶의 길로서 지적 노력의 일면을 유지하고 보여줄 것이라고 생각한다. 이렇게 할 때 인문학적 지식은 단순히 앎의 대상에 그치지 않고 좋아함의 대상이 될 것이며, 한 걸음 더 나아가 즐거움의 대상이 될 것이다. 즐거워하면 그 안에서 놀게 되고, 그 안에서 놀게 되면, 그와 더불어 하나가 될 것이며, 그와 더불어 하나가 된 지식은 삶 속에 깊이 스며들어 삶의 지혜로, 삶의 실천으로 드러날 것이다.

휴머니즘의 길찾기

다양한 휴머니즘

이제 우리의 관심을 인문학 연구가 중요한 활동으로 등장한 르네상스 시대로 돌려서 인문학과 관련한 휴머니즘의 의미를 대략적으로 추적해보자. 이러한 작업은 '휴머니즘'이 여러 갈래로 분화된 과정뿐만 아니라 현재 인문학이 처한 위치를 생각해볼 수 있는 계기가 될 것이다.

휴머니즘(Humanism). 우리말로는 '인본주의', '인문주의' 또는 '인간주의'로 번역해서 쓰고 있다. 영어로는 한 낱말인데 우리는 때에 따라, 사람에 따라 다르게 번역해 쓰고 있는 셈이다. 세 가지 번역어 가운데 어느 하나도 만족스럽게 생각하지 않는 사람은 그냥 소리나는 대로 '휴머니즘'으로 옮겨 쓴다. 영어의 Subject라는 낱말과 비교해보자. Subject는 '주체', '주관', '주제', '주어', '신민'(臣民), '피검자' 등으로 번역된다. 서양말은 하나이지만 우리말은 이렇게 많이 동원된다. 문법 용어로 사용할 때와 인식론적 용어로 사용할 때, 역사 가운데 능동적인 역할을 지칭할 때 다같이 이 말을 쓰지만 우리말로 옮겨 쓸 때는 각각 다르게 번역해서 쓰게 된다. 그 짝이 되는 말도 그래서 각각 다르게 사용된다. 인식론적인 의미로는 '주관'이라고 쓰고 그와 상대가 되는 말(object)은 '객관'이라 번역한다. 문법적인 의미로는 '주어'라고 번역하고는 그와 상대되는 말(predicate)은 '술어'라고 번역한다. 역사에서 능동적인 역할을 맡는 존재를 일컬을 때는 '주체'라 하고 그와 상대되는 말(object)은 '대상'이라 번역한다. 그러므로 굳이 '서브젝트'로 음역해 쓰고자 하는 충동을 느끼지 않는다. 어떤 맥락에서 어떻게 써야 할지 비교적 분명하기 때문이다.[1] 하지만 '휴머니즘'의 경우에는 사정이 조금 다르다. 아무래도 그 뜻이 고정되어 있지 않은 것처럼 보이기 때문이다.

근대 휴머니즘은 여러 형태로 발전되었다. '르네상스 휴머니즘'이 있는가 하면 '계몽주의 휴머니즘'이 있고 '마르크스적 휴머니즘'이 있는가 하면 '실존주의적 휴머니즘'이 있다. 또한 '기독교적 휴머니즘'이 있는가 하면 '세속적 휴머니즘'이 있다. 어떤 사상, 어떤 조류이건 간에 인간을 중요하게 여기는 사상을 일컬어 휴머니즘이라고 하는 것을 보면 휴머니즘은 외연이 넓은 개념이다. 하지만 속을 들여다보면 휴머니즘이라 일컬을 수 있는 것들 사이에서 이성과 과학, 신앙과 전통, 신체와 정신, 개인과 공동체를 평가하고 자리매김할 때는 편차가 있음을 보게 된다. 예컨대 '기독교적 휴머니즘'은 하나님의 존재와 전통의 중요성을 인정하면서도 인간에게 거의 무한한 인격적·도덕적 가치를 부여한다. 이와는 반대로 '세속적 휴머니즘'은 인간 이성의 자율성과 도덕성에 대해서는 강한 신념을 가지면서도 하나님에 대한 신앙은 부정한다. 사르트르적인 실존주의는 인간의 자유를 절대화하면서도 인간을 인간답게 한다고 생각되는 보편적 이성 질서는 부인한다. 모든 것은 우연적이고 그 자체로는 의미 없기 때문에 결국 모든 것은 나의 선택에 따라 의미가 부여될 뿐이라고 생각한다.

다양한 휴머니즘 가운데 '인문주의'로 번역되는 르네상스 전통의 휴머니즘과 '인본주의'로 번역되는 계몽주의 전통의 휴머니즘은 분명히 다른 지평 위에 서 있다. 르네상스 휴머니즘이 중세 세계관의 극복으로 시도되었다면, 과학적 이성을 토대로 한 계몽주의적 휴머니즘은 르네상스 휴머니즘의 애매성을 극복하고 오직 이성이나 경험에 근거하여 확실성을 얻어내고자 하였다. 이제는 이 두 휴머니즘이 모두 공격을 받고 있다. 르네상스 인문주의 전통은 이른바 '인문학의 위기'를 통해서 흔들리고 있고, 과학적 이성에 근거한 계몽주의적 휴머니즘은 이른바 '근대성 비판'을 통해서 그 지위가 흔들리기 시작했다. 그렇다면 우리는 휴머니즘을 완전히 포기해야 하는가? 이 물음에 대한 답은 잠시 유보한 채 일단 르네상스 휴머니즘과 근대의 계몽주의적·과학적 휴머니즘의 성격을 간략하게 알아보자.

르네상스 휴머니즘과 인문주의

휴머니즘이 하나의 어휘로 처음 등장한 것은 독일의 교육자 니트하머(F.J. Niethammer)가 1808년 중등교육 과정에서 그리스 · 라틴 문헌교육을 일컫는 말로 후마니스무스(Humanismus)라는 말을 썼을 때였다.[2] 르네상스 휴머니즘과 로마의 키케로로 거슬러 올라가는 인문학 연구(studia humanitatis) 전통과 관련해서 이 말이 쓰였기 때문에 우리말로는 '인문주의'라고 하는 것이 말뜻에 가장 가깝다.

르네상스 휴머니즘, 곧 인문주의가 대두한 것은 중세 스콜라철학에 대한 비판에서 비롯되었다. 스콜라철학의 전통이 불변하는 형이상학적 질서에 관심을 두고 논리학을 통해서 문제를 논증적으로 다루는 것이었다면, 르네상스 인문학자들은 현실적 삶과 수사학에 관심을 두고 키케로의 인문적 전통을 다시 회복하고자 노력하였다. 불변하는 영원한 존재 세계보다는 변화하는 세계, 변화하는 문화, 변화하는 인간이 인문학자들의 관심이었고, 이러한 관심은 법과 정치, 전통과 역사, 고전어 · 고전문학 연구를 통해 표현되었다. 르네상스 인문학자는 흔히 '필로로구스'(philologus), 곧 '로고스 애호자'라 불리었는데 이들은 언어뿐만 아니라 문자를 통해 전승된 텍스트 연구를 자신의 주업으로 삼았기 때문이다. '로고스 사랑' 곧, '필로-로기아'(philo-logia, 문헌학)에 몰두한 르네상스 인문학자들에게는 이 자체가 '필로-소피아'(philosophia), '지혜 사랑' 곧 '철학'에 몰두하는 일이었다.

근대 인문학자 가운데 프란체스코 페트라르카(Francesco Petrarca, 1304~74)와 그의 제자 콜루치오 살루타티(Coluccio Salutati, 1331~1406), 로렌초 발라(Lorenzo Valla, 1407~57)는 키케로의 인문학적 이념, 곧 사람됨의 이념을 거의 신성시하다시피 하였다. 제대로 생각하고, 제대로 행동하고, 제대로 말하는 것, 이 세 가지는 인문학이 추구한 이상이었고, 그 이상은 이탈리아 인문학자들이 볼 때 로마의 고전 교육에서 실제로 실행되던 것이었다.

발라에 따르면 사물의 존재는 언어를 통해서 접근 가능하기 때문에 언어를 잘 다룰 줄 안다는 것은 사물을 잘 다룰 줄 안다는 것을 뜻한다. 언어는 세계 이해를 담고 있기 때문에 새로운 언어를 배우는 것은 곧 새로운 세계를 배우는 것과 같다고 생각하였다. 그러므로 언어는 단지 의사소통 수단에 그치지 않고 세계 인식의 수단이었다. 말(verbum)과 사물(res)은 서로 뗄 수 없는 관계를 맺고 있다는 생각이 여기에 바탕으로 깔려 있었다.

르네상스 인문학자들의 언어에 대한 강조는 결국 사물 자체를 다루는 활동보다는 언어를 다루는 활동을 강조하는 결과를 가져왔다. 이 때문에 중세의 '자유교육'(artes liberales)의 일곱 과목 가운데 '사물'(res)과 관련된 과목인 기하학·산수·천문학·음악학보다 '말'(verbum)과 관련된 문법·변증법·수사학이 더 중요하게 되었고, 이 가운데 특히 수사학이 중시되었다.[3]

이탈리아 인문학자들의 정신은 예수회를 통해서 전승되고 확산되었다. 1534년 세워졌으나 1540년 교황청으로부터 공식 인가가 난 예수회는 그리스어와 라틴어 교육을 주로 하는 인문계 중등교육(humaniora)에 주력한다. 데카르트가 라 플레쉬의 예수회 학교에서 교육받고 있을 때에는 유럽 전역에 걸쳐 예수회가 세운 인문계 중등교육기관이 이미 250개를 넘어서고 있었다. 예수회 학교마다 그리스어와 라틴어 문법, 수사학, 철학 그리고 이와 별개로 '인문학'(humanités)이 주요 과목으로 설정되었다. 특히 수사학이 강조되었고 마지막 학년은 거의 수사학 훈련에 집중되었다. 예수회의 이러한 교육 방식은 가톨릭 신앙이 우세한 나라에서는 거의 수용되었고, 19세기 초반까지만 해도 유럽 교육의 중심 내용을 이루고 있었다. 그러나 19세기 중반 이후 자연과학 중심의 교육이 유럽 교육을 지배하기 시작하면서 수사학에 대한 강조가 급격히 쇠퇴하였다. 이러한 현상은 우리의 전통에서 인간 교육의 중요한 한 부분으로 인식되었던 시(詩), 서(書), 예(藝) 교육이 근대 교육의 시작과 함께 인문 교육에서마저도 점차 배제된 것과 비슷하다.

인문주의 비판과 근대정신: 과학적 휴머니즘의 출발

앞에서 언급했듯이 이런 의미의 인문주의에 대한 공격은 데카르트를 위시한 근대 계몽주의자들을 통해 가해진다. 인문 교육이 어느 정도의 효용성은 있지만 진리 탐구와는 거리가 멀다는 것이 데카르트와 그 이후의 생각이었다. 데카르트는 학교에서 배우는 인문학 공부(l'étude des lettres)에 대해서 대체로 부정적이었다. 데카르트가 지목한 이유는 다음과 같다.

첫째, 과거의 언어(고전어)와 역사를 배우는 것은 다른 나라를 여행하는 일처럼 소중한 경험을 안겨주지만 현실 사정에 어둡게 만든다. 곧 과거보다는 현재가 더 중요하다는 말이다.

둘째, 수사학이나 문학 공부는 아름답고 강력한 문장을 구사할 수 있도록 도와주지만 이와 같은 것은 타고난 정신적 재질일 뿐 배움의 문제가 아니다. 덕과 신앙도 교육보다는 자연적으로 타고난 천성과 양식, 건전한 이성에 의존하는 것이 더 좋다.

셋째, 모든 학문의 기초가 된 철학조차도 다양한 의견이 있을 뿐 누구나 합의할 수 있는 단 하나의 진리가 결여되어 있다.[4]

여기서 중요한 사실은 단지 인문학 비판이 아니라 새로운 의미의 휴머니즘, 곧 이성적 비판을 토대로 한, 말하자면 일종의 과학적 휴머니즘(이것은 계몽주의 문화로 곧장 이어진다)이 태어났다는 것이다. 데카르트의 시도는 새로운 방법론인데, 이 가운데 '모든 것을 의심해야 한다'는 것이 가장 중요하다. 이에 데카르트는 네 가지 규칙을 제안한다.

첫째, 명증적으로 참이라고 인식한 것 외에는 그 무엇도 참으로 받아들이지 말 것, 곧 속단과 편견을 신중히 피하고 조금도 의심의 여지가 없을 정도로 명석판명하게 내 정신에 나타나는 것 외에는 그 무엇에 대해서도 판단을 내리지 말 것. 둘째, 검토할 어려움들을 각각 잘 해결할 수 있도록 가능한 한 작은 부분으로 나눌 것. 셋째, 내 생각들을 순서에 따라 이끌어 나아갈 것, 곧 가장 단순하고 가장 알기 쉬운 대상에서 출발하여 마치 계단을 올라가듯 조금씩 올라가 가장 복잡한 인식에까지 이를 것, 그리고 본래 전후 순서가 없는 것에서도 순서를 상정하여 나아갈 것. 끝으로 아무것도 빠뜨리지 않았다는 확신이 들 정도로 완벽한 열거와 전반적인 검사를 어디서나 행할 것.[5]

이것이 데카르트의 유명한 규칙으로 크게 두 가지를 함축한다.

첫째, 확실하고 의심할 수 없는 지식, 곧 명증한 지식을 요구한다. 명증성의 요구는 학문 영역의 제한을 함축한다. 확실하고 명증하지 않은 인식은 신뢰할 수 있는 지식의 영역에서 제외되어야 한다는 것이다. 문학 또는 철학 작품을 읽는다든가 역사 공부를 한다든가 종교적 신앙에 관해 토론하는 것은 이러한 의미에서의 명증성을 결여하고 있다고 할 수 있다. 만일 그렇다면 이러한 논의는 학(學)의 영역에서 배제시켜야 한다. 데카르트 스스로 말하듯이 지금까지 이 규칙을 준수하는 것은 수학밖에 없다.

둘째, 명증성의 요구와 더불어 중요한 것은 '질서'의 개념이다.

두 번째에서 네 번째에 이르는 규칙, 곧 분해의 규칙과 합성의 규칙, 그리고 열거의 규칙은 '순서와 배열'을 찾는 규칙이다. 사물의 순서와 배열을 찾자면 사물들을 각각 따로 고찰할 것이 아니라 하나를 다른 하나로부터 인식하기 위해 서로를 비교해야 한다. 이것이 가능하기 위해서는 독립적인 것, 원인이 되는 것, 단순한 것, 보편적인 것, 하나인 것, 동등한 것, 유사한 것, 곧은 것과 비슷한 것, 곧 '절대적인 것'을 이와 서로 관계지을 수 있고 어떤 계열을 통해 이로부터 연역될 수 있는 것들, 예컨대 의존적인 것, 결과적인 것, 개별적인 것, 합성된 것, 동등하지 않은 것, 곧지 않은 것 등과 같은 '상대적인 것'과 구별해야 한다. 이와 같은 구별을 통해 우리는 사물 간의 상호 결합 및 '자연적 순서'를 관찰할 수 있는 것이다. 또한 순서와 배열을 드러내기 위해서는, 어떤 다른 것에 의존하지 않고 경험 자체에 의해 또는 우리 안에 있는 어떤 빛에 의해 '가장 먼저 그리고 그 자체적으로 직관되는 순수하고 단순한 본성'——비록 그 수는 극히 적지만——들을 주의 깊게 고찰해야 한다. 그래야 직관을 확보하고 그로부터 곧장 또는 여러 계열을 밟아서 간접적으로 연역되는 것을 지각할 수 있기 때문이다. 데카르트는 여기서 '정신의 두 활동'이라 부른 '직관과 연역'을 염두에 두고 있다. 사물의 순서와 배열을 드러내기 위해서는 어려운 것에 대한 탐구에서 시작할 것이 아니라 '먼저 자발적으로 나타나는 진리들'을 모으고, 그런 뒤 어떤 것이 이것에서 연역될 수 있는가 또 다른 어떤 것이 저것에서 연역될 수 있는가를 계속 단계적으로 살펴보는 것이다.

조금 긴 설명이 되었지만 요컨대 근대의 지식 이념은 현실을 인간 스스로 만들 수 있고 원하는 삶을 인간이 스스로 구축할 수 있다는 인간에 대한 낙관론을 가능하게 해주었다. 이러한 의미의 낙관론을 우리는 '인문주의'와 구별하여 인간을 근본 토대로 삼는다는 의미에서 '인본주의'라 부를 수 있다. 여기에는 이성 · 비판 · 과학 · 확실성이 중요하다. 물론 이것들은 궁극적으로 인간의 손에 달렸다. 데카르트는 누구보다도 기독교적 이념에 충실한 철학자였지만 그럼에도 그의 이성 중심의 근대 지식의 이해는 홉스, 스피노자, 로크, 그리고 프랑스 계몽주의 철학자들을 거치면서 이른바 '세속적' 휴머니즘의 형성에 크게 기여하였다. 그의 의도와는 상관없이 이성적 명증성을 확보하고자 한 노력은 종교 비판과 정치권력 비판으로 이어졌다.

과학적 휴머니즘 비판과 인문주의: 비코의 예

근대의 과학적 이성에 토대를 둔 휴머니즘(인본주의)과, 고전 연구를 통해 인간성을 계발하고 훈련하고자 한 휴머니즘(인문주의) 사이의 갈등을 보여준 고전적 예를 비코(Giambattista Vico, 1668~1744)에게서 찾아볼 수 있다. 비코는 로마법에 정통한 법학자이고 고대 로마사 연구에 기여한 사학자였다. 하지만 대학에서 그의 직무는 수사학 교수였다. 그 당시 유럽 전역의 학계가 그러했듯이 비코도 처음에는 데카르트의 기획에 깊은 인상을 받으면서 수학이 모든 학문의 여왕이란 믿음을 가졌다. 그도 다른 동료들과 마찬가지로 근대인의 학문 방법이 고대인의 방법에 비해 월등하다는 확신을 가지고 있었다. 하지만 1708년 행한 강연 『우리 시대의 학문 방법론』(*De nostris temporis studiorum ratione*, 1709년 출판)에서 비코는 데카르트를 통해 시작된 학문 방법론(비코는 이것을 '분석' 또는 '철학적 비판'이라 일컫는다)에 대해서 우호적임에도 불구하고 그것이 과연 청소년을 교육하는 방법으로 적합한가에 대하여 강한 의문을 표시한다. 왜냐하면 이것은 청소년의 지적 발달 과정을 볼 때 적합하지 않을뿐 아니라 자연과학에 관심을 집중한 나머지 실천 윤리학에는 무관심하게 된다고 생각했기 때문이다.[6]

비코에 따르면 청소년의 교육은 무엇보다도 센수스 콤뮤니스(sensus communis), 곧 공동체 속에서 살아갈 수 있는 지각 능력인 '공통감각' 또는 '상식'의 훈련을 일차적 목적으로 삼아야 한다. 그런데 데카르트적 '비판' 방법은 참된 것을 거짓된 것으로부터 구별해내는 일에 집중하기 때문에 확실성에 기초하지 않은 것들, 예컨대 개연성을 띤 것들은 그 가운데 참된 요소가 있음에도 불구하고 완전히 거짓된 것처럼 배제되는 결과를 가져온다. 따라서 인간의 현실적 삶을 구성하는 개연적인 것, 그럴 듯한 것, 또는 비코가 일컫듯이 '부차적인 진리'는 절대적 명증성을 결여한다는 이유로 거부해야 한다.

이와 같은 지적 태도는 비코에 따르면 타인과 함께 공동생활을 하는 데 필요한 '공통감각'을 익히는 데는 매우 해롭다. 공통감각은 그럴듯하게 보이는 것을 기초로 생기기 때문에 참과 거짓 사이에 있는 '개연적인 것'을 배제할 수 없다. 공통감각, 곧 상식은 실천적 판단을 내리는 일에 중요할 뿐 아니라 수사학적 능력을 키우는 데도 매우 중요한 능력이라고 비코는 생각한다. 그는 기억력이 뛰어난 젊은 시절에는 데카르트의 비판적 방법보다는 상상력을 키워주고 기억을 강화하는 교육이 훨씬 더 유효하다고 보았다. 따라서 순수한 형식적 논리 훈련보다는 오히려 그림이나 시, 수사법을 배우는 것이 상상력을 키우고 기억을 북돋워주는 일에 도움이 된다고 말한다.[7]

비코가 데카르트적 방법에 대해 비판적이었던 두 번째 이유는 근대 교육에서 데카르트적 방법을 도입한 결과 자연과학 일변도의 교육이 되어, 막상 인간의 삶을 위해 관심을 쏟아야 할 실천적 윤리학은 무시하게 되었기 때문이다. 자연과학 위주의 교육으로 인해 인간의 성격과 자질, 정념, 공공 생활과 변론에서 적응하는 방식을 다루는 '윤리학 부분'뿐만 아니라 덕과 악덕의 여러 측면, 선한 행위와 악한 행위의 유형들, 여러 연령층과 남녀, 각 인종과 민족의 특징들을 다루는 공부를 완전히 무시하게 되었고, 이로 인해 '고귀하고 중요한 학문 분야'인 정치학이 거의 방치되어버렸다. 따라서 그 본성이 확실하게 탐구될 수 있는 것처럼 보이는 물리 현상은 부지런히 연구하면서 '인간 본성'을 연구하는 일은 실패하고 말았다.

비코는 사람들이 인간 본성을 연구하지 않고 피하는 까닭을 인간 의지의 자유로 인해 인간 본성을 규정하기가 매우 어렵기 때문이라고 본다. 자연과학 위주의 교육으로 인해 젊은이들은 공동체의 삶에 참여하거나 충분한 지혜와 실천적 판단력을 갖춘 행동을 하지 못하고, 인간 심리를 모른 채 단지 논리적으로만 타인을 설득코자 하는 결과를 가져왔다고 비코는 한탄한다. '추상적 지식' 곧 '과학'만으로 훈련된 사람은 타인과 더불어 구체적으로 삶을 살아갈 수 있는 방법을 전혀 익히지 못했기 때문에, 아무리 많은 지식이 있다 해도 삶에 대해 깊은 좌절에 빠질 수밖에 없다. 삶은 비코에 따르면 '우연과 선택'이 지배한다. 그러므로 삶을 위해서는 판단력, 곧 실천적 지혜가 필요함에도 수학과 자연과학 중심의 교육은 이것을 무시했다. 비코는 수학과 자연과학 교육의 필요와 유효성을 인정하면서도 청소년 교육은 공동체의 일원으로 삶을 영위할 수 있는, 곧 '공통감각' 또는 '실천적 지혜'(prudentia)를 키워줄 수 있는 인문 교육에서 출발해야 한다고 주장한다.[8]

비코는 '추상적 지식', 곧 과학과 구체적이고 실천적인 판단력, 곧 지혜를 이렇게 구별한다. 과학에서는 다수의 물리적 결과들을 단 하나의 원인으로 환원할 수 있는 사람이 뛰어난 사람이다. 그러나 실천적 지혜에서는 단 하나의 사건을 유발시켰을 가능성이 있는 다수의 원인을 찾아낸 뒤 그 가운데서 무엇이 참 원인이었는가를 추측할 수 있는 사람이 탁월한 사람이다. 따라서 과학은 그 진리치가 최고에 이른 데 관심을 둔다면 실천적 지혜, 곧 공통 감각은 그 진리치가 가장 낮은 데 관심을 둔다.

이것을 바탕으로 비코는 '바보', '아는 체하는 바보', '실천적 지혜가 없는 식자', '지혜로운 사람', 이렇게 네 유형으로 사람을 나눈다. 바보는 최고의 진리나 가장 천박한 진리 그 어느 것에도 관심이 없는 사람이다. 아는 체하는 바보는 가장 천박한 것은 알지만 최고의 진리는 지각할 능력이 없는 사람이다. 실천적 지혜가 없는 식자는 최고의 진리에서 하찮은 진리를 이끌어내는 사람이다. 지혜로운 자는 별로 중요하지 않은 것으로부터도 고도의 진리를 이끌어내는 사람이다.

바보는 일반적인 진리를 모를 뿐 아니라 개별적인 진리도 모르기 때문에 그 무지로 인해 끊임없이 고통을 받는다. 아는 척하지만 실제로는 아무것도 모르는 사람은 개별적인 지식은 있지만 보편적인 진리를 모르기 때문에 오늘에 유용한 꾀가 내일에는 해가 될 수 있다. 많은 것을 알기는 하지만 실천적 지혜가 없는 사람은 보편적인 진리에서 개별적인 것으로 직선적으로 밀고나가기 때문에 삶 속에서 엄청난 고통을 당한다. 그러나 지혜로운 사람은 사람들의 행위와 사건이 애매하고 불확실하지만 그럼에도 영원한 진리에 시선을 고정시키면서 직선으로 나아갈 수 없다는 판단이 설 때는 둘러갈 줄 알고, 실제로 행동에 옮겨야 할 상황이면 결국에는 유익한 것을 선택할 줄 아는 사람이다. 비코가 생각한

교육은 바로 이런 지혜로운 사람을 키워내는 것이었다.[9]

여기서 우리는 근대 인문주의자들이 추구했던 인문적 지식의 성격이 어떤 것인지 분명하게 엿볼 수 있다. 인문주의자들도 분명히 진리를 추구한다. 하지만 그럼에도 개별적이고 우연적인 삶의 부분을 무시하지 않는다. 개별적이고 우연적인 것 가운데서 일반적이고 보편적인 것을 찾아내는 것을 그들의 임무로 생각한다. 인문주의자들은 기어츠(Clifford Geertz)의 표현을 빌려 말하자면 '지역적(국지적) 지식'(local knowledge) 속에서 지역을 뛰어넘는 보편적 지식을 찾아내고자 애쓴다. 현실적 상황에서 타인을 이해하고 상황을 파악하자면 일반적 규칙을 개별적 상황에 적용할 수 있는 능력 못지않게 개별적 상황에서 보편적인 것을 찾아내는 '판단력'이 요구된다. 사실 이 점에서 보면 인문주의자들은 연역적 지식보다는 귀납적 지식의 중요성을 인식하고 있는 사람들이다. 인문학은 절대 불변하는 영원한 지식을 추구하는 것이 아니라 가변적 상황에서 타인과 더불어 살 수 있는 판단력을 키우는 데 기여해야 할 지식으로 보았기 때문이다.

과학적 휴머니즘의 맹점과 현대의 새로운 인문주의

다시 한 번 정리해보자. 세속적·과학적 휴머니즘은 왜 문제시될 수밖에 없는가?

첫째로 과학적 휴머니즘에 따르면, 어떤 학문이 학문으로서의 위상을 유지하기 위해서는 '근거가 있는 지식'이어야 한다는 요구를 받게 된다. 이때 토대는 합리론자들에게는 정신적 직관이고 경험론자들에게는 감각적 경험이었다. 따라서 어떤 지식이라도 지식으로서, 나아가 학문으로서 인정받고자 한다면 정신적 직관에 근거하든가 그렇지 않으면 감각적 경험에 근거하든가, 이 둘 중 하나여야 하며, 그렇지 않은 것은 추구할 만한 가치가 없는 것으로 배제된다. 그러나 역사적으로 볼 때 '토대주의'가 자연과학을 발전시키는 데 실제로 공헌했다는 증거는 없다. 어떠한 과학자도 의심 불가능한 명증적인 명제에서 출발해 그것을 토대로 이론을 구성하지는 않기 때문이다. 오히려 토마스 쿤이 '패러다임'이란 개념을 통해 설명하듯 과학연구는 어떤 근본적인 문제에서 출발해 그 문제를 풀어가는 비판적 활동으로 진행되기보다는, 하나의 과학 공동체에 소속된 뒤, 그 공동체에서 씨름하고 있는 작은 문제들을(이것을 쿤은 '퍼즐'이라고 부른다) 풀어가는 과정이라는 것이다. 이와 같은 관점에서 본다면 상상력, 공동체, 끊임없는 대화와 토론, 글읽기 등은 자연과학이든 인문과학이든 그야말로 인간다운 학문, 인간다운 삶을 위해 없어서는 안 될 중요한 요소라 하겠다.

둘째로, 인문적 지식을 배제한 근대의 과학적 휴머니즘이 동아시아 전통에서 시(詩), 서(書), 예(藝) 교육을 배제하게 했다면 서양 전통에서는 수사학을 배제하는 결과를 가져왔다. 베이컨과 데카르트는 누구보다 분명히 수사학을 거부한 사람들이다. 오늘날 언론이나 정치, 대중 광고 등에 그 어느 때보다 많이 사용되는 수사학은 유럽의 경우, 19세기 중반 일반 교육 과정에서 거의 배제되어버렸다. 이는 계몽주의적 휴머니즘의 결과라 볼 수 있다. 이제 '과학'이 된 학문을 따르면 '구술적' 행위는 소중하지 않고 홀로 외롭게 '생각'하는 행위요, 문자를 빌려 '쓰는'(writing) 행위에 제한된다. 따라서 구술적 행위에 수반되는 '누구에게, 누가, 무엇을, 왜 말하는가?' 하는 물음은 중요하지 않다. 무엇을 말하거나 쓸 때, 어디에서, 어떤 상황에서 쓰는가 하는 것, 곧 장소성(locality)도 중요하지 않다. 학자는 한 장소에, 한 지역에 통용될 수 있는 지식을 추구해서는 안 된다. 특정 지역, 특정 시대의 역사를 공부하거나 어떤 한 종족에 관한 인류학적 연구와 같은 것은 데카르트가 볼 때, 먼 외국을 여행하는 것과 같아서 정신을 넓혀주기는 하지만 깊이 있게 해주지는 못한다. 기껏해야 '지역적 지식'일 뿐, 상황을 떠나 어디서나 적용할 수 있는 일반적 · 보편적 지식을 배울 수는 없다. 그러므로 학자는 지역적이고 개별적인 것, 특수한 것에 초점을 맞추기보다는 지역적이고 개별적인 것을 상호 연관지을 수 있는 보편적인 것을 추구해야 한다는 요구를 받는다. 만일 그렇다면 어떤 특정한 때와 시기에 관련된 지식보다 그것을 초월한 무시간적이고 영원한 구조를 드러내는 지식을 더욱 가치 있는 지식으로 볼 수밖에 없게 된다. 수학이나 물리학이 근대 지식의 모형으로 들어서고 경제학이나 정치학도 그와 같은 모형을 따라 학(學)으로서 위상을 지키고자 한 것도 현실의 변화 가운데서 변화를 설명, 예측할 수 있는 무시간적 법칙을 찾아내고자 했기 때문이다. 그 결과, 학문은 적어도 그 이념에 있어서만큼은 상황과 분리(decontextualized)되어야 하는 것처럼 생각되었다.

그러나 다행스럽게도 최근 학계는 상황의 반전을 보여준다. 구술적 행위와 관련된 관심이 일어나고 논쟁과 토론의 중요성이 부각된다. 언어학에서 화용론에 관심을 갖는 것이나 논리학에서 '비판적 사고'와 토론 능력을 강조하는 것이나 윤리학에서 결의법(casuistry)과 사례 중심의 윤리학(case ethics)에 관심을 두는 것이나 역사 연구에서 미시사, 일상사에 대해 관심을 보이는 것 등이 모두 이러한 변화를 반영한다. 철학의 경우에는 현상학자들을 중심으로 인간의 구체적인 삶에 관심을 갖기 시작했으며 일상적 삶의 의미를 다시 묻기 시작했다. 언어 분석에 치중하던 영미 철학자들도 구체적인 삶의 물음들, 예컨대 성(性), 행복, 전쟁과 살육, 가치의 파편화 등의 문제를 다루기 시작하였다.[10] 이와 같은 변화를 툴민(Stephen Toulmin)은 '문자로 쓰인 것에서 구술적인 것으로', '보편적인 것에서 개별적인 것으로', '일반적인 것에서 지역적인 것으로', '무시간적인 것에서 시간적인 것으로'의 전환이라고 부르고 삶의 애매성과 다원성, 실천적 지혜와 공동체 의식이 강조되던 르네상스 인문주의적 실천철학의 복권으로 해석한다.[11]

셋째로, 과학적 휴머니즘은 인문적 휴머니즘 전통이 강조해온 언어와 문자, 텍스트에 크게 관심을 쏟지 않았다. 예컨대 데카르트는 스스로 글을 쓰고 있음에도 불구하고 '글공부', '문자의 학문', '책의 학문', 그리고 책의 학문을 가르치고 있는 '학교'에 대해 끊임없이 불신을 표시하였다. 새로 고안된 인쇄술에 의해 책의 대량 제작과 배포가 가능한 시대에 그와 같은 불신을 보인 것은 어쩌면 역설적이다. 데카르트에게 문자와 책, 그리고 좀더 포괄적으로 언어는 사실상 그렇게 투명한 존재가 아닐뿐더러 투명하기는커녕 온갖 애매성과 편견을 담고 있는 오류의 원천이며 오류의 매개자로 보였다. 그러므로 문학이나 역사, 문자로 매개된 철학, 곧 인문학(humanities)은 문자에 의존하지 않는 수학적 학문, 곧 '과학'에 비해 열등한 것으로 보일 수밖에 없었다.

　그럼에도 인간적인 활동은 책과 문자와 떨어질 수 없음이 분명하다. 데카르트는 학교의 책과 결별을 선언했을 뿐 '책' 자체와는 완전히 결별할 수 없었다. 그는 "세계라고 하는 큰 책"을 읽고자 하였고 이것도 오직 신으로부터 받은 자연의 빛, 곧 이성에 의존해서만 읽어보고자 하였다. 그러나 그러한 '세계 읽기'조차도 과거에 읽은 것을 비판·수정·거부 또는 전혀 다른 방식으로 대안을 제안함으로써 가능한 일이지 선행된 독서가 전제되지 않고서는 불가능했다. 그의 작업은 중세와 르네상스 작가들의 저술을 토대로 한 것이고, 그의 작품 자체도 수많은 인용과 참조로 가능하였다. 새로운 창조는 그의 말 그대로 옛사람들의 글을 거의 섭렵한 뒤에 이뤄졌고, 수학에서 이룬 혁신도 그 당시 사람들의 책

없이는 가능한 것이 아니었다.

책을 읽는 사람에게는 책만 있는가? 그렇지 않다. 거기에는 비코가 말한 상상력이 개입되고 타인과의 공통된 지각(common sense), 곧 상식이 개입된다. 인문적 지식을 통하지 않고서 무엇을 통해 이와 같은 것들이 형성될 것인가? 인간다운 삶에 없어서는 안 될 '판단력'은 인문적인 훈련 없이 어떻게 가능할 것인가?

이제 다음 장에서는 휴머니즘과 반휴머니즘의 대립 가운데, 지난 세기에 유럽대륙을 중심으로 전개된 철학을 살펴볼 것이다. 마르셀(Gabriel Marcel)이나 마리탱(Jacques Maritain)과 같은 기독교적 휴머니스트들의 사상보다는 20세기 유럽철학에서 가장 강력한 운동으로 전개된 현상학과 실존철학, 그리고 구조주의와 후기구조주의를 주로 살펴보겠다. 여기서는 세계 안에서의 인간의 위치, 욕망과 언어의 기능, 나와 타인의 관계가 중요한 문제로 등장할 것이다.

지난 세기 유럽철학의 풍경

철학의 주류

지난 세기 초반 가장 새롭고 강력하게 등장한 철학운동으로 우리는 네 가지를 지목할 수 있다. 1900년에 출판된 후설의 『논리연구』를 출발점으로 '현상학'이 지난 세기의 가장 지속적이고 강력한 철학으로 등장하는가 하면, 1920년대 오스트리아 빈을 중심으로 '논리실증주의'가 또 다른 운동으로 등장한다(한때 유행한 적이 있었던 '실존주의' 철학은 현상학에서 파생된 철학이었다. '철학적 해석학'도 현상학 이전의 독일 낭만주의와 생철학과 연관되지만 하이데거 이후에는 현상학과 관련해 발전하였다). 세 번째와 네 번째 운동으로는 호르크하이머, 아도르노, 벤야민 등 이른바 프랑크푸르트학파의 '비판이론'(또는 좀더 확대하자면 프랑스 마르크시스트들을 포함한 '신마르크스주의'), 그리고 러시아 형식주의에서 출발해 프라하와 파리에서 꽃을 피운 '구조주의' 운동을 들 수 있다. 이 네 사조가 모두 '과학적' 철학하기와 현실 파악을 내세웠다는 점에서 공통점이 있다고 하겠으나 '과학' 개념은 각 학파에 따라 판이했다는 점도 유념해야 한다.

논리실증주의와 비판이론은 주로 유대인 학자들이 관여했다. 이들은 1930년대 나치 독일을 피해 미국으로 이주했고, 따라서 유럽대륙에서는 영향력이 그만큼 감소할 수밖에 없었다. 논리실증주의는 영미의 언어분석철학과 과학철학, 심리철학을 발전시키는 데 크게 기여한 반면, 유럽철학에서는 하나의 에피소드로 남는 것으로 끝났다. 비판이론도 마르쿠제, 하버마스 등을 통해 계승되나 그 영향은 그렇게 지속적이었다고 할 수 없다. 따라서 유럽대륙에서 그간 가장 영향력 있고 지속적으로 발전되었으면서 세계 전역으로 강력한 영향을 끼친 철학으로 현상학과 구조주의를 들 수 있다. 사족 같지만 하나만 여기에 덧붙여두자. 현상학은 순수하게 철학적 관심에서 출발해 이후 심리학·사회학·미학·문학·종교학 등의 방법론으로 발전한 반면, 구조주의는 원래 언어학에서 출발해 문학과 예술, 인류학과 정신분석 연구방법론으로 확대되었고, 특히 푸코의 역사 연구와 라캉의 정신분석 연구를 통해 철학에 큰 영향을 주었다.

지난 세기 후반 유럽철학을 주도한 철학자들은 몇몇을 제외하고는 대부분 현상학 훈련을 받은 사람들이다. 하이데거를 위시해 예컨대 철학적 해석학을 본격적으로 시도했던 가다머와 리쾨르, 이른바 실존주의 현상학자로 알려진 사르트르와 메를로-퐁티, 그리고 현상학을 통해 현상학을 딛고 일어서 각자 자신의 독자적인 철학을 전개했던 레비나스, 데리다, 리오타르는 말할 것도 없고 대개 구조주의 계열에 넣는 푸코와 라캉조차도 어느 정도는 현상학 훈련을 거친 사람들이다. 만일 독창성을 인정받는 사람 가운데 예외가 있다면 독일의 몇몇 철학자들, 예컨대 하버마스와 아펠 정도일 것이다. 이들에게는 오히려 칸트와 헤겔, 마르크스와 퍼스, 비트겐슈타인과 오스틴, 설(John Searle)의 영향이 더 크다고 할 것이다. 프랑스 철학자들은 거의 예외 없이 현상학과 더불어 구조주의의 힘과 한계를 동시에 체험한 사람들이라는 점에서 독일 철학자들과 다르다. 지난 세기 후반에 접어들어 프랑스 철학자들이 세계 철학계에 약진할 수 있었던 것도 이 두 사조를 몸소 익힐 수 있었기 때문이 아닌가 생각해본다.

이제 물어보자. 유럽철학은 현상학과 구조주의를 통해서 우리에게 무엇을 남겨주었는가? 지각에 관해서, 지각과 신체 운동의 관련에 대해서, 지각 지평에 관해서, 언어의 구조에 대해서, 무의식과 언어의 연관에 관해서, 한 시대의 문화와 인식 구조의 형성에 관해서 우리는 현상학과 구조주의를 통해 많은 것을 배웠다. 특히 현상학은 우리에게 그 어느 철학보다도 철학적 물음의 '철저성', 곧 어떤 것도 자명한 것으로 보지 않고 끝까지 문제의 근원과 뿌리까지 물어가는 물음의 철저성을 보여주었다. 끊임없는 '환원'의 욕구는 결국 초월론적 현상학을 무너뜨려 현상학을 훨씬 더 광범위하고 생산적인 철학으로 발전시켰다.[1] 구조주의도 이 점에서 현상학에 크게 뒤지지 않는다. 그런데 우리가 알고 싶은 것은 현상학과 구조주의가 우리에게 무엇을 남겨주었는가 하는 것이다. 이 물음은 두 철학의 '파토스', 곧 그들이 온 힘을 걸어 추구하고자 했던 것이 무엇이었던가 하는 물음으로 대치될 수 있을 것이다. 현상학자들과 구조주의자들은 무엇을 두려워했고 어떤 희망을 가졌던가. 왜 후설은 '초월론적 의식' 또는 '초월론적 주체'에 그토록 연연했던가. 왜 푸코나 라캉은 인간의 역사와 무의식의 활동을 '체계'란 이름으로 설명하고자 했던가. 왜 레비나스는 현상학과 존재사유, 마르크스주의와 구조주의를 떠나 전혀 다른 방식으로 인간 주체의 의미를 규정하고자 했던가. 현상학과 구조주의를 가로지르고 있는 핵심 문제는 무엇인가?

현상학적 휴머니즘과 주체의 위치

우리의 논의를 마지막 질문에서 다시 시작해보자. 현상학과 구조주의를 가로지르는 핵심문제가 있는가, 있다면 그것은 무엇인가? 예컨대 '언어'나 '의미'를 유력한 후보로 생각해볼 수 있을 것이다. 언어와 의미의 문제는 영미 분석철학을 포함해서 지난 세기 철학의 공통적인 물음이라 할 수 있다. 그런데 영미전통과는 달리 유럽철학에서 언어와 의미 문제를 다룰 때, 이와 직결된 물음은 인간의 문제 또는 주체의 문제였다. '자율적 인간' 이념을 실현해보고자 한 인문정신이 후설의 현상학에 추동력으로 작용했다면, 인간 중심적 사유를 탈피해서 인간과 사물을 조직하고 가동하는 '구조', '체계' 또는 '질서'를 드러내고자 하는, 말하자면, 일종의 수학적 정신이 구조주의의 추동력으로 작용했다. 지각과 의욕, 가치 판단을 떠받쳐주는 의식의 표상 활동이 현상학에서 주목을 받은 반면, 텍스트와 읽기, 텍스트와 상호텍스트성, 담론과 기호, 기표와 기의, 은유와 환유, 계열과 체계가 구조주의 계열의 사상가들에게서 거론된다. 도식화의 위험을 무릅쓰고 말하자면 현상학적 전통은 (하이데거와 같은 예외가 없지는 않으나) 세계 안에서의 주체의 근원적 위치를 긍정하는 휴머니즘의 입장을 취한다. 이에 반해, 구조주의는 (심지어 이른바 탈구조주의자로 일컬어지는 철학자들조차도) 비록 주체를 거론하기는 하지만 주체를 중심에서 몰아내고 오히려 그 자리에 '구조'나 '체계'(언어·욕망·사회·권력 등)를 위치시킨다는 점에서 (적어도 방법론적으로는) 반휴머니즘의 입장을 취한다. 지난 세기 유럽철학은 이렇게 볼 때 휴머니즘과 반휴머니즘 사이에서 오고간 운동이라고 일단 자리매김해볼 수 있다.

먼저 후설에서 시작해보자. 후설은 무엇보다도 엄밀한 학(學)으로서의 철학의 기초를 찾아 나섰다. 이 기초는 말이나 이론에서 찾을 것이 아니라 '사태 자체', '문제 자체'에서 찾을 수 있다고 그는 생각했다. 철학의 기초는 그 자체에 나타나고 그 자체 스스로 드러내는 현실이어야 한다. 후설이 염두에 둔 '사태' 또는 '문제'는 모든 현실적인 것의 궁극적 의미 근원으로 생각한 의식이었다. 의식은 물질적 대상 세계의 상대편에 놓여 있는 세계 내재적인 데카르트적 의식이 아니라 항상 '무엇에 대한 의식' 곧 지향성을 본질로 하는 의식이며, 이 의식을 통해서 비로소 그 무엇은 우리에게 의미 있는 세계로 구성될 수 있는 것이다. 따라서 '객관적 세계'라는 의식의 상관자로서 의식의 구성의 산물이며 세계를 구성하는 이 '초월론적 의식', '초월론적 주체성'을 떠나서는 객관성에 관한 논의를 할 수 없다. 세계는 의식을 통해, 의식에 대해, 의식 앞에 현존한다. "근원적으로 주어진 직관만이 인식의 유일한 합법적 근거"라는 현상학적 원리가 말해주듯 의식에 직접적으로 주어진 것만이 현존하는 것으로 기술될 수 있다.

현존의 형식을 위해서는 시간의 역할이 중요하다. 전통 철학에서 시간은 고작 자연철학의 대상일 뿐 자아 또는 주체와 관련해 사유되지 않았다. 아우구스티누스, 칸트, 베르그송은 이 점에서 예외라 하겠다. 더구나 시간은 영원과 대립되는 개념으로 그 일시성과 잠정성으로 인해 인간 존재에 대해 위협적 존재로 인식되었다. 하지만 후설은 시간을 현상이 현상으로 나타날 수 있는 조건으로 보았다. 시간을 통해 현상되지 않는 것은 착각이나 환상일 뿐 현상으로서의 의미를 가질 수 없다. 의식의 대상이 될 수 있는 현상은 현재를 통해 포착되고 의미가 부여된다. 후설은 과거와 현재, 그리고 미래의 시간 지평 가운데 시간을 구성하고 떠받쳐주는 것은 현재의 의식이라고 보았다. 아우구스티누스와 마찬가지로 후설은 과거를 현재의 기억(유지, Retention)으로, 미래를 현재의 기대(예상, Protention)로 보았다. 초월적 주체는 늘 현재적이며 현재를 중심으로 과거와 미래를 하나의 주체 속에 통합한다. 세계는 시간을 구성하는 초월적 주체에 대해 현존하며 초월적 주체를 떠나서는 어떠한 의미도 가질 수 없다. 이런 점에서 초월적 주체는 세계의 의미 원천이며 세계의 근원이다.

후설의 '초월적 주체' 개념에는 이론적 관심뿐만 아니라 실천적·윤리적 관심이 강하게 자리 잡고 있었다는 점을 기억해야 한다. 이러한 관심은 자연주의와 역사주의 그리고 세계관 철학을 비판하면서 현상학적 이념을 강하게 표명한 『로고스』 논문, 곧 『엄밀한 학으로서의 철학』(1911)에 분명하게 나타난다. 후설은 자연주의가 이긴다면 이성의 규범에 기초한 문화 자체가 불가능하다고 본다. 왜냐하면 자연주의는 의식뿐만 아니라 규범도 자연화하기 때문이다. 후설에 따르면 역사주의와 세계관 철학은 자연주의의 변형에 불과하다. 이들은 규범 또는 이념을 정신으로 근거지우려고 하기보다 경험적인 사실로부터 근거지우려고 했기 때문에 '이념'(또는 규범)을 결국 자연화해버린다. 사실로부터 규범을 얻어내고자 하는 시도는 마치 '바위에서 물을 얻어내자는 것'(ex pumice aqua)과 마찬가지로 말이 되지 않는 것이었다.[2] 자연주의와 역사주의 그리고 세계관 철학의 득세는 인류 문화에 커다란 위협으로 보였다. 따라서 후설은 현상학이 아무리 이론적인 문제에 몰두한다고 하더라도 결국 인간 존재의 궁극적인 의미를 확인하고 인간이 인간답게 살 수 있는 이론적 토대를 마련하는 작업임을 잊어본 적이 없었다. 철학은 "영원한 인간성의 작업을 위해 부름받은 선생"[3]이고 철학자는 "인류의 공복"(die Functionäre der Menschheit)이라는 것이 후설의 일관된 신념이었다.[4]

후설 자신이 종종 표명하고 있듯이 '엄밀한 학으로서의 철학'의 이념과 근본주의(Fudamentalismus), 곧 모든 것의 뿌리를 찾아가고자 하는 노력은 '로고스에 따른 삶'이라는 고대 그리스의 이상으로 거슬러 올라간다. 고대 그리스인에 의하면 인간의 삶은 '로곤 디도나이'(logon didonai), 곧 '근거 또는 이유를 제시하는 삶'이어야 했고, 근거 또는 이유는 이성에 뿌리를 두고 있다. 근거를 제시하는 삶이란 이론적 차원에서는 논리적 이유 또는 근거를 제시하는 것이며 실천에서는 이유 있는 행동, 스스로 책임지는 행동을 하는 것이다(이 점에서 후설이 철학을 '최종적인 자기책임에서 우러나온 학문'이란 표현을 가끔 쓰고 있는 것은 우연이 아니다). 스스로 책임지는 것, 근거를 제시하는 것은 곧 인간은 이론적 삶과 실천적 삶에서 다같이 '합리적'이어야 한다는 요구이다. 이러한 합리성의 요구를 후설은 유럽문화와 유럽 인간성의 이념적인 뿌리로 보았고, 현상학은 이와 같은 유럽문화의 목표를 실현하는 도구로 생각했다.[5] 이 점에서 후설은 철저한 휴머니스트이고자 했고, 현상학은 휴머니즘의 기초가 되는 철학이고자 했다.

현대 프랑스 철학의 반휴머니즘적 경향

푸코나 라캉, 데리다 등 프랑스 철학자들은 후설의 '초월론적 주체'와 (우리가 여기서는 다루지 않았지만) 사르트르의 실존적 주체를 엄청나게 어렵게 생각했다. 그들의 어려움은 특히 의식 주체와 언어의 연관 관계에 관한 것이었다. 후설 자신도 『논리연구』에서 자아는 사유와 의식의 주체일 뿐만 아니라 말하는 주체임을 지적하였다.[6] 스스로 자신을 지칭하는 언술행위를 통해서 '지칭하는 자아'와 '지칭되는 자아'의 이원화가 생긴다. 바로 이 점과 관련해서 벤베니스트와 같은 언어학자는 '자아'란 언어 이전에 존재하는 '어떤 것'이 아니라 언술행위의 결과로 비로소 만들어진 것으로 본다. 그렇기에 자아(주체)가 자아(주체)로서 설 수 있는 것은 언어를 통해 비로소 가능하기 때문에 언어가 주체의 가능조건이라고 본다. 인간은 언어 안에서, 언어를 통해서 비로소 주체가 될 수 있다는 것이다. 만일 언어를 통해 비로소 자아가 자아로서 구성된다면 자아 또는 주체가 모든 것에 앞서 존재하는 근원적 현실이라고 할 수 없다.[7]

후설은 애초에 언어의 기본 단위를 이루는 단어는 의식 속에, 의식에 대하여 현존하는 것을 나타내는 기호 또는 표현이라고 생각했다. 이런 의미에서 단어나, 단어를 조합한 진술은 사유하고 의식하는 주체의 산물이다. 적어도 원칙적으로 사유 주체는 단어와 진술의 의미를 완벽하게 이해하고 파악할 수 있다. 하지만 몇

십 년 뒤 『형식 및 초월 논리학』에서 후설은 언어를 사유의 '신체'로 보는 생각을 펼쳤다. 이에 언어는 마치 우리의 신체처럼 의식에 대한 투명성을 잃고 애매성을 띨 수밖에 없었다.

그의 마지막 작품인 『유럽 학문의 위기』에서 후설은 인간과 언어와 세계, 이 세 가지가 서로 뗄 수 없는 관계로 얽혀 있음을 보여준다. 인간은 언어공동체에 속해 있으며 언어라는 지평을 배경으로 해서 경험이 가능하다는 것을 후설은 강조한다. 이와 같은 생각을 더 밀고나가면 언어야말로 세계와 인간, 주체성과 타자성, 동일성과 차이의 가능조건이라고 말할 수 있다. 음성언어뿐만 아니라 문자언어의 중요성에 대해서도 후설은 『기하학의 기원』에서 강조하고 있다. 앞서 언급한 바와 같이, 후설은 어떻게 피타고라스 정리와 같은 수학적 유산이 후대에 전승될 수 있는 객관적 존재를 갖게 되었는가 하는 물음을 던지면서 마침내 문자로 기록되어 텍스트로 남았기 때문에 그것이 가능했다고 대답한다. 문자로 기록된 텍스트는 육안으로는 볼 수 없는 이념적 대상에게 존속할 수 있는 신체를 부여해준다.[8]

데리다의 '문자의 철학'이 후설의 『기하학의 기원』에 대한 연구에서 비롯된 것은 우연이 아니다.[9] 데리다는 후설 자신이 문자의 중요성을 언급하면서도 주체의 '원초적 명증성', '생생한 현재'를 또다시 강조한 것에 대해서 후설 자신이 강조한 '문자'의 존재를 통해 후설 철학을 해체하는 전략을 구사한다. 문자는 생생한 기억을 방해하고 원초적 의미를 잃게 할 수 있는 수단이면서 동시에 그것으로 개인의 기억을 초월하는 집단적 기억을 확보할 수 있는 수단이다. 더구나 문자 없이는 학문도, 예술도, 심지어 종교도 가능하지 않다. 문자는 잃어버린 것에 대한 보충이고, 현재 부재하는 것에 대한 대리자이다. 문자는 현상학적 환원을 통해 초월적 주체로 결코 환원될 수 없는 것이다. 마찬가지로 문자로 쓰인 텍스트도 주체에 의해 완벽하게 해독되지 않는다. 그 이유 중의 하나는, 텍스트 자체가 여러 텍스트의 짜임이므로 텍스트를 짠 사람에게조차 그것의 궁극적 의미를 귀속시킬 수 없기 때문이다.

이런 맥락 안에서 푸코와 데리다, 라캉은 '자아'가 세계의 근원 또는 근거 같은 것이 아니라 오히려 사회적 관계와 담론(언설), 욕망을 통해 생산된 산물에 불과하다고 본다. 자아는 세계 이전에, 언어 이전에 존재하는 초월적 존재가 아니라 담론 속에서, 담론을 통해서 구성된 자아라는 것이다. 이런 관점에서 푸코, 라캉, 데리다는 각각 '주체의 탈중심화', '주체의 도치(倒置, subversion)', '형이상학의 해체'를 자신의 철학적 프로그램으로 삼는다.[10] 데리다는 이렇게 말한다. "언어는 말하는 주체의 기능이 아니다. (자기 동일성이나 경우에 따라서는 자기 동일성의 의식이기도 한) 주체는 언어 속에 기록되어 있는 언어의 기능이다."[11]

이렇게 볼 때 주체란, 언어의 기원이나 원천이 아니라 언어가 형성한 효과이고 언어 속에서만 존재할 수 있다. 그런데 언어는 차이와 연기, 곧 차연(差延)의 체계로 보기 때문에 주체라고 부르는 것도 결국 차연의 놀이에 지나지 않는다. 주체란 '스스로 나누어지면서 스스로 간격을 만들면서, 대기하면서 그리고 스스로 연기시키면서 구성될 뿐'이다.[12] 주체는 타자의 타자로서의 흔적에 지나지 않기 때문에 타자에 대한 주체의 자율성과 우위성을 말할 수 없다. 철학적 맥락에서 보자면 푸코, 라캉, 데리다는 소쉬르와 벤베니스트 등의 구조 언어학과의 비판적 논의를 통해 의식이 존재를 규정하는 것이 아니라 존재(사회·경제적 관계)가 의식을 규정한다고 본 마르크스나 인간을 지배하는 것은 도덕적 이념이 아니라 오히려 자신의 존재 상승을 위한 힘에의 의지로 본 니체, 그리고 자아를 무의식의 소산으로 본 프로이트의 사상을 계승한 것이라 하겠다.

자아가 근원적 존재가 아니라 파생적 존재요, 언어의 산물이라는 것은 자아가 말을 한다고 하지만 그 말이 담고 있는 의미의 주인은 아니라는 뜻을 지니고 있다. 전통적으로 인간을 사유하는 주체, 행동하는 주체, 말하는 주체로 생각해왔지만 사유와 행동과 언어에 있어서 더 이상 인간은——프로이트의 말을 빌리면——'자기 집의 주인이 아니다.' 언어의 의미는 말하는 사람의 의도나 그가 부여한 의미에 의해 형성된다고 보는 것이다. 언어는 자아나 어떤 개인적인 주체를 떠나 사회적으로 결정되고, 말하는 주체는 그 관계의 그물 속에서 '자유롭게' 말할 수 있다. 여기서 언어란 한 개인의 생각을 드러내거나 현실을 지칭하는 기호체계에 머물지 않고 사회적·제도적 의미를 지니고 있다. 언어는 어떤 사회에서도 "금지와 허용, 수용과 배제의 체계"(푸코)를 형성한다. 언어는 사회 속에 작용하는 힘에의 의지와 떼어서 생각될 수 없다는 것이다. 어떤 사람은 대학 강단에서 강의를 할 수 있고, 어떤 사람은 강의를 할 수 없으며, 어떤 사람은 법정에서 변호인으로 설 수 있으나 다른 사람에겐 그것이 배제되어 있는 것은 이러한 언어행위 배후에 자기 영역과 상관없는 사람은 배제하고 상관 있는 사람은 포함시키는 힘에의 의지가 작용한다는 것이다. 개인이란 이 힘의 그물, 말의 그물 속에 한 위치를 차지하고 있는 자에 불과하다고 푸코는 역설한다.[13]

언어는 그 자체의 질서를 지니고 있고, 그 자체의 의미 그물을 형성한다는 생각은 한 걸음 더 나아가 "현실 자체가 바로 말의 질서에 속한 것"이라 보게 만든다. 데카르트는 사유 실험을 통해 의심 가능한 모든 현실을 다 제거하고, 그 가운데서 사유 주체 곧 자아는 제거할 수 없는 것으로 생각했다. 자아는 제거할 수 없는 것일 뿐만 아니라 사물과 신에 대한 관념의 담지자이며 신의 성실성에 대한 확신을 통해 사물 존재에 대한 확실한 인식에 도달하는 인식의 근본 토대이다. 실재하는 현실은 사유를 통해, 사유 앞에 현존하는 것이다. 그러나 푸코나 라캉은, 현실이 데카르트가 생각한 것처럼 신이 부여한 질서나, 자연의 질서나 혹은 이성의 질서가 아니라 언어의 질서에 속한다고 주장한다. 언어를 제거해버리면 인간에게 의미 있는 현실은 존재하지 않는다는 것이다. 만일 언어와 언어의 질서가 없다면 이 글도 있을 수 없고 이 글뿐만 아니라 철학 · 정치 · 경제 · 교육 · 종교 · 노동, 그 어느 것도 존재할 수 없다. 언어와 언어의 질서는 현실을 가능케 하는 조건이며, 이런 의미의 말과 말의 질서는 어떤 형태의 주관적인 조건을 떠나 그 자체의 자율적인 체계를 지니고 있다는 것이다. 이렇게 볼 때 인간은 세계 내에서 특별한 지위를 가진 자가 아니라 "바닷가의 모래 위에 그려진 얼굴처럼 사라질 존재"(푸코)에 지나지 않는다.[14]

유럽철학이 남긴 것

철학을 엄밀한 학으로 수립해서 유럽 인간의 위기, 곧 인간 의식의 자연화와 규범의 상대화를 막아보고자 한 후설의 노력에도 불구하고, 또한 의식 중심의 주체 철학을 비판하면서 언어를 매개로 한 상호주체성과 담론의 가능성에 기대를 건 하버마스와 아펠의 노력에도 불구하고, 그 방향은 대체로 그들의 뜻과 다른 방향으로 흘렀다고 할 수 있다.

유럽철학은 포스트모던 철학 논의의 진원지가 되었고 따라서 형이상학의 거부, 담론의 다양성에 대한 역설, 텍스트의 중요성, 인간의 탈중심화가 중요한 철학적 주제로 대두되었다. 그러나 나는 지난 세기 유럽철학이 반드시 부정적인 방향으로 흘렀다고 생각하지 않는다. 인간과 세계를 보는 관점에서 그 이전 철학보다 훨씬 더 온건하고 겸손해졌다는 점에서 지난 세기 유럽철학의 성과가 있다고 생각한다.

무엇보다 자아의 절대성, 이성의 자율성 비판을 통해서 인간 주체가 세계의 근원이며 절대 주재자란 생각을 깨뜨리는 데 유럽 철학이 기여했음을 부인할 수 없다. 이성은 절대적 근원이 아니라 오히려 현실을 합리화하고 은폐하는 수단이 될 수 있다. 이성은 계급적 관심에 봉사하거나(마르크스), 숨겨진 힘에의 의지를 은폐하거나(니체), 무의식적 사고의 표출을 왜곡한다(프로이트). 사람은 스스로 생각하는 것보다는 훨씬 더 비합리적이며, 덜 도덕적이고 자기 자신을 감추는 존재이며, 이성적인 고려와 타인에 대한 도덕적 책임보다는 자신에게 닥칠 위험과 손해를 더 생각하는 존재이다. 어떤 의미에서 현대철학은 데카르트와 베이컨 이후 예컨대 홉스와 스피노자에게서 볼 수 있는 인간 욕망을 거침없이 드러내주지 않았는가라고 생각해볼 수 있다. 현실적 인간은 이성보다는 정념(욕망)에 따라 행동한다는 것이 홉스와 스피노자의 통찰이었고, 이를 바탕으로 이들은 시민사회의 정치철학을 구성할 수 있었다. 이들과 현대 프랑스 철학자들 사이에 차이가 있다면 후자의 경우에 인간 욕망의 정체를 기호와 텍스트의 관점에서 접근한다는 것이 될 것이다. 욕망은 문화적 생산에 의해 얼마든지 증폭될 수 있고 대상을 달리할 수 있다.

둘째로, 모더니즘인가, 포스트모더니즘인가 하는 철학논쟁을 통해서 근대성의 의미를 다시 생각하게 한 것도 지난 세기 유럽철학이 우리에게 남겨준 유산이 아닌가 생각한다. 데카르트와 그 이후의 (혹은 그 이전의 르네상스 철학과 더불어) 계몽주의는 인간의 위치를 드높여 인간을 세계의 중심에 가져다놓고 주변을 에워싼 자연을 세속화시켰다. 이로써 자연을 인간의 욕구 충족을 위한 수단으로 삼았을 뿐만 아니라, 사람과 사람이 더불어 살아가는 사회를 보다 효율적으로 통제하고 관리하도록 만들었다. 그로 인하여 전체로부터의 개체의 소외, 전통과 문화와 역사로부터의 단절, 자원 고갈과 환경 훼손, 그리고 보다 철저하고 조직적인 사회통제 등이 초래되었다. 이 점에서 지난 세기 유럽철학은 그 어느 시대보다 근대성의 의미를 다시 반성할 기회를 제공하였다.

셋째로, 담론의 다양성을 인식하고 과학적 담론뿐만 아니라 종교적 · 도덕적 · 예술적 담론의 상대적 자율성을 인정하고 삶의 다층성과 다면성을 이해할 수 있게 해주었다는 점을 지난 세기 철학의 기여로 꼽을 수 있다. 담론의 다양성은 유럽뿐만 아니라 그 외 지역의 삶의 형식도 중요할 수 있음을 인식하게 해주었다는 점에서 긍정적이다. 유럽에서, 특히 어떤 점에서 가장 덜 국제화되고 가장 덜 문화다원적 상황에 있었던 독일에서 최근 이른바 '상호문화 철학'(intercultural philosophy)에 대한 관심이 일어나는 것은 앞으로 세계철학이 함께 대화하고 함께 문제 해결을 모색할 수 있는 길을 생각해보게 한다는 점에서 다행스러운 일이라고 생각한다.[15]

끝으로 덧붙이자면 지난 세기 유럽철학은 휴머니즘(현상학과 실존주의, 여기에서는 자세히 논의하지 않은 신마르크스주의)과 방법론적 반휴머니즘(구조주의, 후기구조주의, 알튀세르의 마르크스주의) 사이에 오고간 철학이지만 제2차 세계대전, 아우슈비츠, 그리고 현대의 관료 체제 등을 통해 체제와 구조의 잔혹함과 비인간성을 적나라하게 경험했기 때문에 그만큼 인간 상호간의 윤리적인 관계에 그 어느 때보다 관심이 높은 철학이었다고 할 수 있다. 푸코, 레비나스, 데리다, 리오타르가 전통적인 형이상학을 거부하는 이유도 바로 전체주의로 흐를 수 있는 경향이 전통 형이상학 안에 내재되어 있다고 보았기 때문이다. 폭력과 폭력으로 인한 인간의 고통에 관심을 기울인다는 점에서 푸코, 데리다, 리오타르도 (방법론적인 면에서 인간중심주의, 주체중심주의를 거부하지만) 모두 휴머니스트라고 할 수 있다.

　나는 이들 가운데서 '타자의 휴머니즘'(l'humanisme de l'autre)을 내세운 레비나스가 가장 독특한 위치에 있지 않나 생각한다(레비나스에 관해서는 2부에서 자세히 살펴볼 것이다). 고통 받는 타자에 대한 관심을 보일 때 비로소 우리가 '윤리적'이라 부를 수 있는 전망을 얻을 수 있다는 레비나스의 주장은 기술적 가치만이 유일한 가치처럼 인정되고 있는 이 시점에서 우리가 진정으로 귀 기울여 들어볼 가치가 있는 목소리가 아닌가 생각한다.[16)]

2 타인의 발견

"정이 있기 때문에 사람은 고통 받는다. 만일 고통이 없다면
진정한 의미의 윤리가 있겠는가? 윤리는 타자와의 관계에서 발생한다.
언제 타자를 보는가? 고통 받을 때가 아닌가? 고통 받을 때 나는 신음을 내거나
한탄을 하거나 고함을 지른다. 이것은 타인과의 관계에 대한 요청이다.
고통 받는 타인을 볼 때, 그때 우리는 타인을 분명하게 의식한다."

타인을 위한 삶은 진정 가능한가

레비나스와 로티의 타자성 철학

기호와 실재, 가시적인 것과 비가시적인 것, 일시적으로 있다가 사라지는 것과 영원히 남아 있는 것, 부수적인 것과 실체적인 것, 이런 것들이 중세철학의 중심에 있었다. 데카르트 이후 서양 근대철학은 이 문제를 생각하되, 전혀 새롭게 생각하는 틀을 만들어냈다. 칸트와 피히테, 헤겔과 셸링을 거쳐 이 문제는 영원한 존재 하나님과 그의 피조물, 그 가운데서도 의식의 주체가 될 수 있는 인간의 화해 문제로 발전한다. 헤겔 이후 셸링의 후기철학을 포함해 포이어바흐, 마르크스, 키에르케고어를 거치면서 일종의 서양 현대철학의 인간학적 전회를 이야기할 수 있다. 자아와 타자의 문제는 헤겔의 유명한 주인과 노예의 변증법적 관계에서 드러나지만 포이어바흐 철학에서 구체적인 모습을 띠게 된다고 볼 수 있다. 왜냐하면 타인의 존재, 신체성, 이 가운데서도 특별히 '나와 너'의 전형적인 관계를 성(性) 관계에서 찾게 된 것을 우리는 포이어바흐에게서 발견하기 때문이다. 포이어바흐 사상은 마르틴 부버에게로 이어진다. 부버는 1920년대 '나와 너'의 대화의 철학을 내세왔고 그 이후 현상학과 실존철학을 거쳐 나와 너, 나와 타자의 문제는 지난 세기 유럽철학의 중요 문제로 등장한다. 이제 이 문제가 유대교와 현상학 전통에서 자란 레비나스(Emmanuel Levinas, 1906~95)와, 무신론의 입장과 실용주의 노선에 서서 철학을 한 로티(Richard Rorty, 1931~2007)를 통해 어떻게 펼쳐지는지 살펴보자.

나의 삶, 타인의 삶

나와 너, 나와 타인의 관계는 동서를 막론하고 삶의 근본 물음과 관련해서 중요하다. '오직 나를 위해서 살아야 한다'는 극단적 자기중심주의가 있는가 하면 '오직 남을 위해서 살아야 한다'는 극단적 타인중심주의도 있다. 철저하게 이성적으로 오직 자기 자신을 위해 산다면 그러한 삶은 마침내 다른 사람에게 유익을 준다는 생각이 있는가 하면 타인을 위해 살 때만이 진정한 자기완성이 가능하다는 생각도 있다. '자기'와 '타인'의 구별 자체를 없애고 이기심도 이타애도 벗어나고자 하는 생각도 있다. 어떤 경우이든 나와 타인, 같은 것(동일자)과 다른 것(타자), 무엇인 것(긍정)과 아닌 것(부정)의 구별은 삶에서 가장 기본적인 구별로 통용되었다는 것에 대해서는 이견이 없다.

그렇다면 둘이 어떤 방식으로 서로 관계할 수 있는가 하는 것이 문제가 된다. ①타인을 배제하고 오직 나 자신에만 몰두할 것인가? ②나에 대해서는 관심을 두지 않고 타인에게만 몰두할 것인가? ③나와 타인, 둘 다 무시할 것인가? ④나에게 관심을 두되, 동시에 타인에게도 관심을 둘 것인가? 절충적인 방안이기는 하지만 앞의 세 경우보다는 네 번째 경우가 가장 현실적으로 보인다. 하지만 나에 대한 관심과 타인에 대한 관심이 어떤 방식으로 서로 관계할 수 있는가 하는 것은 또 하나의 문제이고 현대 철학자들 사이에서도 여전히 논란이 되고 있다. 이 문제에 대해 레비나스와 로티는 서로 다른 관점을 내세운다. 먼저 로티의 생각에 귀를 기울여보자.

로티의 답은 의외로 간단하다. 나의 삶을 가꾸고 형성하는 일, 곧 '자기 창조'(self-creation)는 타인의 삶에 대한 배려, 곧 '연대성'(solidarity)과 무관하다. 나의 삶에 대한 관심과 타인의 삶에 대한 관심은 전혀 별개라는 것이 로티의 생각이다. 전혀 별개라고 해서 내가 타인의 삶에 대해 무관심해도 좋다는 말은 아니다. 타인의 삶에 대해 나는 무관심할 수 없을 뿐더러 타인의 고통과 고통을 야기하는 잔인성에 대해 방관할 수가 없다. 타인에 대해 잔인하지 않도록, 또 잔인한 일이 일어나지 않도록 최선을 다해 노력해야 할 의무가 우리에게 있음을 로티는 동시에 강조한다. 로티가 말하고자 한 것은 타인에 대한 관심과 나에 대한 관심 곧 그의 말로 다시 표현하면 '공적인 일'과 '사적인 일'은 똑같이 중요하고 옳은 일이지만, 이 둘을 이론적으로 연결하거나 통합할 수 있는 방도가 전혀 없다는 것이다. 내가 나로서 서는 것, 곧 나를 나로서 빚어내는 일은 타인에 대한 책임과 무관하고 타인에 대한 책임은 나의 '나됨', 곧 나 자신의 존재를 세우는 일과 무관하다는 것이다. 공적 영역과 사적 영역을 매개할 수 있는 어떤 어휘도 존재하지 않는다는 것이 로티의 일관된 주장이다.

로티가 말하는 고통과 잔인성은 어떤 사태를 일컫는가? 타인의 고통을 볼 수 있는 눈은 어떻게 열리는가? 우리의 이성이나 언어, 개인을 초월한 의식이 자기 창조와 타인에 대한 연대성을 연결시킬 수 있는 매개체를 제공해줄 수 없는 까닭은 무엇인가? 타인과의 윤리적 관계는 어떻게 가능한가? 이러한 물음에 대해서 로티는 매우 간단한 답을 찾는다. '언어', '자아', '공동체'와 같은 어휘와 연관해서 어떠한 필연성도 수용하지 않고 이 모든 것을 우연성의 산물로 보되, 자아는 자아대로 연대성은 연대성대로 가능한 길을 따로 찾아보자는 것이다. 연대성은 "낯선 사람들을 고통받는 타인들로 볼 수 있는 상상력"에 기초해 있고 "반성에 의해 발견되는 것"이 아니라 낯선 타인들의 "고통과 굴욕의 특정한 세부 내용들에 대한 우리의 감수성을 증대시킴으로써 창조"되는 것이다.[1] 로티는 이성보다는 감성이, 계산보다는 연민이 윤리적 관계를 가능하게 한다고 본다. 따라서 자연법 전통에서 볼 수 있는 인간의 '공통 본성'이나 칸트의 윤리학에서 볼 수 있는 '이성의 명령' 또는 '정언명법'의 어법은 여기서 배제된다.

연대성은 무엇에 기초하는가

로티는 극단적 상대주의로 인해 사회적 책임 자체를 불가능하게 만든다는 비판을 받으면서도 『우연성, 아이러니, 연대성』(1989)에서 여전히 우연성과 아이러니에 관심을 보인다. 이 책 전체를 통해 로티는 본질적 자아실현이 아닌, 심미적·감성적 또는 시적(詩的) 자기 창조의 기획을 뛰어난 수사력으로 옹호한다. 필립 라킨(Philip Larkin)의 시는 시적 자기 창조가 무엇인지 보여준다. 이 시는 개인의 유일성(唯一性)이 자신의 언어를 발견하고 자신만이 완전히 이해할 수 있는 의미 영역을 창조해내는 데서 실현되는 것으로 그린다. 나와 타인은 각자가 짊어진 '화물 목록'의 다름으로 구별된다. '화물 목록'이 다른 이유는 타인이 이해할 수 없다. 우리가 각자의 삶을 이어감은 목록에 있는 부분에 가까이 다가섬이고 그것들을 나 자신의 것으로 만들어가는 과정이다. 삶은 값지지만 끝이 있으므로 삶을 이어간다는 것은 결국은 잃어감을 뜻한다. 사람들이 자신의 '화물 목록'에 그렇게 집착하는 까닭이나 그 안에 든 것들이 아름답게 보이는 까닭은 우리가 결국에는 모두 잃는다는 사실을 알기 때문이다.[2]

모든 종류의 필연성과 인간의 공통 본성을 제거한 결과가 무엇인가? 모든 것이 우연적이라고 할 때 그것이 우리 자신의 이해에 무슨 결과를 가져오는가? 어떤 무엇으로도 대치할 수 없는 우리 각자의 고유한 '자기'는 스스로 창조할 수밖에 없다는 깨달음이다. 그러면 이제 가만히 참선을 하거나 명상을 해서 우리 자신을 스스로 만들어갈 것인가? 여기서 로티는 철학과 문학에 등을 기댄다. 니체, 비트겐슈타인, 하이데거, 프루스트, 나보코프를 읽을 때 우리는 우리 자신을 창조할 수 있는 새로운 언어를 배운다. 우리는 그들의 언어를 통해 삶을 새롭게 서술하는 법을 배운다. 기존의 언어와는 전혀 다른 이들의 언어는 사람을 다시 서술해주는 힘을 가지고 있다. 여기서 '자기 창조'에 대한 로티의 생각뿐만 아니라 철학과 문학에 대한 그의 입장을 볼 수 있다. 로티에 따르면 철학과 문학은 '단 하나의 올바른 서술'을 제공해주기보다 대안적인 '재서술'(redescription)의 어휘를 확장해준다. '공통 본성', '이성의 명령', '정언명법'은 로티가 보기에는 신학적 형이상학의 어휘들이다.

로티가 '연대성'을 이해하는 방식도 '자기 창조'와 마찬가지다. 여기서도 로티는 신학적 형이상학의 근거를 배제하고 철저히 아이러니하게, 반형이상학적으로, 역사주의적인 방식으로 타인과의 연대성을 서술하고자 한다. 예컨대 그는 민주주의 제도의 정당성을 초역사적인 이성에서 찾지 말자고 호소한다. 연대의 가능성을 찾기 위해서 객관적인 토대를 찾을 필요가 없다고 보기 때문이다. 연대성은 우연의 문제일 뿐 초월적·필연적 근거를 가질 필요가 없다. 민주주의 제도도 우연의 산물일 뿐 필연성이 결여되어 있다. 로티는 인간 제도는 어떤 것이나 우연의 산물에 불과하고 근본적으로 취약성을 가질 수밖에 없다고 본다. 정치, 경제,

그리고 오늘날 많은 사람들이 그 효용성과 진리를 믿고 있는 과학과 기술이라는 제도도 마찬가지로 우연의 산물이며 이것들 모두 언젠가는 사라질 것들이다.[3)]

로티는 이성의 근거 위에 연대성을 세우려는 노력을 거부한다. 그는 역사적 상황이나 사회적 필요에 따라 연대성이 가능하다고 본다. 이러한 의미의 연대성은 초역사적·보편적 이성보다는 '이야기'에 근거한다. 역사를 통해서 우리가 들을 수 있는 이야기들, 사회와 사상적 사조에 대한 이야기는 우리 자신을 열 수 있는 최선의 수단이 될 수 있다고 로티는 생각한다. 왜냐하면 개인이 자신의 삶에 관한 이야기를 일관되게 하고자 할 때 그러한 일관성을 유지할 수 있는 도덕이 필요한데, 역사를 통한 이야기가 그러한 도덕을 반성할 수 있는 어휘를 제공해준다고 보기 때문이다. 서로 공유할 수 있는 이야기는 공동체 형성에 도움을 준다. 이야기는 과거에 관해 그치지 않고 현재와 미래에 관한 이야기가 얼마든지 가능하다고 로티는 본다. 소설과 같은 문학 형식이 그러한 이야기 가능성의 두드러진 예가 된다. 이러한 이야기는 우리의 감수성을 자극하고 현재 자행되고 있는, 그러나 기존의 제도로 막기에는 역부족인 인간의 잔인성을 의식하고 그것에 저항할 수 있게 해준다. 로티가 오웰과 나보코프를 자신의 논의에 끌어들인 까닭은 그들의 이야기에 담긴 연대성의 가능성 때문이다.[4)]

로티는 연대성의 문제를 자유주의자의 관점에서 볼 것을 제안한다. 이때 로티가 말하는 자유주의자는 주디스 슈클라(Judith

N. Shklar)가 정의한 대로 "잔인성이야말로 우리가 행하는 가장 나쁜 짓이라고 생각하는 사람"이다. 여기서 몇 가지 질문을 로티에게 던질 수 있다. 인간 공통의 본성을 전제하지 않고서 우리는 고통이니 잔인성이니 하는 어휘를 쓸 수 있는가? 인간 존재의 보편성에 호소함으로 기존의 잔인성과 고통을 호소할 수 있지 않은가? 요컨대 형이상학자가 되지 않고서 과연 자유주의자가 될 수 있는가? 삶에 대한 재서술이 언제나 가능하며 일말의 회의(懷疑)가 유효하게 작동할 수 있는 상황에서 과연 윤리가 가능한가? 차라리 이것은 윤리의 종말이라고 보아야 하지 않는가?

로티는 '자유주의적 형이상학자'와 '자유주의적 아이러니스트'의 구별을 통해서 이러한 질문에 답을 한다. 자유주의적 형이상학자는 결국에는 공적 영역과 사적 영역의 구별을 해소하고 '공공 영역'에 우위성을 부여함으로써 연대성을 확보한다. 누구와도 공유할 수 없는 개인의 어휘는 이런 관점에서 볼 때 하나의 착각이고 연대성의 장애물이다. 그러나 잔인성이야말로 우리가 행하는 일 가운데 가장 나쁜 일이라고 생각하는 자유주의자이면서 동시에 "자신의 가장 핵심적인 신념과 욕구들의 우연성을 직시하는 사람, 그와 같은 핵심적인 신념과 욕구들이 시간과 기회를 넘어선 무엇을 가리킨다는 관념을 포기해버릴 만큼 충분히 역사주의자이고 명목론자"[5]인 아이러니스트는 고통은 장차 감소될 수 있으며 타인에 의해 인간이 굴욕당하는 일은 멈추게 되리라는 기대를 가지지만, 어떤 최종 어휘에 기대지 않고 타인의 고통에 대한 감수성을 인정하는 것만이 우리에게 필요한 유일한 사회적 연관이라고 믿는다. 자유주의적 아이러니스트의 눈에는 자아의 개인적·사적 부분과 연대성을 보증해줄 수 있는 공적 의무의 영역 사이에 어떠한 갈등도 존재하지 않는다. 로티는 명백히 자유주의적 아이러니스트의 입장을 자기 것으로 수용한다. 그럼에도 공적인 것과 사적인 것의 관계는 여전히 문제가 있음을 인정한다.

그런데 여기에 물음이 있다. 공적 영역과 사적 영역이 무관하다면 타인의 고통과 굴욕에 관심을 쏟아야 할 이유가 무엇인가? 로티는 이 물음과 관련된 문제를 진정한 문제로 보지 않는다. 왜냐하면 형이상학적 잔재가 이 물음에 여전히 남아 있다고 보기 때문이다. 형이상학적 진리를 거부하는 아이러니스트는 자신과 인류를 통합하는 공통의 언어가 있다고 믿지 않는다. 고통에 대한 감수성, 그 가운데서도 짐승들에게서는 찾아볼 수 없는 굴욕에 대한 감수성이 인류를 서로 묶어줄 뿐이다. 그러므로 인류의 연대성은 공통의 진리나 공통의 목표를 공유하는 문제가 아니라 "공통된 이기적 희망, 곧 자신의 세계가 파괴되지 않을 거라는 희망을 공유하는 문제"라고 본다.[6] 이러한 희망은 객관적 원리를 통해 공유되는 것이 아니라 상상력을 수단으로 타인의 삶에 참여할 수 있는 개인적 능력을 통해 공유되는 것이다. 타인과 공유하는 공동의 세계는 상상력을 통해 만들어낸 세계일 뿐, 이성을 통해 연결된 세계가 아니다.

그렇다면 이러한 세계를 위해 철학과 문학은 무슨 기여를 할 수 있는가? 로티는 철학과 문학의 기여가 자유와 평등의 원리를 형이상학적으로 정당화해주는 일이라고 생각하지 않는다. 오히려 철학과 문학의 일은 인간의 잔인성에 희생당한 사람이 자신의 고통을 표현할 수 있는 언어를 제공하며 타인들이 그들의 상황에서 고통을 함께 체험할 수 있도록 상상력을 불러일으키는 것이다. 예컨대 시나 소설 또는 연극과 같은 문학과 예술 분야가 이러한 상상력을 키우는 활동을 훨씬 더 효과적으로 해낼 수 있다고 로티는 생각한다. 왜냐하면 문학과 예술은 '공통의 인간성'에 호소하지 않으면서도 인간의 고통과 굴욕을 얼마든지 표현할 수 있다고 보기 때문이다. 연대성도 자기 창조와 마찬가지로 끊임없는 '재서술'의 대상이다. 그러므로 로티는 "연대성은 이미 기다리고 있는 것을 발견하는 일이 아니라 우리가 듣게 되면 우리 모두가 깨닫는 원초 언어의 형태로 된 조그마한 조각들로 구성되어야 한다"고 주장한다.[7]

로티의 주장은 일견 매우 단순하고 명확한 듯하지만 자세히 보면 명확하게 풀리지 않는 점이 한두 가지 있다. 공적 삶과 사적 삶이 어떻게 서로 교차해야 하는지에 관한 것이 그 하나이고 다른 하나는 상상력과 관련된 것이다. 로티는 앞에서도 말했듯이 우리 자신이 누구인지를 확인하고 가꾸어가는 일은 타인을 돌볼 책임과는 전혀 별개의 과제라고 보았다. 한 개인의 주체성과 연대성, 또는 자기 창조와 정치적 유용성은 하나의 체계 안에 넣을 수 없다는 생각이다. 만일 둘 중에 어느 것을 선택해야 할 경우에는 개인보다는 공공의 이익이 우선되어야 한다고 생각할 뿐이다. 그러나 이것조차도 개인적이고 실용적 해결에 지나지 않을 뿐 어떤 보편적 근거가 있는 것은 아니라고 보고 있다.[8] 개인이냐 공동체냐 하는 것을 선택하는 데는 어떤 보편적인, 그럴 수밖에 없는 필연적인 이유가 있는 것이 아니라 다만 실용적 고려가 있다고 보는 것이다. 상상력의 위치도 로티의 논의에서 문제로 남는다. 상상력은 자기 창조의 시적 기획에 관여할 뿐 아니라 타인의 고통을 헤아리는 데도 관여한다. 만일 로티의 말처럼 이 두 기획 사이에 아무런 본질적인 관계가 없다면 두 영역에 다 같이 관여하는 상상력의 활동에는 어떤 분열이 있는 것인가?

이성 중심의 형이상학적 사유 비판

이제 로티와 레비나스를 비교해보자. 아이러니스트로 자처하며 어떤 일에도 그것이 '참이기' 때문에 또는 '옳기' 때문에 뛰어드는 일이 없는 철학자 로티를 매우 심각한 철학자 레비나스와 비교할 여지가 과연 있는가 하는 물음을 가질 수 있다. 만일 '아이러니'를 끊임없는 의미의 재창조이자 재서술로 이해한다면 이러한 작업 방식은 레비나스에게도 낯설지 않다. 특히 그의 후기 철학을 자아와 타자, 존재와 존재 저 너머를 끊임없이 다시 서술하고 있는 것으로 간주한다면, 로티의 철학과 견줄 수 있는 가능성이 생각보다 훨씬 큰 것으로 보인다. 그러나 이러한 재서술도 궁극적으로는 문화적 제약성을 벗어난 '하나의 독특한 의미'인 타자라는 존재와의 관계를 통해 제한되는 것으로 본다는 점에서 레비나스는 로티와 구별된다.

로티를 레비나스와 함께 논의할 수 있는 토대는 두 가지로 보인다. 두 철학자는 형이상학의 '근거 사유'를 비판할 뿐만 아니라 자아의 자아됨에 대해서 다같이 묻는다. 형이상학을 비판할 때는 두 철학자가 너무나 흡사하다. 하지만 주체성의 문제를 다룰 때는 근본적으로 다르다. 로티는 '자기 창조'와 '연대성'을 별개의 문제로 보지만 레비나스는 이 둘이 불가분의 관계를 맺고 있다고 생각한다.

먼저 형이상학 비판을 생각해보자. 로티가 형이상학을 비판하게 된 이유는 다름이 아니라 형이상학이 기어코 최종적 이유, 최종적 근거, 최종적 원리(ratio, 이성·근거·원칙)를 발견할 수 있다고 믿기 때문이다. 그런데 로티에 따르면 존재 질서 속에서 그것을 떠받쳐주는 것으로 생각된 최종 근거는 사실상 하나의 '허구'에 지나지 않는다는 사실을 '신의 죽음'을 이야기한 니체와 하이데거가 보여주었다. 이 점에서 로티는 데리다와 더불어 니체와 하이데거의 후예로 자처한다. 하지만 형이상학 '비판자'인 이들조차도 결국에는 어떤 최종적이고 궁극적인 것을 진술하고 선언한 철학자였기 때문에 로티는 이들에게서조차 거리를 두고자 한다.[9] 어떠한 근거도 필연성도 없다는 것, 있는 것은 오직 우연성뿐이라는 것, 그리고 이런 의미에서 우리는 어떤 경우에도 최종적 언어, 곧 궁극적 어휘를 가질 수 없다는 것, 이것이 로티의 신념이다.

레비나스도 서구 형이상학 비판과 더불어 사유를 시작한다. 그에 따르면 서양 형이상학은 이론적 사유에 우선성을 둠으로써 원칙적으로 사유를 초월한 것들, 예컨대 무한한 것, 초월적인 것, 신적인 것을 개념으로 파악이 가능한 이론의 대상으로 만들어버렸다. 특히 존재론 형태를 띤 전통 형이상학은 나와 다른 것, 내가 파악할 수 없는 타자를 동일자 영역 안에 포섭함으로써 타자의 고유성을 무시해버렸다. 심지어 하이데거 철학도, 이론 중심의 후설 철학을 넘어서고자 했음에도 서구 형이상학의 전체주의 경향을 완전히 떨쳐버리지 못했다고 레비나스는 지적한다. 이 때문에 하이데거는 타자와의 관계를 나와 '함께하는 존재'(Mit-sein)로 그릴 뿐, 나와 다른, 나에게 환원할 수 없는 고유의 성격을 가진 존재임을 보지 못했다. 윤리학이 존재론에 종속된 까닭도 바로 이 때문으로 레비나스는 보았다. 그러므로 칸트가 '실천이성의 우위성'을 주장했듯이 존재론에 대한 윤리학의 우위성을 레비나스는 보여주고자 하였다.

레비나스와 로티의 형이상학 비판에는 현상을 최종 근거를 통해 접근하려는 태도에서 벗어나야 한다는 생각이 공통으로 깔려 있다. 최종 근거에 대한 물음은 형이상학적 경향 때문에 잘못 제기된 물음임을 보여줌으로써 로티는 이러한 물음 자체를 상대화한다. 형이상학적 근거 짓기는 그에 따르면 필연적인 것이 아닐 뿐더러 바람직하지도 않다. 필연적이 아니라고 함은 그러한 최종 근거가 있든지 없든지 상관없이 우리의 행동은 그것을 통해 아무런 영향도 받지 않기 때문이고, 바람직하지 않다고 함은 인간의 본질적 특성이나 특정한 삶의 목표를 설정함으로써 자유로운 자기표현이 어떤 방식으로든 방해받을 수 없는데도 불구하고 이것이 제약받을 수 있는 위험이 있기 때문이다.

그러므로 자유주의 정치 관행을 유지하거나 개선하는 것은 그것이 생성된 배경과 역사를 보여주는 것으로 충분할 뿐, 어떤 공통적인 궁극적 근거를 인간 본성에서 찾는다거나 현재 주어진 시간과 기회를 넘어선 어떤 다른 질서를 통해 현실을 정당화할 필요가 없다고 로티는 생각한다. 공공의 삶 자체를 위해서도, 개인의 자기 계발을 위해서도 이는 바람직하지 않다고 본다. 레비나스는 로티와 다른 방식이기는 하나 현상들을 최종 근거로 환원하고자 하는 경향이 있는 한 서양 형이상학은 언제나 전체주의적이라 본다. 전체주의는 마침내 개인에 대한 무관심으로 귀결된다. 타자를 동일자로 환원하여 동일자를 통해 타자를 설명하는 이론에는 동일자로 환원할 수 없는 타자, 곧 무한자를 경험하고, 그에게 책임질 수 있는 자리가 들어설 공간이 없다. 타인으로서 타인의 차이와 자아의 자아됨, 곧 타인의 타자성과 자아의 유일성(唯一性)은 전통적인 동일 철학적 형이상학의 틀 안에서는 보장될 수 없다는 것이 레비나스가 서양 형이상학에서 얻은 교훈이다.[10]

로티의 '자기 창조'와 레비나스의 '주체성의 변호'

레비나스와 로티는 '주체성'의 물음에 강조를 두고 있다는 점에서도 공통점이 있다. 로티는 자아 창조의 개인적 기획이 삶의 과정 가운데서 우리 각자가 자기 개인의 현실로서 창조한 독특한 상호 관계를 발견해야 하는 과제라고 본다. 나와 타인은 어휘 선택에서 차이가 있다. 어떤 특정한 어휘와 서술에 집착할 수 있고 그것에 따라 삶을 살아갈 수 있다. 예컨대 어떤 사람은 종교적 어휘, 종교적 서술에 집착해서 살아갈 수 있고 어떤 사람은 어떤 정치적 특정 이념에 집착해서 살아갈 수 있다. 왜 그것을 선택했는지에 대해서 설명할 수 있는 보편적 규칙이나 이유가 로티에게는 없다. 각자 걸어온 삶의 역사와 기대, 그리고 바람에 따라 어떤 어휘와 서술을 선호하게 될 뿐이다. 이 점에서 로티는 상대주의적이고 허무주의적이다.

그런데 로티는 어휘와 서술 사이에 철통 같은 장벽이 있는 것은 아니라고 본다. 우리는 다른 어휘, 다른 서술을 쓰더라도 타인의 가치 체계를 어느 정도 이해할 수 있을 뿐 아니라 특정 가치를 때로는 공유할 수도 있다. 그렇지만 개인을 전체로 묶을 수 있는, 좀더 고차원적인 가치 체계로 전환할 수 있는 연대성의 개념을 도입하는 일에 대해서는 극구 반대한다. 왜냐하면 전체화할 수 있는 개념을 동원할 경우 개인의 독특성이 마멸되고 개인의 자율성은 보장될 도리가 없다고 보기 때문이다. 삶의 두 가지 과제,

곧 자신의 독특한 주체성을 창조하는 일과 타인과의 연대성은 어떤 경우에든 서로 혼동될 수 없는 독립된 과제라고 보는 까닭이 여기에 있다.[11]

레비나스는 그의 주저 『전체성과 무한자』 서두에서 '주체성의 변호'가 그의 책이 겨냥하는 목표라고 밝힌다. 그럼에도 전체성 개념에 토대를 둔 주체가 아니라 '무한성'의 이념에 근거한 주체, 곧 타인에 대한 무한 책임을 짊어진 주체를 변호하고자 한다는 단서를 덧붙인다.[12] 그런데 여기서 당장 물음이 생긴다. 현대 철학에서 그토록 비판받는 '주체성'을 변호하는 이유가 무엇인가? 레비나스에 따르면 주체는 피조물 가운데서도 하나의 '예외'요, 특별하게 '선택받은 자'이기 때문이다.[13] 익명적 존재 사건에서 떨어져 나온, 그 자체 스스로 이름을 가진 독특한 존재가 '주체'라는 것이 레비나스의 초기 작품에서부터 강조된다.[14] 나의 나됨은 고정 불변하는 실체로서 존재함을 통해 얻어지는 것이 아니라 여러 사건들을 거치면서 새롭게 형성된 결과이다. 레비나스는 이러한 과정을 '동일'한 주체로서 '자기'를 '실현'하는 과정(I'identification)으로 본다. 주체는 "최고의 동일성이요, 자기 동일성 실현 작업 자체"이다.[15] 타인과의 관계는 절대적으로 자기 자신일 수 있는 능력을 가진 주체의 출현을 통해서 가능하다. "하나의 항은 관계의 출발점에서 자아로서만이 절대적으로 서 있을 수 있다"는 레비나스의 말은 이것을 염두에 둔 것이다.[16] '주체성의 변호'를 그의 철학 프로그램으로 삼은 이유가 바로 이것이다.

그런데 절대적 자기 존재가 타자와의 근본적 관계에 돌입할 수 있는 방식이 무엇인가? 레비나스는 후기 작품인 『존재와 다른 것 또는 존재사건을 넘어서』에서 주체성의 고유한 의미를 주체 자신에서 찾기보다 자아가 하나의 선물로, 선택받음으로 타인에 대한 책임에 노출된 사실에서 찾는다. 주체는 여기서 처음부터 부러진 모습을 하고 있다. 주체는 '개념 없는 자아'이며 자신의 모습 가운데서도 '자신과도 동등하지 않은 존재'며 자기를 이탈해 있고 자기를 잊고 있다.[17] 그러나 이러한 부러짐, 이탈, 또는 자기 망각은 경험적 주체에게 일어난 사건이 아니라 주체에 앞서, 주체 이전에 일어난 사건이다. 애당초 부러진 모습의 주체를 어떻게 사유할 수 있는가? 이론적 작업인 철학에 대해 이러한 사건은 어떤 의미를 가지는가? 레비나스는 이 물음에 대한 답변을 신체성의 의미에 대해 생각해보는 것을 통해 우리에게 제공한다.

신체성에 대한 연구는 지식에 대한 물음으로 시작된다. 우리 모두가 알고 있듯이 경험론은 지식의 출발점을 감각적 지각에서 찾는다. 하지만 지각이 진정으로 무엇인지 경험론은 심각하게 묻지 않는다. 지각이 어떻게 가능한가? 눈이 있고 바깥에 대상이 주어져 있으면 지각은 자동으로 발생하는가? 현실을 마치 구경꾼이 보는 것처럼 그렇게 보면 현실 자체가 보는 사람 앞에 스스로 열어 보이는 것이 지각인가? 아니면 현실을 보고 싶은 동기를 유발하는, 좀더 근본적인 계기가 지각의 현장에 있는 것인가? 레비나스는 감각적 지각의 수동적 측면, 곧 '취약성'('상처날 수 있음',

vulnérabilité)이 지각을 유발하는 근본 원인이 아닌가 생각한다. 감성이란, 주체가 무엇인가에 의해 접촉될 수 있고 그것을 통해 상처날 수 있음을 뜻한다. 그러나 이러한 사실은 우리의 능동적이고 개념적인 활동을 통해 쉽게 잊혀진다. 상처날 수 있음은 칸트가 '직관'을 정의하듯이 '매개 없는 접촉', 곧 '직접적 접촉'을 가리킨다. 인식 과정에 따라 이 직접적 접촉은 개념의 매개를 통한 인식으로 전환되고 따라서 접촉의 직접성은 망각된다.[18] 그러나 어떠한 감각적 지각도 수동적인 직접적 접촉 없이 발생하지 않는다. 이때 무엇이 감성에 접촉되는가? 매개 없는 접촉의 대상이 무엇인가? 그것은 나와 구별된 타자가 아닌가? 다른 사물, 다른 사람이 나의 살갗에 접촉되는 사건이 감성적 지각이고, 이 타자는 내가 그것에 대해 개념적으로 말하기에 앞서 나의 수동성에 선험적으로 존재한다.

감성의 의미에 대한 발견은 몸과 혼의 관계를 보는 데도 새로운 시각을 제공한다. 프쉬케(Psyche), 곧 혼을 불어넣은 일은 몸을 통해서 일어난다는 것이 레비나스의 주장이다. 주체는 주변 세계에 대해 몸과 혼의 통일성으로서 노출된다. 주체의 모습, 곧 주체의 자기 동일성은 그러므로 언제나 몸으로 육화된 동일성이다. 혼보다는 몸이 자기 동일성을 대변하면서 동시에 타인에 대해 자신을 노출시킨다. 몸을 가진 존재는 이로써 의식이 그 자체로는 할 수 없는 무엇을 볼 수 있게 해준다. 레비나스는 신체성을 이렇게 긍정적으로 보게 됨으로써 몸과 혼의 관계에 대해 새로운 관점을 갖게 된다. 혼이 몸속에 담긴 것이 아니라 오히려 몸이 혼에 '혼을 불어넣어줌'으로써 주체의 존재 노력이 몸을 중심으로 이루어지는 현상을 보게 된다.[19]

레비나스의 통찰 가운데 중요한 것은 윤리적 관계는 몸을 떠나서 존재할 수 없다는 것이다. 타인의 호소에 직면할 때 우리는 타인을 언제나 몸의 주체로 경험한다. 몸은 향유의 몸이면서 동시에 타인에 대해 노출된 몸이다. 몸 자체가 이미 '타인을 위한' 존재이고 '자신을 내어놓음'(s'offrir)이며 이런 의미에서 '고통 받음'(souffrir)이다.[20] 그러므로 향유는 무한정 지속될 수 없다. 타인의 고통을 대할 때 향유는 멈출 수 있고 포기할 수 있는 것이다. 말하자면 직선운동인 향유는 타인의 고통에 직면할 때 윤리적 관계인 곡선운동으로 방향을 바꾸게 된다. 윤리는 빈말로 실행되지 않는다. 언제나 몸으로 존재하는 주체를 통해 윤리가 실천된다. 내 입에 들어가던 빵을 내어줄 수 있는 가능성이 없이는 윤리뿐만 아니라 진정한 주체성도 성립되지 않는다.[21]

레비나스는 이 점에서 로티와 구별된다. 로티에 따르면 내가 누구냐 하는 것, 내가 무엇이냐 하는 것은 타인과 관계가 없다. 레비나스의 관점은 이와 다르다. 타인이 나를 대신해서 먹고, 자고, 옷을 입을 수는 없다. 먹고 마시고 잠자는 향유의 주체는 이러한 의미에서 타자와 관계하지 않는다. 하지만 나의 입음과 먹음 그리고 나의 잠과 거주는 타인과 무관하지 않다. 고통 받는 타인을 볼 때, 그에게 입을 것과 먹을 것을 내어주며 옷을 입혀주는 일은 나의 나됨, 나의 주체성을 이루는 본질적인 부분이다. 타인의 존재는 존재 유지에 매진하는 향유의 주체 안에 일어난 굴절이며, 방해이다. 그러나 이 굴절 또는 방해를 통해 향유의 주체와는 다른 주체가 형성된다. 자신이 선택했기 때문이 아니라 타인에 의해 선택받았기 때문에 향유의 주체는 어떤 무엇으로, 어떤 다른 타자로 환원할 수 없는 자신의 고유한 윤리적 주체의 정체성을 새롭게 얻게 된다. 이러한 획득은 주체에게 고통이 될 수 있다. 왜냐하면 새로운 정체성의 획득은 자기 중심의 향유를 포기하고 '낯선 것', '나와 다른 것'을 나의 삶에 본질적 요소로 수용해야 하기 때문이다. 이때의 낯선 요소는 제거되거나 통합되지 않는다.

자아 창조와 연대성은 엄밀하게 분리될 수 있는가

레비나스에 따르면 타인을 위한 삶은 나의 나됨에 매우 중요한 계기가 된다. 하지만 로티는 연대성 또는 타인의 운명에 대한 나의 책임을 나의 삶과 철저히 분리한다. 그는 삶의 두 영역은 어느 한쪽으로 환원될 수 없을 뿐더러 공공 영역이 사적 영역에 비해 그 자체로 더 중요해야 될 이유가 전혀 없다고 생각한다.[22] 로티는 공공 영역과 사적 영역을 엄밀히 구별함으로써 철학자나 작가들 가운데도 두 부류로 구별될 수 있다고 생각한다. 예컨대 키에르케고어, 니체, 하이데거, 보들레르, 프루스트, 나보코프는 사적 완성, 곧 자아 창조적이며 자율적인 인간의 삶의 모습을 그려내는 '본보기'로 도움을 주는 사람들이다. 그런가 하면 마르크스, 밀, 하버마스, 롤스와 같은 사람들은 '동료 시민'으로서 우리의 제도와 실행을 좀더 정의롭고 덜 잔인하게 만들려는 노력에 종사하는 사람들이다.[23] 이러한 구별을 통해 로티는 사적 영역에 관여하는 철학자들은 철학적 관심을 가진 개인에게는 의미가 있을 수 있지만 공공 영역에서의 삶에 대해서는 아무런 의미를 가질 수 없을 뿐더러 때로는 위험하게 보일 수도 있다고 여긴다.[24]

그런데 레비나스의 경우는 전혀 다르다. 레비나스의 철학적 작업은 단지 자아에 대한 '재서술'에 그치는 것이 아니다. 자아에 대한 논의는 필연적으로 타자와의 관계에 대한 논의로 이어진다. 레비나스는 타자와의 관계를 통해 자아의 모습을 그린다. 책임(연대성)은 공적 영역에 제한되는 것이 아니라 개인의 내밀한 삶에서도 매우 중요하다. 주체성에는 타자를 피해, 타자와 완전히 무관하게 자아 속에 숨어 있을 수 있는 공간이 존재하지 않는다. 나의 삶에 대한 관심과 타인의 삶에 대한 관심은 서로 떨어질 수가 없다.

그런데 왜 우리는 타인의 삶에 대해서 연대감을 가져야 하는가? 로티는 이 물음에 대한 전통적 해답, 곧 '공동의 인간성'이니, '이성'이니, '하나님의 자녀'니 하는 것에 호소함으로써 타인에 대한 윤리적 책임을 이끌어내고자 하는 노력에 대해서 불신감을 표시한다.[25] 우리 자신 안에는 타인과 공유할 수 있는 어떤 핵심적 요소로서의 '인간성'과 같은 것은 없다는 것이 그의 생각이다. 타인에 대한 연대의식은 우리 본성의 한 부분에 의해 작동된 것이 아니라 역사적 우연의 산물이다. 연대성은 인종차별이나 가난으로 인해 고통 받는 타인을 '우리 중의 하나'로 볼 수 있는 능력, 곧 상상력을 통해 창조해낸 의식에 지나지 않는다. 예컨대 뉴욕의 흑인을 도울 수 있는 최선의 방식은 그들에게 뭔가 해주기보다는 그들을 '미국인'의 한 사람으로 인정해주는 것이다. 그리하여 '미국인'이 희망 없이 사는 것은 부당하다고 주장하는 편이 더 설득력이 있을 것이라고 로티는 생각한다. 어떤 보편적 '인간성'이나 '인권' 또는 '이성적·합리적 존중'에 호소하는 것보다는 차라리 '더 작고 지역적인 것'에 호소할 때, 다시 말해, 고통 받는 사람을 '우리 가운데 하나'로 생각할 때 연대성의 감각이 훨씬 더 강하게 표현될 수 있다는 것이 로티의 요점이다. 왜 그를 '우리 가운데 하나'로 보아야 하는가에 대한 객관적인 해답은 존재하지 않는다. 이러한 물음은 형이상학적이고, 따라서 포기해야 할 물음이다.[26] 로티는 실용주의적 관점에서, 또는 한 걸음 더 나아가서 자민족 중심주의적인 관점에서 연대성을 옹호하는 것이 훨씬 더 효과적이라 생각한다.

그런데 연대성과 객관성을 정말 분리해 볼 수 있는가? 다시 말해 객관성에 호소하지 않고서도 타인에 대한 책임, 곧 연대성의 근거를 제시할 수 있는 방식이 있는가? 레비나스는 이 물음에 대해 여러 가지로 답변해주고 있다. 타인에 대한 책임은 한 인간과 다른 인간 사이에 존재하는 '가까움'에 대한 경험에서 비롯된다. 가까움은 그 경험이 객관화될 수 없다는 특성을 갖는다. 가까움의 경험을 객관화하면 그것이 지닐 수 있는 '상처' 또는 '외상'(外傷)의 성격을 잃고 만다. 타인에 대한 책임은 인간 본성의 원리에 기초한 것은 아니지만 나 이전에, 나에 앞서 존재하는 타자의 가까움과 밀접하게 연관되어 있다.

고통 받는 타인에 대한 연대감은 시적 상상력을 통해 개발될 수 있다는 것이 로티의 생각이다. 시적 상상력은 로티에 따르면 타인을 우리 가운데 하나로 동일시할 수 있도록 도와준다. 인간의 보편적인 이성에 호소하는 칸트의 정언명법보다 오히려 내가 그들 중의 하나라는 결속감 또는 유대감을 느끼는 것이 타인에 대한 책임을 훨씬 더 강하게 해줄 수 있다는 것이다. '상상력의 자율성'이 여기서는 칸트식의 '도덕법칙의 자율성'을 대치한다. 소설은 타인의 운명에 대한 우리의 무관심을 폭로해줄 뿐 아니라 상상력을 키워준다. 이 점에서 상상력에는 비판적 기능이 있다고 할 수 있다. 그러나 로티는 상상력이 과연 자율적일 수 있는가 하는 것에 대해서는 침묵한다.

레비나스는 이러한 전망 자체를 완전히 바꿀 것을 제안한다. 자율성(이성의 자율성이나 상상력의 자율성)이 우선시될 수 없고 오히려 타인이 타자로서 어떻게 설 수 있는가 하는 것이 더 중요하다. 타인을 '우리 중에 하나'로 확인하는 일은 자율성의 관점에서 접근할 수 있는 것이 아니라 타인에 대한 무한책임을 통하지 않고서는 가능하지 않다는 것이 레비나스의 생각이다. 연대성은 나의 자유로운 선택에 근거한 것이 아니라 고통 받는 타인을 위해서, 그에게 도움을 주기 위해서 내가 선택받았다는 사실에 근거한다. 선택받음이나 책임은 어느 것도 인간의 '본성'에 내재해 있지 않다. 그러므로 레비나스는 로티와 마찬가지로 책임을 어떤 보편적 성격이나 본성을 통해 연역하고자 하지 않는다. 레비나스는 타인에 의해 우리가 접촉되고 있다는 사실을 우리의 경험이 증명해주고 있음을 보여줄 뿐이다. 타인의 경험 속에서 나와 타인 사이에 존재하는 비대칭성 또는 상호 교환 불가능성이 발견된다. 이러한 비대칭성은 어떤 보편적 원칙에서 책임의 근거를 찾는 것을 불가능하게 만든다.

책임의 이론적 · 존재론적 '근거'에 대한 물음을 거부한 점에서 레비나스는 로티보다 더 일관된 것으로 보인다. 로티는 초월론적 · 합리적 근거 찾기를 거부한 대신, 새로운 연대성을 가능케 할 수 있는 '근거 아닌' 근거를 시적 상상력에서 찾는다. 시적 상상력은 자기 창조와는 다른 영역을 열어주고 타인을 우리 중의 한 사람으로 볼 수 있게 해준다. 레비나스의 경우에는 타자와의 연대성이 나의 나됨의 조건 속에 이미 주어져 있다.[27] 만일 연대성에 어떤 '근거'가 있다면 타자에 대해 이미 열려 있고 세계의 무게를 떠받치고 있는(sup-porting), 모든 것에 대해 책임을 지고 '아래에 깔려 있는', 그야말로, 라틴어로 '수브-이엑툼'(sub-iectum)의 주체, 종(從)으로서의 주체에 그러한 근거가 있을 뿐이다.[28]

로티는 『우연성, 아이러니, 연대성』 끝부분에서 공공 영역과 사적 영역을 구별할 때, 이것을 '고통의 문제'와 '삶의 의미의 문제'의 구별과 같은 문제로 본다. 우리는 타인의 고통과 굴욕을 볼 수 있는 능력으로 인해서 타인의 운명에 대해 관심을 가지고 개입할 수 있다. 하지만 이러한 관심과 개입은 나의 삶을 완성하고 삶의 의미를 찾는 틀과는 아무 상관이 없다는 주장을 일관되게 하고 있다. 여기서 예외가 되는 사람들은 그리스도인들밖에 없다고 주장한다.[29] 그리스도인들만이 타인을 위한 삶, 이웃 사랑이 자기 자신을 형성하는 데 중요하다고 생각할 뿐 그 밖의 사람들은 그럴 필요도 없고 그렇지도 않다고 본 것이다.[30]

이 점에서 레비나스는 로티와 구별된다. '고통'과 '삶의 의미'는 레비나스에게는 밀접하게 연관되어 있다. 삶의 의미는 자기 창조의 산물이 아니다. 자신의 존재를 유지하고 지탱하고자 하는 노력(conatus essendi)이 바깥으로부터 저지되고 굴절될 때 그때 비로소 삶의 의미가 드러난다. 나의 존재 기획에 변화가 생길 때, 타인의 부름에 반응할 때 그때 타인과 함께 나눌 수 있는 삶의 의미가 주어진다. 공공 영역과 사적 영역의 분리는 이런 방식으로 지양될 수 있는 것처럼 보인다.

로티와 레비나스는 우리가 어떤 공동의 형이상학적 출발점을 가질 때 삶의 의미에 이를 수 있는 길을 찾을 수 있다고 보지 않는 점에서 서로 일치한다. 삶의 의미는 로티에 따르면 주체 개인에 의해 각각 독특하게 창조될 수 있다. 이렇게 창조된 의미를 타인과 공유하거나 전달하거나 또는 합의점을 찾거나 할 필요가 없다. 그러나 레비나스는 고독한 주체 홀로 삶의 의미를 창조할 수 있다고 생각하지 않는다. 지극히 개인적인 내면생활에도 타인의 목소리는 존재한다. 우리는 결코 홀로 존재하지 않으며, 홀로 고독 속에서 창조된 의미에는 현실성이 없다. 의미는 타인과의 관계를 통해, 타인의 고통을 나의 고통으로 수용하고 대신 짐을 짊어질 때 그때 비로소 생성된다. 모더니즘이 끝난 자락에서 만나게 된 두 철학자는 우리에게 어떤 삶을 선택할 것인가 하는 물음을 던진다.

전체성과 역사를 너머 지금 여기에

전쟁과 평화에 대한 레비나스의 정치철학

이제 레비나스 철학을 좀더 자세하게 살펴보자. 무엇보다 궁금한 것은 레비나스 철학을 추동시킨 근본 문제의식이 무엇인가 하는 것이다. 나는 이 물음을 가지고 그의 대표 저서 가운데 하나인 『전체성과 무한자』 서문 첫 여덟 문단을 읽어보고자 한다. 그 외의 레비나스 텍스트에 대해서는 거의 침묵할 것이다. 오직 첫 여덟 문단을 통해서 레비나스 철학이 평화의 가능성을 추구한 철학임을 보여줄 것이다. 이를 통해서 우리가 살고 있는 동아시아에서 평화의 가능 조건에 대해 레비나스로부터 무엇을 배울 수 있는지 찾아볼 것이다. 먼저 레비나스에게 과연 정치철학이 있는가하는 물음을 다루고, 이어서 전쟁에 대한 레비나스의 이해를 다룰 것이다. 그렇게 한 뒤, 레비나스가 말하는 '메시아적 평화의 종말론'이 어떤 방식으로 전개되는지 살펴볼 것이다. 결론 부분에서는 동아시아 삼국이 평화를 세우기 위해 그로부터 무엇을 배울 수 있는지 몇 가지로 정리해볼 것이다.

레비나스에게 정치철학이 있는가

레비나스에게 정치철학이 있는가? 1930년 이전부터 1990년에 이르기까지 60년이 넘는 세월에 걸쳐 출간된 레비나스의 저서와 논문의 제목을 빠르게 한번 죽 훑어보면 어느 곳에서도 '정치'란 단어를 제목으로 달고 있는 글은 보이지 않는다. 1961년에 그의 주저 『전체성과 무한자』가 나온 뒤로 레비나스 철학은 통상 윤리학으로 이해되었다.[1] 많은 사람들은 레비나스를 인식론이나 형이상학 대신에 윤리학을 제1철학의 위치에 세우고자 애쓴 철학자로 기억한다. 이와 연장선에서 사람들은 그를 정치보다는 종교에 관심을 더 둔 철학자로 기억한다. 초기에는 주로 유대교 관련 잡지에서 다루던 종교적 주제들을 후기에는 더욱더 철학적인 방식으로 논의한 것을 고려하면, 레비나스 철학은 종교철학의 범주에 넣어도 될 정도로 종교와 밀접한 관련을 맺고 있는 것이 사실이다. 윤리학이나 종교철학이 그 자체로는 정치적인 것과 무관하다고 할 수 없으나, 이러한 사실로부터 레비나스 철학은 대체로 정치에 대한 성찰과 무관하다는 결론을 내려도 무방한 것으로 생각할 수도 있다. "내가 하는 일을 사람들은 윤리학이라고 말하는데 나의 관심은 결국 윤리학이 아니라, 윤리학만이 아니라, 거룩한 것, 거룩한 것 가운데도 지극히 거룩한 것이라네." 레비나스가 자신의 아파트에서 데리다에게 개인적으로 한 이 말을 레비나스 장례식에서 데리다가 조사(弔辭)를 통해 밝힌 데서도 레비나스 철

학의 성향이 드러난다.[2]

그러나 레비나스 철학에 조금이라도 들어가 그 내면을 들여다보면 '정치적인 것'에 관해 레비나스가 완전히 침묵하고 있다고 속단해서는 안 된다는 사실을 인식하게 된다. 드러난 텍스트보다 때로는 텍스트에 드러나지 않은 것이 더 본질적일 수 있다. 중요한 것은 침묵의 그늘 속에 숨겨져 있다. 하지만 레비나스의 경우, 자신의 철학적 동기와 지향에 대해서 우리가 흔히 생각하는 것보다는 훨씬 더 명시적이다. 유대인으로서 히틀러와 독일 국가사회주의의 등장을 경험하였고, 제2차 세계대전 중에는 전쟁 포로 생활을 하면서 인간 이하로 취급받는 경험을 몸소 하였고, 자신의 가족과 아내의 가족들을 잃기도 하였다. 또한 레비나스는 이스라엘의 등장, 소비에트 연방 공화국의 참상과 베트남 전쟁, 캄보디아의 학살 사건 등을 목도한 사람으로서, 더구나 철학자로서 결코 정치에 관심을 끊고 철학할 수 없었다.[3]

그러나 일단 레비나스가 정치에 무관심했다고 가정해보자. 그리고 1961년 이전과 그 이후의 레비나스 작품을 전혀 읽지 않았다고 가정해보자. 『전체성과 무한자』라는 책을 손에 들고 있다고 가정해보자. 그렇다면 우리는 레비나스에 대해 어떻게 판단할 것인가? 다시 가정해서 이 책을 펼쳐 들고 이제 서문부터 읽어간다고 해보자. 우리는 예상과 달리 두 번째 문단에서 '정치'라는 단어와 마주친다. "우리가 도덕에 속고 있는 것은 아닌지를 알아보는 일이 무엇보다도 중요하다는 사실을 쉽사리 인정할 것이다"라

는 한 문장으로 된 첫 문단이 시작된 다음 곧장 두 번째 문단이 이렇게 이어진다.[4]

〔정신의〕밝음(lucidité)——참에 대한 정신의 열림——은 전쟁의 영속적인 가능성을 엿보는 데 있지 않은가? 전쟁 상태는 도덕을 중지시킨다. 전쟁 상태는 제도들과 영원한 의무들로부터 영원성을 박탈하고, 그 절대적인 명령을 일시적으로나마 무효화시킨다. 전쟁 상태는 인간의 행동에 자신의 그림자를 미리 앞서 드리운다. 전쟁은——더 큰 전쟁일수록——도덕이 겪으면서 살아남는 그런 시련들 중 하나가 될 수 없다. 전쟁은 도덕을 우스꽝스러운 것(dérisoir)으로 만든다. 그러므로 전쟁을 예측하고 모든 수단을 다해 승리하는 기술, 곧 정치는 마치 이성의 훈련 그 자체인 것처럼 요구된다. 철학이 소박함(naiveté)에 대립되는 것처럼 정치는 도덕에 대립된다(TI, ix).

레비나스는 『전체성과 무한자』로 독자들을 안내하는 첫 부분에 우리 자신이 '도덕에 속고 있는 자', 곧 '도덕의 봉'(le dupe de la morale)이 아닌가 묻는다. 그러고는 곧장 우리의 이성, 우리의 정신 활동은 전쟁 가능성을 생각하면서 최선을 다해 전쟁을 수행하는 수단으로 자처한다고 주장한다. '도덕', '도덕으로부터 속은 이', 〔정신의〕밝음', '참〔곧 진리〕에 대한 열림' 등 얼른 무슨 말인지 알아듣기가 힘든 단어들이 나열되다가 우리에게 너무나 익숙한 '전쟁'이라는 낱말이 등장한다. 사물을 파악하고 무엇이 참된지를 분간하고 판단하는 인간의 정신, 사물에 마치 빛을 비추듯이 사물의 외양과 의미를 밝고 명료하게 읽어내는 이성적 활동을 레비나스는 '전쟁의 영속적인 가능성'을 읽어내고 대처하고 온갖 수단을 다해 전쟁을 이겨내는 활동과 연관시킨다. 어떻게 이성적 활동이 전쟁과 연관될 수 있단 말인가? 전쟁은 몰이성(沒理性), 비이성(非理性)과 연관되는 것이 아닌가? 만일 사람이 정신적 명료성을 동원해서, 오직 이성적으로 생각한다면, 전쟁은 인간과는 무관한 현실이 아닌가?

홉스를 아마 조금이라도 읽어본 사람은 레비나스가 이성을 전쟁과 연관시켜 보는 것이 생각만큼 이상하지 않음을 알게 될 것이다. 홉스는 자연 상태를 만인의 '만인에 대한 전쟁'으로 그린다. 자연 상태에서 인간을 지배하는 능력은 물론 정념(情念)이다. 그러나 자연 상태에서 인간의 생존은 정념만으로 보장되지 않는다. 이성은 이때 등장한다.[5] 이성은 홉스에 따르면 덧셈과 뺄셈을 할 수 있는 능력, 곧 계산을 할 수 있는 능력이다. 그런데 자연권(自然權)에 따르면 누구든지 생존을 위해서는 어떤 수단이라도 쓸 수 있는 권리와 능력이 있다. 그러나 조금만 생각해보면 이런 상황에서는 아무리 힘센 사람이라도 생존의 위협을 벗어나지 못한다. 그러므로 계산 능력인 이성을 사용하여 사람이 도달할 수 있는 결론은 전쟁을 일시적으로 중단하는 수단을 찾는 것이다. 그 결과 고안된 것이 자연법(自然法)이다. 모든 시민법의 기초가 되는 자연법은 평화를 위해 전쟁을 일시 중단하는 법이기 때문에, 평화는 언제나 전쟁 가운데 확보된 평화이며, 전쟁 가능성은 언제나 열려 있다. 그러므로 이성은 전쟁 가능성에 대비해서 언제나 깨어 있지 않을 수 없다. 홉스의 이성은 비유를 들어 말하자면 초소(哨所)를 지키는 경계병의 이성이요, 적을 효과적으로 물리칠 수 있는 무기와 전술전략을 개발하는 공학자와 병략가의 이성이다.

그런데 전쟁이 왜 문제인가? "전쟁 상태는 도덕을 중지시킨다"고 레비나스는 말한다(*TI*, ix). 전쟁이 문제인 까닭은 전쟁으로 빚어지는 상태로 인해 도덕이 중단되기 때문이다. 레비나스는 그 예를 몇 가지 부연해서 들고 있다. 예컨대 가족 제도라든지, 생산 제도라든지, 교육 제도라든지 하는 인간의 제도들을 전쟁 상태는 파괴한다. 우리가 지켜야 할 부모에 대한 의무, 이웃에 대한 의무, 가족들에 대한 의무, 종교적 의무와 명령들조차도 전쟁 상태는 지킬 수 없도록 만들어버린다. 살아남기 위한 행위, 적을 제압하고 승리하는 행동 외에는, 어떤 의무도 어떤 가치도 자리할 수 없는 것이 전쟁 상태이다. 이런 방식으로 인간의 행동이 제어되고 통제되는 것이 전쟁 상태이다. 그러므로 여기서 도덕은 우스꽝스러운 것이 되고 만다. 이런 상태에서 "전쟁을 미리 보고, 모든 수단을 다해 승리하는 기술"(l'art de prevoir et gagner par tous les moyens la guerre), 이것을 일컬어 레비나스는 '정치'라고 부른다(*TI*, ix). 이런 의미에서의 정치는, 마치 소박한 삶이 삶을 되묻는 철학과 대립되듯이, 도덕과 대립된다. 『전체성과 무한자』에서 전개되고 있는 레비나스의 정치철학은 말하자면 정치와 도덕의 대립에서 비롯된다고 할 것이다.

전쟁, 존재론적 사건, 전체성

그렇다면 전쟁이란 도대체 무엇인가? 전쟁이 무엇이기에 도덕을 중지시키고 정치가 삶의 현실을 주도하는가? 레비나스는 전쟁의 얼굴을—만일 이것을 얼굴이라 부를 수 있다면—이렇게 그린다.

가혹한 현실(이 말은 마치 중복법처럼 들릴 것이다)이자 사물에 대한 혹독한 교훈인 전쟁은 환상의 휘장을 불태우는 섬광이 일어나는 바로 그 순간에도 순수 존재에 대한 순수 경험으로 발생한다. 이처럼 암울한 명료성 속에서 드러나는 존재론적인 사건은, 지금까지 자신의 동일성 속에 정박해 있던 존재자들의 움직임의 시작이자 우리가 그것으로부터 벗어날 수 없는 객관적인 명령에 따른 절대적인 것들의 동원이다. 힘을 시험하는 것은 실재를 시험하는 것이다. 하지만 폭력은 인격들의 연속성에 상처를 입히고 그것을 무화시키기보다는 인격들의 연속성을 단절시킨다. 또한 폭력은 사람들로 하여금 스스로를 찾을 수 없게 만드는 역할을 수행하게 하고, 참여뿐만 아니라 자신들의 고유한 실체까지도 배반하도록 만들며, 행위의 모든 가능성을 파괴하게 될 행위들을 수행하게 만든다. 현대의 전쟁에서와 마찬가지로 모든 전쟁은 이미 무기를 지닌 자들에게로 되돌아가는 무기로 사용되어왔다. 전쟁은 또한 그 누구도 거리를 둘 수 없는 하나의 명령을 구성한다. 따라서 전쟁 속에서는 그 어떤 것도 외재적이지 않다. 전쟁은 외재성을 드러내지 않으며, 타자(l'autre)를 타자로서 드러내지도 않는다. 그것은 동일자(le Même)의 동일성을 파괴한다(*TI*, ix-x).

전쟁이 드러내는 얼굴, 전쟁의 모습은 한마디로 '거친 현실'이다. 전쟁을 통해서 우리는 현실 자체가 거친 것이고, 혹독하고 모진 것이 곧 현실 자체임을 체험한다. 레비나스는 그러므로 이 표현이 말이 중복되는 표현으로 들린다고 말한다. 전쟁을 통해 우리는 현실이 거칠고 혹독함을 체험하고 혹독하고 거칠고 모진 것, 그것이 곧 현실임을 전쟁 속에서 경험한다는 말이다. 그러나 이 현실이 의식을 가진 존재에게 일단 체험될 때는 '순수 존재의 순수 체험'이 된다. 무엇이라고 우리가 서술할 수 없을지라도, 어떤 술어를 붙여 표현할 수 없을지라도, 그것의 있음, 그것의 현실성을 도무지 부인할 수 없는 방식으로, 단적으로 우리가 체험할 수밖에 없는 일이 전쟁이라는 것이다. 일컬어 레비나스는 '사건'이라 부른다. 사건은 사건이되, '존재론적 사건'이다. 지금까지 자신의 세계, 자신의 자리, 자기 동일성의 공간 속에 머물러 있던 존재자들, 각각 자신의 절대적 위치를 지키고 있던 개별자들을 움직이게 하고(une mise en mouvement des êtres) 동원하는 일(une mobilisation des absolus)이 레비나스가 '존재론적 사건'이라 부른 사건이다(*TI*, ix). 그 결과가 무엇인가? 전쟁의 폭력이다. 그래서 레비나스는 "〔전쟁의〕 폭력은 사람들로 하여금 스스로를 찾을 수 없게 만드는 역할을 수행하게 하고, 참여뿐만 아니라 자신들의 고유한 실체까지도 배반하도록 만들며, 행위의 모든 가능성을 파괴하게 될 행위들을 수행하게 만든다"고 말한다(*TI*, ix). '인격의 파괴'라고 말하면 아마도 좀더 듣기가 쉬울 것이다. 사람이 사람으로, 자신의 인격적 정체성, 인격적 동일성을 유지하는 방식으로 행동하지 못하고, 자신과는 전혀 다른 방식으로, 자신을 벗어나, 자신과는 상관없이 행동하게 만드는 것이 전쟁의 폭력이다.

인용한 구절 마지막 부분에서 전쟁에 관한 레비나스의 핵심 사상이 드러난다. "전쟁은 또한 그 누구도 거리를 둘 수 없는 하나의 명령을 구성한다. 따라서 전쟁 속에서는 그 어떤 것도 외재적이지 않다. 전쟁은 외재성을 드러내지 않으며, 타자를 타자로서 드러내지도 않는다. 그것은 동일자의 동일성을 파괴한다"(*TI*, ix-x). 전쟁에는 바깥이 없다는 말이다. 외재성의 가능성이 전쟁에는 없다. 두 가지의 결과가 여기서 초래된다. 첫째는 타자를 타자로서 드러내지 못한다는 것이고, 둘째는 동일자의 동일성을 파괴한다는 것이다. 레비나스 철학의 핵심 개념들을 여기서 만난다.

'외재성', '타자', 그리고 '동일자'가 그것이다. 문자 그대로 수용하자면 우리는 이렇게 이해할 수 있다. 전쟁은 존재자들, 곧 개별자들, 절대자들을 움직이고 동원하되, 전쟁이 내리는 동원명령에는 외재성이 들어설 가능성이 보이지 않는다. 그 결과는 타자를 타자로서 보여주지 못할 뿐만 아니라 동일자, 곧 내가 나로서도 설 수 없도록 만든다. 텍스트를 좀더 읽어보자.

전쟁 속에서 보여주는 존재의 얼굴은 서구 철학을 지배해온 전체성이라는 개념 속에 고착되어 있다. 전체성 속에서 개인들은 그들 자신도 모르게 그들에게 명령을 내리는 모종의 힘의 담지자로 환원된다. 개인들은 자신의 의미를 이 전체성 속에서 찾는다(이 전체성 밖에서는 보이지 않는다). 현재의 매 순간이 갖는 독특성은 그것으로부터 객관적인 의미를 도출해내고자 하는 미래에 끊임없이 희생된다. 오직 궁극적인 의미만이 중요하며, 최후의 행위만이 존재자들을 그 자체 속에서 변화시키기 때문이다. 이 존재자들은 서사시의 형식과 같이 이미 가변적인 성격을 띤 형식 속에 나타나는 것으로 존재한다(*TI*, x).

레비나스는 전쟁의 문제를 단순히 정치 문제로 국한해서 보지 않는다. 모든 것을 동원하고, 객관적 질서 안에서 인격의 연속성을 단절시키는 전쟁은 근본적으로 존재론적인 사건이며, 이 존재론적 사건의 핵심은 전체성 개념 속에 담겨 있다고 본다. 외재성, 곧 바

깊이 없고 오직 안만 있는, 모든 것이 모든 것에 관계하는 존재 방식이 곧 전체성이다. 전체성 안에서는 어떤 것도 고유한 개체성을 지니지 못한다. 개인들은 '힘의 담지자'로서 전체성의 틀 안에서, 그 틀의 명령에 따라 움직인다. 총동원(total mobilization), 총력전(total war) 속에는 적군과 아군의 구별 외에 민간인과 군인의 구별이 있을 수 없고, 궁극적으로, 최후에 이기는 것 외에는 어떤 것도 의미가 없다.[6] 그러므로 현재는 미래를 위해서 유보되고, 오직 미래의 승리만이 현재에 의미를 줄 뿐이다. 개인은 개인으로서 고유성을 상실하고 서사시의 한 인물처럼, 전체를 배경으로 설정된 위치와 설정된 역할을 담당할 뿐, 고유의 판단과 양심의 부름에 반응해서 행동할 수 없다. 그러므로 위에 인용한 구절에 이어 레비나스는 이렇게 쓰고 있다.

도덕적 의식〔곧 양심〕은 평화의 확실성이 전쟁의 명백함보다 우세할 때에만 비로소 정치가의 비웃는 시선을 견뎌낼 수 있다. 평화의 확실성은 단순한 반대 주장의 놀이로 얻어지는 것은 아니다. 전쟁으로 탄생한 제국들의 평화는 결국 전쟁에 기초하고 있는 것이다. 따라서 이 평화는 소외된 존재들에게 그들의 상실한 동일성〔정체성〕을 되돌려주지는 못한다. 그러기 위해서는 존재와의 원초적이면서도 독창적인 관계가 필요하다"(*TI*, x).

'도덕적 의식', 곧 '양심'을 거론하는 자리에서 레비나스는 존재와 맺는 관계, 곧 존재하는 타인들과 맺는 관계의 변화를 요청한다. 그의 논지를 따르면 전쟁은 또 다른 전쟁을 부른다. 이렇게 해서 얻은 평화는 전쟁을 기초로 한 평화일 뿐——칸트의 말을 빌리자면——'영원한 평화'에 이르지 못한다.[7] 그러므로 우리는 타인들과 전적으로 '원초적이면서 독창적인 관계'를 맺을 필요가 있다고 레비나스는 주장한다. 전쟁 위에 기초한 평화, 언제나 새로운 가능성의 전쟁을 앞에 두고 우리의 지성과 이성을 사용하는 정치와는 다른 평화, 다른 정치 가능성을 모색해야 할 필요를 강조한 것이다. 전쟁 위에 기초한 평화와는 다른 방식의 평화, 다른 방식의 정치가 가능할 수 있는 근거를 어떻게, 어디서 찾는가 하는 것이 문제가 된다.[8]

전쟁의 존재론과 메시아적 평화의 종말론

전쟁 위에 기초한 평화와는 다른 방식으로 평화를 찾을 수 있는 가능성의 단서를 레비나스는 이렇게 모색한다.

역사적으로 보면 도덕은 메시아적 평화의 종말론이 전쟁의 존재론 위에 겹치게 될 때 정치와 대립하는 위치에 서게 될 뿐 아니라 처세의 기능이나 미의 기준을 초월하여 절대적이고 보편적으로 타당한 것으로 주장된다. 철학자들은 이와 같은 도덕을 경계한다. 물론 그들 역시 평화를 주장하기 위해 그것을 이용하기도 한다. 그들은 과거나 현재의 전쟁 속에서 나름의 역할을 담당하는 이성으로부터 궁극적인 평화를 추론해낸다. 즉 그들은 정치 위에 도덕을 세운다. 철학자들은 종말론을 미래에 대한 주관적이고 자의적인 예언이요, 증거 없는 계시의 열매요, 믿음의 보고로 본다. 그들이 보기에 종말론은 당연히 의견(doxa)의 영역에 속한 것이다(*TI*, x).

이 구절의 의미가 무엇인가를 읽어내기가 그리 쉽지는 않다. 하지만 나는 '메시아적 평화의 종말론'과 '전쟁의 존재론'을 대립시키면서 '전쟁의 존재론' 위에 '메시아적 평화의 종말론'이 겹치게 되었다는 말을 고대 그리스 철학 전통 위에 유대 기독교 전통이 들어서게 되었다는 말로 이해한다. 만일 이 이해가 옳다면 고대 그리스 전통에 유대 기독교 전통이 들어옴으로써 도덕의 위치가 절대적이고 보편적으로 타당한 것으로 더욱 강화되었다는 말로 레비나스를 이해하는 것도 옳을 것이다. 레비나스가 말하고자 하는 것은 나의 읽기 방식을 따르면 두 가지이다. 첫째, 고중세를 거치면서, 예컨대 칸트에 이르러 도덕이 절대적이고 보편타당한 규칙으로 등장했다는 것이다. 이런 의미에서 상황에 의존하는 정치와 도덕은 엄밀하게 구별된다. 둘째, 그럼에도 철학자들은 이런 의미에서의 절대적 도덕을 불신했다는 것이다. 나름대로 도덕을 끌어들이기는 하지만 도덕을 정치, 곧 이성적 계산 위에 두었다는 것이다. 다시 말해 도덕이 정치의 기초가 아니라 정치가 도덕의 기초가 되었다는 말이다. 그렇게 함으로써 철학자들은 메시아적 평화를 내세우는 종말론을 플라톤의 앎(episteme)과 의견(doxa)의 구별에 따라 의견의 영역으로 밀어내버렸다고 레비나스는 서술한다. 종말론에 대해서 레비나스의 논의를 좀더 따라가보자.

하지만 선지자적 종말론이라는 특별한 현상은 분명 철학적 명증성에 적응함으로써 사유 속에서 자신의 시민권을 얻고자 하지 않는다. 종말론은 종교들과 심지어 신학에서 일종의 신탁처럼 철학적 명증성을 '보충하는' 것으로 보인다. 종말론이 담고 있는 믿음의 확신은 철학적 명증성보다 더 확실하기를 바란다. 그리하여 종말론이 존재의 궁극성을 밝혀 드러냄으로써 미래에 대한 해명을 해주는 것처럼 보인다. 하지만 명증성으로 환원될 경우 종말론은 이미 전쟁으로부터 도출되는 전체성의 존재론을 받아들이는 것이 될 것이다(*TI*, x).

레비나스는 종말론이 종교나 신학에서 하는 역할을 우리가 확실하게 알 수 없는 미래에 대해 알려주는 일이라고 설명한다. 철학이 확실하게 보여줄 수 없는 것, 철학으로는 확실하게 알 수 없는 것을 종말론을 통해 보충받고자 하는 인간의 일반적인 욕망을 지적한 것이다. 그런데 만일 종말론에 이런 기능이 부여된다면 종말론은 현재의 시점에서, 현재의 연장으로서의 미래를 조종하고 파악하려는 또 다른 형태의 인식의 통로에 지나지 않는다. 그러므로 이렇게 이해된 종말론은 '이미 전쟁으로부터 도출되는 전체성의 존재론'을 수용하기 때문에 영원한 평화를 위한 가능성을 모색하는 통로가 될 수 없다. 그렇다면 레비나스가 생각하는, '전쟁의 존재론' 또는 '전체성의 존재론'을 넘어서는 종말론은 무엇인가? 위 인용문에 곧장 이어나오는 다음 구절을 읽어보자.

종말론의 진정한 의미는 다른 데에 있다. 그것은 전체성 속에 목적론적인 체계를 도입하지 않으며, 역사의 방향을 지시하는 일에 존립하지 않는다. 종말론은 '전체성' 혹은 역사를 '넘어서' 존재와 관계를 맺는 것이지, 과거와 현재를 넘어서 존재와 관계를 맺는 것은 아니다. 또한 그것은 전체성을 에워싸고 있고, 그 안에서 우리가 자의적으로 바라는 것을 믿을 수 있고, 마치 바람과 같이 자유로운 주체성의 권리를 고양시킬 수 있는 공허와 관계를 맺는 것도 아니다(TI, x-xi).

평화의 가능성을 열어줄 수 있는 통로로서 레비나스가 의도한 종말론은 역사의 끝에 일어날 일에 대한 논의도 아니고 존재하는 세계 전체를 설명하고 이해하고 파악할 수 있는 인식 체계도 아니다. 그러므로 레비나스는 그가 의도한 종말론은 "과거와 현재를 넘어서 존재와 관계 맺는 것은 아니다"라고 말한다. 과거와 현재를 지나, 같은 선상에서, 역사의 흐름을 최종적으로 종결짓는 의미에서의 종말론이 아니라는 말이다. 다시 말해 레비나스의 종말론은 '전체성 속에 목적론적인 체계'를 도입하거나 '역사의 방향'을 지시하기 위해 제안된 것이 아니라는 말이다. 그렇다면 어떤 종말론인가? 전체성을 넘어, 역사를 넘어서 존재와 관계하는 방식, 그것이 레비나스가 의도한 종말론이다. 말하자면 역사의 연속선에서 그 끝에 오는 종말론이 아니라 역사와 전체성을 넘어, 끝에서뿐만 아니라, 현재 순간에서도 그 한계를 넘어선, 말하자면 수평선상에서 그려낼 수 있는 것이기보다는 수직선상에서, 저 너머로부터 곧장, 지금, 여기로 침투해오는 차원의 종말론이다. 그러므로 레비나스는 이런 의미의 종말론을 전체성을 에워싼 일종의 빈 공간과도 구별한다. 앞의 글에 이어 그는 이렇게 말한다.

종말론은 '전체성에 대해서 언제나 외재적인 잉여'(un surplus toujours extérieurs à la totalité)와 관계를 맺는다. 이것은 마치 객관적인 전체성이 존재의 진정한 용량을 채우지 못하는 것과 같으며, 또 다른 개념, 즉 '무한자'(l'infini)라는 개념이 전체성에 대하여 이러한 초월을 표현해야 하는 것과 같다. 이때 무한자는 전체성 속에 포함될 수 없는 것이며, 전체성만큼이나 원초적인 것이다(*TI*, xi).

드디어 영원한 평화를 가능케 할 종말론으로 레비나스가 드러내고자 하는 현실이 어떤 것인지 적어도 그 이름만은 이제 호명되었다. 그것은 전체성의 관점에서 보면, 또는 전체성과 관련해서 보자면 '잉여', '나머지', '가외'(加外)와 같은 것과의 관계이다. 그 현실은 있음의 눈으로 보면 없는 것 같다. 따라서 포착할 수 없고, 한계지을 수 없고, 내 손에 집어넣을 수 없는 존재의 차원, 아니, 존재를 넘어서는 차원이다. 이것과의 관계를 레비나스는 신학적 용어인 '종말론'이라 부른다. 이 현실, 이 존재, 아니, 이 현실과 이 존재의 초월을 보여주는 개념으로 레비나스는 '무한자'를 지목한다. 전체성으로 포괄할 수 없는 현실, 전체성과 관계해서 초월을 표현하는 용어로서 무한자가 사용된 것이다. 레비나스는 이때 말하는 무한자가 지금, 여기를 무한히 확장해서, 저 너머에 있는 현실을 지칭하는 말이 아님을 곧장 상기시킨다.

종말론과 무한자와 타자의 이념

여기서 잠시 레비나스가 도입한 무한자의 개념에 대해 생각해보자. 무한자는 그 말뜻만 두고 보면 제한 또는 한정이 없는 것이라고 이해된다. 우리는 어떻게 제한 또는 한정을 생각하는가? 우리 마음대로 움직일 수 있는 상황을 생각해보자. 그런데 우리는 우리 마음대로 할 수 없도록 하는 어떤 벽이나 한계에 직면한다. 그때 우리는 행동, 생각이 어떤 것에 의해 제한되고 한정되는 경험을 한다. 우리의 경험은 이런 의미에서 유한하다. 그러나 일상적 욕망은 어떤가? 제한이나 한정, 한계를 벗어나고자 애쓴다. 무한에 대한 욕망이 있다. 주어진 조건, 주어진 상황을 벗어나, 끊임없이 진전하고 끝없이 나아가고자 하는 욕망이 우리에게 있다. 이런 의미에서 욕망은 '무한'하다. 그러나 레비나스가 '무한', 또는 '무한자'라는 개념을 쓸 때는 이런 방식과는 다르다. 지금 얘기한 방식은 주어진 경험의 한계에서 시작한다. 그리고 그것을 무한히 확장하고자 하는 욕망에서 무한을 설정한다. 무한은 이런 의미에서 유한의 부정(否定)이며 동시에 유한의 확장(擴張)이다. 출발점은 언제나 유한이다.[9]

　레비나스는 무한자라는 개념 또는 이념을 쓸 때 데카르트를 언급한다. 데카르트는『성찰』제3성찰의 신 존재 증명 과정에서 무한자라는 이념을 도입한다. 나는 예컨대 악한 신에게 속임을 당할 수 있다. 속임을 당한다는 것은 내가 유한하다는 증거이다. 그런데 내가 유한하다는 것을 어떻게 아는가? 유한은 무한에 대한 인식이 있을 때에야 비로소 인식될 수 있는 것이다. 그런데 무한에 대한 의식, 무한자에 대한 의식은 어떻게 주어지는가? 나는 유한자이다. 그렇다면 유한자로서 나는 무한자를 생각할 수 없다. 왜냐하면 작은 자는 큰 자를 생각할 수 없기 때문이다. 어떻게 뱁새가 황새를 따라갈 수 있겠는가? 그러나 나는 나의 유한을 인식한다. 내가 유한을 인식하는 것은 무한의 이념, 무한자의 이념에 비추어 볼 때 가능하다. 그런데 무한자의 이념에 내가 어떻게 유한자인 나를 비추어 볼 수 있는가? 그것은 나에게 무한자의 이념이 있기 때문이다. 그런데 유한자인 나에게 어떻게 무한자의 이념이 있는가? 그것은 내가 생산한 이념일 수 없다. 왜냐하면 유한자는 무한자를 생산할 수도 없고 이해할 수도 없기 때문이다. 그렇다면 어떻게 무한자의 이념이 나에게 있는가? 나에게 무한자의 이념이 있는 것은 그것이 밖으로부터 주어지지 않고서는 가능하지 않다. 무한자의 이념은 따라서 밖에서 나에게로 온 것으로밖에는 생각할 수 없다. 무한자의 이념은 이런 의미에서 내 밖에 있고(外在性), 나와 다른 것이다(他者性).

그런데 이런 무한자를 생각하고 무한자와 관계 맺는 방식을 레비나스는 어떻게 종말론이라 부를 수 있는가? 종말론은 문자 그대로 종말(eschaton), 곧 끝에 관한 이야기(logia)이다. 그렇다면 존재의 종말, 역사의 종말에 관한 이야기일 때 일컬어 종말론이라 할 수 있다. 과거에서 현재로, 현재에서 미래로 향하는 시간의 흐름에서, 시간의 끝에 오는 것에 관한, '마지막 것'(das letzte Ding)에 관한 논의가 문자 그대로 종말론이다. 그러나 레비나스가 종말론이라 부른 것은 전혀 다르다. 레비나스의 종말론은 역사와 시간의 관점에서 보면 오히려 비종말론, 무종말론 또는 '종말론의 부정'이라 불러야 한다. 왜냐하면 레비나스의 종말론은 사실은 역사의 끝, 존재의 끝에 관한 얘기가 아니라 오히려 끝날 수 없는 것, 한계지을 수 없는 것, 따라서 우리가 손에 넣을 수 없는 무한자에 관한 얘기이기 때문이다. 이 종말론은 역사 저편에, 역사 너머에 있으면서 동시에 역사 속으로, 지금, 여기로,

깊숙이 침투해 들어오는 존재와 다른 측면을 열어준다. 그러므로 레비나스는 앞에서 인용한 글에 이어 이렇게 말한다.

한편, 이와 같은 전체성과 객관적 경험의 '너머'는 완전히 부정적인 방식으로 기술되지 않는다. 그것은 전체성과 역사의 '내부'(l'interieur)에, 경험의 '내부'에 반영된다. 역사의 '너머'로서의 종말론은 존재들을 역사와 미래의 심판으로부터 구해내며, 그들을 충만한 책임 속에서 생동시키고 그 책임으로 부른다(*TI*, xi).

레비나스의 종말론은 전체성과 역사 저편을 넘어가는 것만으로 무한자를 그리지 않고 지금 여기에, 이 현실 속으로 무한자가 침투해 들어오는 것을 그려낸다. 말하자면 레비나스의 무한자는——이것은 타자에 대해서도 마찬가지로 적용된다——여기, 이곳과 무관하게 저 너머의 차원으로 떠나 있는 것이 아니라 지금, 여기에, 경험과 역사 '내부'에 새로운 삶의 현실로 침투한다. 이로 인한 결과를 레비나스는 두 가지로 지목한다. 존재자들을 역사와 미래의 심판으로부터 구해내는 것이 하나이고, 존재자들을 책임적 존재로 활성화시킨다는 것이 또 다른 하나의 결과이다.

먼저 첫 번째 것부터 생각해보자. 전체성의 관점, 역사의 관점에서 볼 때 삶의 현실은 인과적 연쇄 관계를 벗어날 수 없다. 과거는 현재에, 현재는 미래에 동일한 힘으로 작용하는 방식만을 생각한다면 우리는 과거의 짐을 벗어날 수 없다. 미래는 과거와 현재의 연장선에 있으며 삶을 영위하는 존재자들은 이 시간의 심판을 벗어날 수 없다. 그러나 무한자를 통해, 무한자와의 만남을 통해, 수평적이 아니라 수직적으로 전체성을 깨고 침투해오는 새로운 현실은 이 짐으로부터 벗어나게 해준다. 새로운 시작의 가능성이 이를 통해 열린다. 이로 인해 존재자들은 과거와 현재와 미래 시간의 흐름이라는 인과적 연쇄로부터 새로운 시작을 할 수 있다. 만일 이 인과로부터 벗어날 수 없다면 역사 자체가 곧 역사와 시간의 심판이며, 용서는 불가능하다.

두 번째 레비나스가 지적한 것은 전체성을 깨뜨리는 무한자와의 관계를 통해 존재자는 책임적 존재로 부름받는다는 점이다. 여기서 우리는 레비나스 철학의 중심 개념 가운데 하나인 '책임'이란 개념을 만난다. 책임(responsabilité), 곧 부름에 응답할 수 있는 능력은 전체성의 체계 속의 한 요소로 존재하는 이에게는 불가능하다. 그러므로 전체성의 틀을 벗어나서, 전체성의 틀을 깨뜨리는 무한자와의 만남을 통해, 다시 말해 부름받은 이로서의 자기 확립을 통해 비로소 부름에 응답하는 존재, 책임적 존재가 될 수 있다. 모든 것을 자기 안으로 통합하고 흡수하고 동원하는, 전쟁에 기초한 전체성 안에서는 응답하는 주체가 들어설 자리가 없다. 응답하는 주체, 곧 책임적 주체, 다시 말해 윤리적 주체는 자기 발로 설 수 있는 내부적 공간이 주어질 때 가능하다. 레비나스는 이어서 이렇게 쓰고 있다.

이 '너머'는 종말을 형성하는 전쟁 바깥의 관점에서 역사 전체를 심판에 맡기는 것을 통해 매 순간마다 순간 자체에 그 충만한 의미를 복원시킨다. 모든 사건들은 재판에 회부될 수 있을 정도로 성숙해졌다. 최후의 심판이 중요한 것이 아니라 살아 있는 자들을 심판하는 시간 속에서 모든 순간들에 대한 심판이 중요하다. 심판에 대한 종말론적인 생각은 (헤겔이 그릇되게도 심판의 합리화로 보았던 역사의 심판과는 반대로) 존재들이 영원성 '이전', 역사의 완성 이전에, 시간이 바뀌기 이전에, 아직 시간이 남아 있을 때, 동일성을 가지고 있다는 사실을 내포하고 있다(*TI*, xi).

레비나스의 '메시아적 평화의 종말론'은 역사의 종말, 시간의 종말을 예측하고 얘기하는 종말론이 아니다. 그것은 더구나 현재를 부정하고 신천지를 꿈꾸는 말세론이 아니다. 레비나스의 종말론은 무한자가 전체성의 틀, 전체성의 체계를 깨고, 전체성 속으로, 역사 속으로 침투해 들어와 새로운 시간, 새로운 가능성을 배태하는 종말론이다. 그러므로 역사 전체의 옳고 그름을 심판하는 것을 통해서 시간 전체의 흐름으로 포섭될 수 없는 순간 그 자체의 의미를 회복한다. 순간의 회복, 과거와 현재와 미래의 단일선상의 시간에 종속될 수 없는 매 순간의 회복을 통해 존재자는 동일성을 확보한다. 동일성을 가진 주체, 그리하여 책임을 질 수 있는 주체의 가능성은 모든 심판, 모든 재판의 선행 조건이다. 그러자면 순간을 자기의 시간으로, 자기 것으로 짊어질 수 있는, 전체의 한 부분이 아니라 절대적 개체로서 설 수 있는 주체의 등장이 있어야 한다. 시간과 역사의 정당성에 대한 심판 또는 재판보다, 모든 순간마다 그 순간을 자기 것으로 삼을 수 있는 책임적 주체의 성립이 선행되어야 한다. 다시 말해 심판 또는 재판은 정의(justice)를 요구한다. 그런데 정의는 '각자의 것을 각자에게'(suum cuique) 돌릴 수 있는 개체의 자기 동일성과 자기 동일성을 지닌 개체의 책임을 요구한다. 그렇지 않고서는 정의가 없고, 정의 없이는 평화가 없다. 히브리어를 빌려 표현하자면 미쉬팟(mishipat) 없이 샬롬(shalom)은 주어지지 않는다.[10]

자기, 책임, 말, 윤리

최후의 심판보다 순간의 심판의 중요성과 동일성을 지닌 존재자의 출현을 얘기한 다음 레비나스는 이어서 이렇게 쓰고 있다.

〔종말론적 심판의 이념은〕또한 존재들이 전체성으로부터가 아니라 자기에서 출발한(à partir de soi) 모종의 관계 속에서 존재한다는 사실을 의미하고 있다. 역사를 초월하는 존재에 대한 이념은 존재 속에 연루됨과 동시에 개인적이고, 자신들의 소송에 응답하도록 요구받는, 따라서 이미 성숙한 모습을 한 '존재자들'(étant's)을 가능하게 해준다. 이 '존재자들'은 바로

이를 통해 역사의 익명적인 말에 그들의 입술을 빌려주는 대신 스스로 말할 수 있는 존재자들이 된다. 평화는 말을 할 수 있는 능력으로 발생한다(*TI*, xi).

우리는 여기서 레비나스 철학에서 반복되는 또 다른 개념 곧 '자기'(soi)라는 개념을 만난다. 자기는 전체성과 대비되는 개념으로 여기에 등장한다. 역사의 균열, 전체성의 깨뜨려짐은 무한자와 관계할 수 있는 자기의 등장으로 가능하다. 여기서 자기는 '나'라는 이름으로 남에게 자신을 내세우는 자아(moi)가 아니라, 앞 문단의 표현을 따르자면 "영원성 '이전', 역사의 완성 이전에" 이미 자신을 부름에 내어놓음으로 창조된 자기이다. 이 자기는 이미 부름을 받았고, 무엇보다 앞서 정의 앞에, 정당한 행위와 판단 앞에 소환된 존재이다. 역사를 초월하는 종말론의 이념으로 가능해진 '자기'는 두 가지 모습을 동시에 가진다. 자기는 존재와 연루되어 있으면서, 다시 말해 타자와 타인들과 연관을 맺으면서도 자기 자신으로서의 고유한 독립적 인격성을 지닌다. 만일 독립성이 없다면 관계가 가능하지 않고, 만일 관계가 없다면 부름에 응답할 수 없다. 독립성은 부름받는 자기가 자기로서의 개체성과 인격성을 유지할 수 있는 조건이고, 관계성, 곧 전체성에서 출발한 관계가 아니라 자기에서 출발한 관계의 가능성은 자기 자신과 타인에 대해 응답하는 존재, 책임적 존재로 만들어준다.

이 문단에서 중요한 대목은 이렇게 자기 자신과 타인에 대해서 응답하고, 답변하고, 책임질 수 있는 존재자는 무엇보다도 스스로 자기 입술로 '말할 수 있는 존재'라는 것이다. 그런데 말이 왜 중요한가? 전쟁, 정치를 제대로 하는 데는 무엇보다도 말이 중요하다. 말 없는 전쟁, 말 없는 정치는 불가능하다. 그러므로 정치에 관심을 두었던 소피스테스는 무엇보다도 말의 전문가들이었다. 나치의 선전장관 괴벨스도 말을 통한 선동 정치를 주도하였다. 그런데 이 정치의 말은 어떤 말인가? 통제하고 지배하고자 하는 의도로 주어진 말, 한 말——레비나스의 용어로는 le dit——이다.[11] 들어야 하고, 수용해야 하고, 순종해야 할 말일 뿐, 그것에 대해서 대꾸하고, 되받고, 되씹고, 다시 따져볼 수 있는 말이 아니다. 순종함으로 사느냐 거부하느라 죽느냐, 설득을 통해 이기느냐 지느냐, 하는 두 가지의 선택만이 주어진 말이 전쟁의 말, 정치의 말이다. 전쟁의 말, 정치의 말은 된 말, 한 말일 뿐 내가 그것에 말 붙일 수 있는 말이 아니다. 나에게 요구되는 것은 침묵이고 묵종이다. 그러므로 만일 여기에 평화가 있다면 그 평화는 침묵을 통한 평화, 곧 전쟁 위에 기초한 평화일 뿐 제대로 누릴 수 있는 평화가 아니다.

그렇다면 어떤 말인가? 자기를 자기로서 내어놓는 말이다. 후기 철학의 용어로 말하자면 "내가 여기 있나이다!"(me voici, 히브리어로 hineni)라고 나를 내어놓는 말, 타인에 대해서 책임지는 이로서 자신을 내어놓는 말이다.[12] 이렇게 나를 내어놓는 가운데, 나와 타인, 나와 너는 다른 존재로, 어느 한쪽으로 환원될 수 없는 존재로 구별된다. 말은 너와 나를 구별한다. 말은 모든 것을 전체화하고 획일화하는 것을 막는다. 말을 할 수 있다는 것은 거리가 있다는 것이고, 거리가 있다는 것은 나와 너가 서로 존경할 수 있는 공간이 확보된다는 말이다. 레비나스는 이렇게 말한다. "언어의 관계는 초월, 근본적 분리, 대화 상대자의 타자성, 나에 대한 타자의 열어보여줌을 전제한다." 레비나스의 이 사상은 결국 발가벗은 얼굴로 나타나는 타자와의 말 걸기, 타자의 호소에 귀 기울이는 것으로 전개된다. 말은 타자와의 관계를 전제하고 타자와의 관계를 만들어준다. 나에게로 환원할 수 없는 타자의 존재를 내가 받아들임으로써 나는 타자와 비로소 평화를 세우는 일을 시작할 수 있다. 여기서 말은 내가 듣고, 귀 기울이고, 내가 하는 말——레비나스의 구별로는 le dire——이다.

말을 통해 이제 무엇이 들어오는가? 말하는 존재자의 출현으로 전체성의 세계 안에 무엇이 일어나는가? 윤리적 전망이 들어온다고 말하는 것이 아마 가장 정확한 대답이 될 것이다. 윤리적인 봄, 윤리적 시선의 가능성이 여기에 들어온다. 앞에서 논의한 글에 이어 레비나스는 곧장 다음의 문장들을 덧붙인다.

종말론적인 관점은 사람들의 입을 막고 있는 전쟁과 제국의 전체성을 깨뜨린다. 그 관점은 전체성으로 이해된 존재 속에서 역사의 종말을 겨냥하지 않는다. 오히려 전체성을 초월하는 존재의 무한성과 관계를 맺는다. 종말론의 첫 번째 '관점'〔목표〕

은 (실증 종교들의 계시된 의견들과는 구별되는) 종말론의 가능성 자체, 곧 전체성의 단절(la rupture de la totalité), '맥락 없는 의미작용'(une signification sans contexte)의 가능성에 이른다. 도덕적 경험은 이러한 관점으로부터 유래하지 않는다. 오히려 이 관점을 '완성시킨다'. 따라서 윤리란 하나의 봄이다(l'éthique est une optique). 하지만 이미지가 없는 '관점'이고, 관점이 통상 갖는 미덕들, 예컨대 개괄적으로 객체화하고, 관점을 전체화하는 미덕을 가지고 있지 않은 관점이며, 전혀 다른 유형의 관계나 지향성을 나타내는 관점이다. 바로 이것을 기술하는 것이 본서의 주된 목적이다(*TI*, xi-xii).

『전체성과 무한자』 서문 첫 부분을 마무리하는 자리에서 레비나스는 평화를 가능케 하는 종말론의 목적을 드러낸다. 첫 문장에 따르면 타자와 무한자의 관점을 철학 속에 끌어들이는 까닭은 "사람들의 입을 막는 전쟁과 제국의 전체성"을 깨뜨리기 위함이다. 사람들이 말을 하게 하는 것, 말의 길, 말의 공간을 가능하게 하는 것이다. 내 바깥에 존재하는 타자와 타인을 전제하지 않고서는 말을 할 수 없다. 타자를 제거하거나 동일자로 환원하는 전쟁이나 제국의 논리에서 말의 길은 막힌다. 타자와 말을 주고받고, 타자를 부르고, 타자의 부름에 응답하는 가운데 삶은 의미를 얻는다. 그러므로 평화를 세우기 위해서는 무엇보다 사람들이 말을 못하도록 입을 막는 '전쟁과 제국의 전체성'을 깨뜨리는 것, '전체성의 단절'이 레비나스 철학의 1차 과제가 된다.『존재에서 존재자로』에서 시작되고『시간과 타자』를 통해『전체성과 무한자』에서 완성되는 서양 존재론 비판이 바로 이 과제를 수행한 것이다.[13]

　　레비나스의 종말론은 무한자와의 관계 맺음을 지향한다. 이를 통해 윤리적 관계를 보이고 평화의 가능성을 위한 토대 놓기라는 과제가 레비나스의 이른바 '종말론'이 겨냥하는 두 번째 목표라고 할 수 있다. 여기서 종말론적인 관점, 종말론적인 방식으로 사물을 보고 세계와 인간을 보는 것으로 인해, 정치적인 삶의 질서 아래, 우리가 깨닫기도 전에, 이미 그 이전에 윤리적인 것이 그 아래 바탕으로 깔려 있음을 보여준다. 윤리는 레비나스의 말에 따르면 '봄'(optique)이다. 보되, 어떤 조형적인 것, 어떤 형상을 가진 것이 아니라 나에게 말을 걸어오고 호소해오는 고통 받는 이의 얼굴을 보고, 그 호소에 반응하는 데 윤리가 존재한다. 어떤 정치라도 이 봄이, 이 들음이, 이 수용이 토대가 되어야 한다는 것이 평화를 향한 레비나스의 열망이다. 그러므로 레비나스는 우리가 논의한 문단 바로 다음 문단에서 "평화에 대해서는 종말론밖에 없다"(*TI*, 24)고 단언한다. 타인의 얼굴을 수용하고 귀 기울이고, 환대하는 데 윤리가 존립하고, 이 가운데서 비로소 참된 주체성, '타인에 대한 환대로서의 주체성'이 확립된다는 것을 레비나스는 보이고자 한다. 이런 의미에서 레비나스는 자신의 책을 무한자의 이념에 토대를 둔 '주체성의 변호'라고 부른다(*TI*, xiv).

평화, 차이와 다름의 인정에서

레비나스의 철학이 동아시아의 정치와 사회 상황에 어떻게 적용될 수 있을지, 그리고 더구나 중국과 일본, 일본과 한국, 또는 중국과 한국의 관계에서 그와 같은 사상이 어떻게 적용될 수 있을지 잘 모른다. 그러나 레비나스의 사상은 우리에게 몇 가지 생각의 단초를 제공해준다고 믿는다.

무엇보다도 동아시아의 평화는 전쟁의 폭력에 근거한 평화일 수 없다. 그럴 수 없다는 것을 우리는 19세기와 20세기 역사에서 너무나 명백하게 보았다. 전쟁은 전쟁을 부르고, 미움은 또 다른 미움을 부른다. 그러면 무엇을 통해 평화를 누릴 수 있는가? 하나의 가능한 모형은 예컨대 '대동아공영권'과 같은 공동운명체의 의식을 갖도록 하는 것이다. 공동의 운명, 공동의 유산, 공동의 문화적 전통을 강조하는 방법이다. 분명히 3국은 공통점을 많이 가지고 있다. 한문을 공유하고 있다는 점이나, 불교와 유교의 텍스트를 숙지하고 존중한다는 점이나, 공동의 교육과 문화유산을 가지고 있다는 점에서 3국은 비슷하다. 그럼에도 제국의 꿈을 꾼 것으로 인해 서로간에 많은 상처를 입힌 것이 과거의 역사였다.

라인홀드 니버는 일찍이 한 개인은 도덕적일 수 있을지라도 한 집단은 결코 도덕적일 수 없다고 보았다.[14] 만일 이 생각을 따른다면 중국인, 일본인, 한국인, 각각 한 개인은 도덕적일 수 있을지라도 한 집단이 될 때는 상대방에 대해서 결코 도덕적일 수 없다는 결론을 내려야 한다. 그렇다면 평화는 영원히 불가능할 것이다. 만일 지금 평화가 주어져 있다고 하더라도 그 평화는 언제나 깨어질 수 있다. 그렇다면 그 대안이 무엇인가? 중국과 한국, 그리고 일본은 비록 공통점이 있지만 서로 다른 민족이며, 서로 다른 언어를 사용하며, 서로 다른 영토를 차지하고 있다는 사실을 인정하고 존중하는 것이 중요하다고 생각한다. 동일성, 유사성, 공통성을 찾는 것보다는 오히려 차이와 다름을 인정하고 서로 다른 주체임을 존중하는 것이다.

　여기에 중요한 것은 서로 말을 걸고 듣는 일이다. 말을 주고받는 그동안은 나는 너에게로, 너는 나에게로 흡수되지 않는다. 왜냐하면 거리를 전제하지 않고서는 진정한 말의 주고받음이 가능하지 않기 때문이다.[15] 이때 중요한 것은 타인을 수용하고 환대하는 주체로 서는 것이다. 그렇게 하기 위한 조건은 역시 성숙이다. 성숙한 자아로 서는 것, 이것이 개인으로서뿐만 아니라 집단으로서 동아시아인들이 평화를 누릴 수 있는 길이 될 것이다. 그러자면 역시 말할 수 있어야 하고, 말을 서로 나눌 수 있어야 하고, 상대방의 비판에 자신을 회부할 수 있어야 하고, 상대방의 호소에 귀 기울일 수 있어야 한다. 민족 문제와 문화 문제, 모든 문제에서, 우리의 일상적 삶에서 타자를 존중할 때 하는 말, 즉 "먼저 하십시오! 제가 뒤에 하겠습니다"(Après vous ; After you)라고 말할 수 있어야 한다.[16] 평화를 위해서 가능한 조건 가운데 이런 것들을 우리는 레비나스로부터 배운다.

'정'답게 세상을 보다

    지금까지 나와 타인의 관계, 전쟁과 평화 등에 관해 생각해보았다. 이 모두는 결국 인간관계에 관한 것이다. 그런데 인간관계 가운데서도 정(情)만큼 중요한 것이 또 있겠는가? 그런데, 정이란 도대체 무엇인가? 정을 어떻게 이해해야 할 것인가? 생각해보면 우리는 정을 그리워하기도 하고 정 때문에 괴로워하기도 한다.[1] 정은 너무 많아도 문제이고 없어도 문제가 된다. 정이 무엇인지, 정을 느낀다는 것이 어떤 것인지 사람이면 누구나 알고 있다. 그러나 정이 무엇인지 누군가 우리에게 설명해보라고 하면 쉽게 설명할 수 없다. 쉽게 설명할 수 없는 것을 그려보고 삶의 전체 모습에서 어떤 자리를 차지하는가 생각해보는 것이 철학의 과제라면, '정'은 여러 주제 가운데서도 좋은 주제가 아닐 수 없다. 왜냐하면 오늘처럼 각박해진 세상에 사람들은 오히려 정을 그리워하고 정을 필요로 하기 때문이다. 그러므로 이 장에서는 우리말 가운데 '정'(情)이 여러 가지로 쓰이는 방식을 잠시 살펴본 다음 정이 어떤 현상인지, 정을 일으키는 동기가 있다면 무엇인지, '같음'을 토대로 한 정과 '다름'을 토대란 한 정이 어떻게 다른지 알아보자. 나는 이 글에서 일종의 정의 현상학을 시도한 다음, 정의 해석학, 정의 윤리학을 펼쳐볼 것이다.

'정'으로 본 세상

일상생활 가운데 흔히 쓰고 있는 낱말들을 살펴보면 '정'과 관련된 말이 의외로 많다. 우선 무엇보다도 정이 사람에게만 있는 것이 아님을 우리말은 보여준다. 정에는 물정(物情)이 있고 사정(事情)이 있고 인정(人情)이 있다. 이것들을 합쳐 우리는 세정(世情)이라 부른다. 정은 사람과 사람, 사람과 사물, 그리고 세상에 일어나는 사건이 함께 세상을 빚어내는 방식이고 빚어낸 상태라고 말할 수 있다. 물정이나 사정을 나타낼 때 흔히 정황(情況)이니 정세(情勢)니, 정조(情調, 情操)니 실정(實情)이니 하는 표현을 쓴다.

사람의 정, 곧 인정(人情)을 나타낼 때는 이보다는 훨씬 더 다양한 표현들이 쓰인다. 감정(感情)이니 정서(情緒)니 정감(情感)이니 하는 말들은 인정을 표현하는 중립적인 용어로 쓰이지만 유정(有情), 동정(同情), 다정(多情), 온정(溫情), 열정(熱情)처럼 따뜻한 색깔을 지닌 정은 긍정적으로, 이와는 달리 무정(無情), 냉정(冷情), 박정(薄情), 그리고 마침내 비정(非情)에 이르면 차가운 느낌으로 인해 부정적인 뜻으로 쓰인다. 부모와 자식, 남자와 여자, 친구와 친구, 개인과 집단 사이에 흐르는 인정을 표현하는 말로는 부정(父情), 모정(母情), 애정(愛情), 모정(慕情), 우정(友情), 충정(忠情) 등이 있다. 남녀와 관련해서는 연정(戀情), 정념(情念), 욕정(欲情)이란 말이 쓰인다. 정분(情分)이나 통정(通情)도 남녀간의 관계를 표현할 때 등장한다.[2] 자식이 부모에게, 형제와 형제끼리, 제자가 스승에게, 스승이 제자에게 느끼는 정을 일컫는 말이 따로 없는 것이 이상하기는 하지만 이들 사이에 어찌 정이 없겠는가.

'정'은 '맛'이나 '멋'과는 달리 고유한 우리말이 아니다. 중국에서 들어온 한자말이다. 그러나 그렇다고 해서 우리의 정서와 감정을 제대로 표현하지 못한다고 말할 근거는 없다. 정은 중국말이 아니라 이미 우리말이다. 우리가 정과 관련된 단어를 이렇게 많이 가지고 있다는 것이 무엇보다 놀랍다. '정'이라는 한 낱말을 이렇게 많은 다른 낱말과 결합해 쓴다는 것은 한자의 조어력에 힘입고 있음이 틀림없다. 또한 이는 한국어를 쓰는 사람들의 세계와 인간을 보는 눈이 '정'으로 얽혀 있음을 보여주는 사례가 되기도 한다. 정을 통해 우리가 사시사철 변화하는 자연과 관계를 맺고, 정을 통해 사물과 사건의 변화와 흐름을 감지하고, 정을 통해 사람과 관계한다는 뜻이다. 그러므로 세계와 인간을 객관적으로, 초연하게, 감정을 전혀 개입시키지 않고, 마치 저 세상 사람이 쳐다보듯이 그렇게 대하지 않는다. 주관과 객관의 분리가 여기에는 없다. 언제나 가까이 서서, 감정을 개입시켜서, 온몸으로 사람과 일을 대하는 것이 우리들이 가진 일반적인 정서라고 하겠다. '정겹게', '정답게' 세상을 본다고 말할 수 있다.

그러나 그렇다고 해서 사물을 어떻게 보아야 할 것이며 어떻게 판단할 것인가 하는 이치가 없는 것은 아니다. 분명히 이치가 있고 원리가 있고 법도가 있다. 특별히 성리학 전통에서는 이치를 강하게 주장하였다. 그러나 이것들은 구체적으로 발생하는 사건이나 사물의 흐름과 별개의 것이 아니라, 정을 통해 비로소 파악되고 이해되는 세계의 내적 구조라 할 수 있다. 조선시대 학자들은 이것을 이(理)와 기(氣)의 관계로 표현해보고자 애썼다. 그러나 불행하게도 이와 기를 에워싼 치열한 논쟁 속에서 정의 모습을 현상학적으로 드러내는 일에는 누구도 관심을 보이지 않았다.

한자 문화권에서 '정'이란 말이 사용된 배경에 대한 치밀한 연구는 아직 없다. 앵거스 그레이엄의 연구에 따르면 사람과 사람 사이를 오가면서 사람을 결속시키는 감정이란 뜻으로 '정'(情)을 쓴 경우는 원시 유가나 도가 문헌에는 나타나지 않는다. '정'이란 단어를 인간의 정념이나 감정의 뜻으로, 하늘로부터 품수받은 성(性)과 대립해서 사용하기 시작한 것은 송대 신유학 이후이다. 그렇다면 정이란 한자가 그 이전에도 있었다는 점은 어떻게 설명될 수 있는가? '정'은 송대 이전에는 사물의 '본질', '알맹이', '실체' 또는 형용사 용법으로는 '참된', '진실된'이란 뜻으로 쓰였다. 그레이엄은 우리가 '사단칠정'(四端七情)이라고 할 때 칠정의 출전이 되는 『예기』(禮記) 「예운」(禮運)의 "하위인정, 희로애구애

오욕, 칠자불학이능"(何謂人情, 喜怒哀懼愛惡欲, 七者弗學而能)
이란 구절을 "What is meant by 'the genuine in man'?
Pleasure, anger, sadness, fear, love, hate, desire, these
seven we are capable of without having learned"라고 번역
한다. 곧 "'사람에게 있는 진정한 것'이란 무슨 뜻인가? 기쁨과
분노와 슬픔과 두려움과 사랑과 미움과 욕망, 이 일곱 가지는 배
우지 않고도 우리가 할 수 있는 것이다"라고 번역한다.[3)

그레이엄은 여기서 '인정'(人情)을 '사람에게 진정한 것', '사
람에게 본질적인 것'이란 뜻으로 본다. 희로애구애오욕(喜怒哀懼
愛惡欲), 이 일곱 가지가 사람이 가진 '정'이고 이 일곱 가지 '정'
이 "사람을 사람답게 하는 진정한 것"이라 해석하는 것은 우리의
맥락과 관련해서 무의미한 것은 아니라고 생각된다. 만일 이 칠
정이 사람에게 본질적이라는 주장을 하게 된다면 아마 당장 사람
에게는 그보다 더 본질적인 것, 곧 불쌍히 여기는 마음(측은지심,
惻隱之心), 부끄러움을 아는 마음(수오지심, 羞惡之心), 양보하
는 마음(사양지심, 辭讓之心), 옳고 그름을 구별하는 마음(시비
지심, 是非之心)이 있다고 말할 수 있을 것이고, 이것은 사람이
하늘로부터 받은 본성인 인의예지(仁義禮智)에서 우러나온 것들
이므로 하늘의 이치, 곧 '이'에 따라 움직인다는 주장이 가능하
다.[4) 그렇게 되면 우리는 쉽게 조선시대에 있었던 이기(理氣)와
사단칠정(四端七情)을 에워싼 논쟁에 뛰어들게 될 것이다.

서양말에서는 우리말의 '정'에 꼭 들어맞는 말을 찾기가 쉽지

않다. 아마도 가장 가까운 말은 영어로 '휴먼 어펙션'(human affection)이 아닐까 생각한다. 그러나 이 어펙션이란 말도 라틴어 아펙치오(affectio), 그리고 이와 관련된 아펙투스(affectus)를 염두에 둔다면 우리가 '정'이라고 부르는 것보다 훨씬 넓은 외연을 지닌 말임을 알 수 있다. 예컨대 스피노자는 『에티카』 3부에서 바로 이 아펙투스(affectus)의 문제를 다루고 있는데 감정과 관련된 거의 모든 것이 다루어지고 있다. 데이비드 흄은 패션(passion)이란 이름으로 정서와 감정의 문제를 다루고 있지만 우리가 '정'이라 부르는 것과는 분명히 거리가 있다.

서양 전통에서 감정의 문제를 최초로, 가장 포괄적으로 다룬 철학자를 꼽자면 역시 아리스토텔레스일 터인데, 『수사학』 2권에서 파테(πάνη)란 제목으로 다루고 있는 것도 예컨대 분노, 온유, 사랑과 증오, 두려움, 부끄러움, 호의, 연민, 시기 등이다. 그런데 아리스토텔레스가 다루고 있는 것 가운데 우리의 주제와 아무래도 가장 가까운 것은 필리아(Φιλία)가 아닐까 생각한다. 아리스토텔레스의 『니코마코스 윤리학』 8권과 9권은 이 문제에 집중한다. '필리아'는 보통 '우정'이라 번역되고 있지만 임금과 신하 사이, 부모와 자식 사이, 남자와 여자 사이, 친구와 친구 사이의 감정적 유대를 표현하고 있는 말임을 고려할 때 '정' 또는 한 걸음 양보해서 '우애의 정'이라 번역하는 것이 그 뜻에 가장 가까울 것이다. 아리스토텔레스는 우리가 정을 생각해보는 데 도움이 되는, 가장 좋은 대화의 촉발자요 상대자라고 할 수 있다. 이제 분석을 좀더 밀고 나가보자. 정이란 도대체 어떤 현상인가? 먼저 정의 현상에 관한 물음을 던져보자.

정은 어떤 현상인가

앞에서 말했듯이 우리 한국 사람들은 사람에게만 정을 느끼지 않는다. 정을 느낄 수 없는 것은 세상에 아무것도 없다고 할 정도로 정은 우리에게 상당히 포괄적으로 이해된다. 어떤 일을 하려면 물정(物情)이나 사정(事情)이 어떤지 아는 것이 필요하다. 물정이나 사정은 사람들의 생각, 의도와 관련되어 있다. 자연적인 풍경이나 사물의 존재가 물정과 사정을 만들어내지는 않는다. 물정과 사정은 사물·사건·사람, 그리고 상황이 함께 빚어낸 결과라고 할 수 있다. 정에는 어떤 경우든 비록 주도적이지는 않다고 해도 인간적인 요소가 개입되어 있다. 인정(人情)의 경우에는 인간적 요소가 주도적인 역할을 하는 것은 두말할 필요가 없다. 왜냐하면 인정은 사람의 감정, 사람의 정서, 사람의 욕구, 사람의 이해를 두고 하는 말이기 때문이다. 집에서 키우는 개나 고양이, 식물, 그리고 좀더 넓게는 들판이나 산, 나무 등에 정을 느낄 수 있다. 그러나 역시 사람과 사람 사이에 오고 가는 감정의 교류가 여러 종류의 '정' 가운데서 가장 일반적이라고 해야 할 것이다. 부모와 자식 사이, 형제와 형제 사이, 남자와 여자 사이, 스승과 제자 사이, 상사와 부하 사이, 친구와 친구 사이, 서로 이웃해 사는 사람 사이, 이 '사이'를 오고 가면서 사람을 결속시키는 감정이 정이다.

정은 서로 이어주고 결속해주는 감정이라는 면에서 정의(正義)와 구별된다. 정의가 '그의 것을 그에게'(suum cuique) 속한 것으로 인정하며 서로 올바르게 나누어 갖도록 한다면 정은 서로를 이어준다. 평화롭고 공정한 공동체를 이루기 위해서는 정의가 바로 서야 하지만, 만일 정이 그곳에 없다면 우리는 그러한 사회를 '좋은 사회'라고 보지는 않을 것이다. 정의와 함께 정이 흐르는 사회가 좋은 사회이다. 그러므로 아리스토텔레스 같은 사람은 정의보다 정을 공동체 유지에 더 중요한 요소로 보았다. 그러나 우리 사회처럼 지나치게 정의보다 정이 더 넘치는 사회도 좋은 사회라고 할 수 없다. 개인적으로, 가깝게는 정이 넘치면서도 사회적 · 집단적으로는 정의가 서야 좋은 사회가 될 것이다. 정과 정의는 때에 따라, 상황에 따라, 일의 종류에 따라, 항상 그때그때 적절한 균형을 이루어야 개인과 공동체의 삶을 건강하게 할 수 있다. 제나라 왕자 점(墊)이 "선비는 무엇을 일삼아야 합니까?"라는 질문을 던졌을 때 맹자가 "뜻을 높이 가져야 합니다"라고 말한 후, 이어 다음과 같이 말한 것은 아리스토텔레스와 비슷하다.

인과 의에 뜻을 둘 뿐입니다. 한 사람이라도 죄 없는 자를 죽이는 것은 인(仁)이 아닙니다. 자기 소유가 아닌 것을 빼앗는 것은 의(義)가 아닙니다. 살 집이 어디 있는가 하면 인이 바로 그 집이요, 갈 길이 어디 있는가 하면 의가 바로 그 길입니다. 인에 살고 의를 따라 가면 대인의 할 일은 다 갖추는 것이 됩니다.[5]

앞에서 말한 대로 정은 감정에서 우러나온 것이다. 우리가 '정'이라 부르는 것은 감정 가운데서도 좋아하는 감정에서 우러나온 것이다. 그러므로 정을 사람과 사람 사이에 오고 가는 감정의 교류라고 할 때 모든 감정이 서로 오고 가는 것이라고는 볼 수 없다. 예컨대 칠정으로 들고 있는 희로애구애오욕 가운데서 좋아함(愛)의 감정이 정과 관련이 있다. 기쁨(喜)과 즐거움(樂)과 바람(欲), 이 세 감정도 정과 관련이 있다고 볼 수 있겠으나 이것들은 좋아함의 감정에서 빚어진 정에 수반되는 감정이다. 정은 좋아함의 감정에서 빚어지고 이것이 (물론 이것만이 아니겠지만) 기쁨과 즐거움 그리고 바람의 감정을 산출시킨다. 정이 깊어지고 무르익으면서 관심과 배려, 희생과 섬김으로 발전된다. 참으로 정답고 정겨운 관계는 정을 느끼는 사람을 깊이 생각하고 배려해주는 데까지 이른다. 이때 우리는 어느 수사와 함께 이렇게 말할 수 있다.

정이란 남을 생각해주는 데서 나오며, 그것은 곧 관심과 배려 그리고 받아들이는 능력입니다. 내가 먼저 남의 처지를 알아서 그를 위해 무언가를 해줄 수 있어야 정도 붙고 사람 사는 즐거

움도 느낄 수 있습니다.[6]

그런데 정은 상호적일 수도 있고 일방적일 수도 있다. '짝사랑'이 있는 것처럼 '짝정'도 있을 수 있다. "오는 정이 있어야 가는 정이 있다"라는 속담처럼 정은 서로 주고받는 상호적인 감정이고 상호성이 있을 때 더 커지지만 그렇지 않을 경우에도 정이 전혀 없다고는 할 수 없다. 우리는 어떤 물건이나 집에서 키우는 동물에게 정을 느낄 수 있다. 집에 키우는 강아지가 사람보다 더 살갑게 정을 표시하는 것을 경험하는 것처럼 동물과의 관계에서는 어느 정도의 상호성이 성립되지만 물건의 경우는 그것이 전혀 가능하지 않다.

우리는 우리가 자란 집과 고향에 대해서도 정을 느낀다. 그래서 '정든 집', '정든 고향'이라는 말을 한다. 그런데 집과 고향은 우리에게 정을 주지 않는다. 아니, 줄 수가 없다. 왜냐하면 집이나 고향에는 정이 없기 때문이다. 없는 것을 우리는 줄 수 없다. 그럼에도 오래 몸담고 살았던 집과 고향에 정을 느낀다. 그렇다면 정은 주고받는 것이 아니라 단순히 주기만 하는 경우도 있다고 보아야 할 것이다. 그러나 만일 집과 고향이 단순히 물리적일 뿐이라고 해보라. 그럼에도 우리가 정을 느끼겠는가?

예컨대 오래 사용한 만년필을 잃었을 때 그 서운함을 생각해보라. 서운함은 결여의 느낌이다. 현존에 대한 기대가 충족되지 않을 때 서운함이 있다. 현존의 기대는 물리적인 실재뿐만 아니라 인정이나 존경, 배려를 포함한다. 사람한테 느끼는 서운함 또는 섭섭함은 후자의 경우이지만 물건과의 관계에서는 전자의 경우이다. 내가 필요할 때, 내가 애지중지하던 것이 없게 되면 그로부터 서운한 느낌을 받는다. 좋아한 만큼 애착이 큰 만큼 서운함의 강도도 높아진다.

그러므로 정을 오직 상호성으로만 볼 수 없는 사례를 여기서 발견할 수 있다. 아리스토텔레스가 상호성을 정, 또는 '우애의 정'의 조건으로 본 것은 사람 사이에만 적용될 수 있는 경우로 제한하는 것이 옳다. 그리고 앞에서도 말했듯이 정은 서로 주고받으면 더욱 커진다. 나 보기가 역겨워 떠나는 님에 대해서 여전히 마음 아파하는 것은 내가 준 정이 그만큼 크기 때문이다. 그렇지 않다면 "죽어도 아니 눈물 흘리오리다"라는 다짐도 있을 수 없다.

여기서 우리는 정과 관련된 중요한 요소를 몇 가지 발견할 수 있다. 정은 사물에 대해서도 느낄 수 있다는 점에서 일방적일 수는 있으나 대부분의 경우, 특히 사람 사이에는 거의 언제나 상호적이다. 그런데 사람 사이에 상호적인 정을 나누기 위해서는 서로 호의를 가지고 있다는 사실을 알아야 한다.[7] 상대방이 나에게 호의를 가지고 있다는 사실을 알 때 나도 그에게 호의를 가질 수 있고, 이것은 곧 정으로 이어질 수 있다. 따라서 정에는 인지적 요소가 있다. 서로가 서로에게 보이는 관심과 호의를 '알아야' 한다. 만일 상호적인 호의와 그와 같은 사실의 인지가 없다면 상호적인 정은 생길 수 없다.

두 번째로 중요한 것은 정은 서로 주고받는 과정을 통해서 이루어지는 친숙성과 관련이 있다는 점이다. 서로 가까워지고 서로 신뢰하고 서로 맡김으로써 정이 생기고, 그렇게 생긴 정은 점점 두터워진다. 이와 같은 과정 없이는 정이 '붙지' 않는다. 그러므로 정의 두터움은 신뢰와 맡김의 관계가 수없이 많은 기대와 실망의 교차를 통해 얼마나 든든하게 형성되는가 하는 것에 달려 있다. 그야말로 '미운 정, 고운 정'이 들어야 한다. 이렇게 해야 정은 두터워진다.

셋째, 정은 공포와 같이 즉각적으로 생기는 감정이 아니라 서서히, 시간이 지나면서 생기는 감정이라는 점도 중요하다. 정이 들기까지는 어느 정도 시간의 흐름이 있어야 하며 공간적으로도 가까워야 한다. 짧은 시간을 함께 보낸 경우보다 긴 시간을 함께 한 곳에서 보낸 경우 정이 깊어질 수 있는 가능성이 더 크다. 오랜 시간을 함께 한 공간에서 보내야 친숙하게 되며 그로 인해 정이 더 깊어질 수 있기 때문이다(물론 그 반대 경우도 가능하다). 한 번도 보지 못한 사람, 본 적이 있다고 해도 공간적으로 멀리 떨어진 사람에 대해서 정이 생기지 않는 것은 당연하다. '이웃사촌'이란 말은 멀리 떨어져 있는 친척보다 가까이 살고 있는 이웃이 훨씬 가깝다는 뜻을 담고 있다.

이때 말하는 공간과 시간은 물론 단순히 물리적 속성만을 띠지 않는다. 물리적 공간과 시간은 삶의 공간을 과학적으로 추상화한 것이고 따라서 전체 삶의 관점에서 보면 2차적 의미를 띤다. 중요한 것은 우리의 삶의 공간이 눈과 눈을 마주치고 살과 살을 가까이 하는 몸의 공간이고, 기대와 좌절, 관심과 무관심의 심적 공간이며, 서로에 대해서 인내하기를 요구하는 시간의 공간이라는 점이다. 그러므로 '한 공간을 나눈다'는 것은 단순히 한 공간을 신체적·물리적으로 같이 점유함이 아니라 '삶을 나눈다'는 말이다. 삶을 나누는 사이에 정이 생긴다. 가정·학교·교회·수도원 등 같은 공간 속에서 사는 사람끼리는 그렇지 않은 사람보다 쉽게 정이 든다. 그러므로 함께 자고 함께 먹고 함께 고생을 해본 경우가 그렇지 않은 경우보다 더 깊이 정드는 것은 당연하다. 아리스토텔레스가 정이 드는 과정에서 '시간과 친숙성'을 중요한 요소로 생각한 까닭이 여기에 있다.[8]

또 한 가지 중요한 것이 있다. 같은 집, 같은 고향, 같은 학교, 같은 취미, 같은 관심을 가진 사람끼리는 쉽게 정이 들지만 그렇지 않은 경우는 쉽게 정들지 않는다는 것은 경험을 통해 알고 있다. '유유상종'(類類相從)이란 말이 있듯이 같은 것은 같은 것을 좋아하게 만든다. 그러므로 아리스토텔레스도 이 요소를 매우 강조한다. 서로 정을 나누는 사이에는 비슷함이나 같음이 있어야 한다. 그러나 같거나 비슷하다는 것이 반드시 정을 북돋아서 서로 친하게 만들어주는 것은 아니다. 예컨대 같은 공간, 같은 시간에 대부분 같은 일을 하면서 보내는 직장 동료를 생각해보라. 그 사이에 깊은 정이 생길 수도 있지만 그렇지 않은 경우가 더 많다. 서로 경쟁하는 마음이나 질시하는 마음이 그 속에 개입되기 때문이다. 그러므로 시간 · 공간 · 같음 등은 서로간의 정을 산출하는 데 필요조건일 수는 있어도 충분조건일 수는 없다. 그러나 앞서 말한 정의 세 요소가 갖추어졌을 때, 경쟁심이나 질투, 그리고 오랜 시간을 통해 상호간에 쌓인 불신이 없다면, 정은 쉽게 깊어진다.

정의 동기와 자기 사랑

사람과 사람 사이에 생기는 정을 어떻게 이해할 수 있을지 아리스토텔레스를 원용해서 살펴보자. 아리스토텔레스는 『니코마코스 윤리학』과 『에우데모스 윤리학』에서 필리아, 즉 정 또는 '우애의 정'을 다룬다. 우리가 무엇을 좋아하게 될 때 좋아하는 대상이 우리에게 '쓸모'가 있거나 '즐거움'을 주거나, 아니면 그 자체가 '좋은' 경우인 것처럼 우리가 다른 사람들을 좋아하고 정을 품을 때도 이와 비슷한 세 가지 동기가 작용한다고 아리스토텔레스는 생각한다.[9] 첫째, 상대방을 좋아하고 정을 느끼는 데는 쓸모, 곧 유용성이 동기가 될 수 있다. 뭔가 쓸모 있기 때문에, 이익이 되기 때문에 서로 친구로, 동료로, 선후배로 가까이한다는 말이다. 그 사람의 인품이나 성격, 그 사람 자체의 가치보다는 그의 기능, 직위, 가진 것 등이 나에게 이익이 되기 때문에 친근함을 갖게 되는 관계를 말한다. 둘째, 쾌락, 곧 즐거움이 동기가 될 수 있다. 재치와 기지가 있는 사람을 좋아하고 그와 정을 나누는 경우가 이에 해당한다. 상대방의 인품이나 자질보다는 (이것이 완전히 배제될 필요는 없지만) 함께 있으면 즐겁기 때문에 정이 이어지는 경우를 말한다. 셋째, 사람 자체의 좋음, 그의 선함, 사람으로서의 그의 덕이 정을 느끼는 동기가 될 수 있다. 이 세 번째 동기를 아리스토텔레스는 아레테(ἀρετή), 곧 덕(德) 또는 '뛰어남'이라 부른다. 이 경우에 볼 수 있는 '완전한 정'(τελεία Φιλία)을 "선하고 덕이 있어 서로 닮은 사람들 사이에 하는 사랑"이라고 아리스토텔레스는 정의한다.[10]

어떤 동기를 따라 유발된 것이든 이것들은 사람과 사람 사이에 오고 가는 정임이 틀림없다. 이 경우 정은 모두 상호적이며 또 어떤 동기에서건 서로 좋아한다는 사실을 알고 있다. 시민과 시민들 사이의 정은 유용성을 기초로 한 정일 가능성이 높다. 각자 필요로 하는 것을 채워주며 서로 자신의 삶의 안전을 유지하는 데 도움이 되기 때문에 다른 사람에게 정을 가질 수 있다. 각자 자신의 이익을 추구하지만 그 가운데서 서로 선의를 가지며 신뢰를 보여준다. 그러므로 함께 사는 사람들 사이에 이러한 정 없이는 사회가 유지될 수 없다. 아리스토텔레스를 따르면 부부간의 정은 유용성과 쾌락을 기초로 한 것일 수 있다. 홀로 살 수 없기 때문에 짝을 찾으며 그로 인해 서로 즐거움을 나누기 때문이다. 부모와 자식 사이에는 자식편에서 볼 때 부모는 유용한 존재일 수 있고 부모편에서 볼 때 자식은 쾌락을 주는 존재일 수 있다. 같은 또래 친구들 사이에는 서로가 쾌락을 주기 때문에 또는 유용하기 때문에 서로 정을 나누는 친구가 될 수 있다. 어릴 때는 쾌락이, 나이 들었을 때는 유용성이 더 중요한 동기가 될 수 있다. 아리스토텔레스는 어떤 경우라도 정이 사람과 사람 사이의 결속을 가져온다고 본다.

그럼에도 아리스토텔레스는 오직 '좋기 때문에', '선하고 덕스럽기 때문에' 좋아하는 관계를 '완전한 정', '최상의 정' 또는 '으뜸되는 정'(prōte philia)이라 본다. 왜 그런가? 덕에 기초한 우애의 정은 지속적이라는 것이 첫 번째 이유이다. 유용성이나 쾌락은 일시적이다. 예컨대 어떤 사람이 돈이 많기 때문에 그 사람에 대해서 특별히 정을 느낀다고 해보자. 그러나 돈은 사라질 수 있다. 그럴 경우 그 친구는 더 이상 쓸모없게 된다. 이때 정은 중단된다. 쾌락도 마찬가지로 사라질 수 있다. 그러므로 쾌락이나 유용성을 근거로 한 정은 오래갈 수 없다. 하지만 선과 덕은 쉽게 사라지지 않는다. 그러므로 아리스토텔레스는 용기나 공정함, 지혜와 같이 사람이 지닐 수 있는 '뛰어남', 곧 덕에 기초한 정만이 지속적이라 본다.

두 번째 이유는 덕에 기초한 정은 상대방에게 좋은 것을 원하기 때문이다. 나에게 유용한 것, 나에게 쾌락을 주는 것, 나의 잘됨을 바라지 않고 내가 정을 두는 사람의 잘됨을 바라는 정이 덕에 기초한 정이다. 아리스토텔레스는 "자기가 정을 두고 있는 사람을 위해서 그에게 좋은 것을 바라는 사람들이야말로 가장 참된 의미에서 정을 주는 사람이라고 말할 수 있다"고 말한다. 참된 정은 '자기를 위한 것'이 아니라 정을 주는 '타인을 위한 것'이라는 말이다. 이런 의미의 정은 선에 기초한 정이다. 아리스토텔레스는 이러한 정이야말로 단지 좋을 뿐 아니라 즐겁고 또한 유익하다고 본다. 유용성과 쾌락으로부터 선이 나오지는 않지만 선으로부터는 유용성과 쾌락이 나오기 때문이다.[11]

여기서 당장 물음이 제기될 수 있다. 자기보다 남을 먼저 사랑하는 것이 옳은 일인가? 아니면 자기 자신을 먼저 사랑하고 이것이 확대되어 남을 사랑해야 하는가? 우리는 자기 사랑에 대해서 대체로 부정적인 생각을 가지고 있다. 아리스토텔레스도 이 점을 언급한다. 『성경』의 「디모데후서」 3장 2절을 보면 말세에 "자기를 사랑하는 사람들"(hoi anthrōpoi philautoi)이 있을 것이라고 말한다. 하지만 아리스토텔레스는 완전한 이타적 사랑에 대해서는 '사실에 부합하지 않는다'고 말하면서 오히려 부정적으로 생각한다.[12] 진정한 정, 곧 덕에 기초한 타인에 대한 우애의 정은 자기 사랑에서 출발한다는 게 아리스토텔레스의 생각이다. 왜냐하면 그는 진정한 정이 '자기 자신과의 관계'에서 비롯된다고 보기 때문이다. 선이 결여된 사람은 자기 자신과 달리 생각하고 달리 행하지만, 선이 있는 사람, 덕을 갖춘 사람은 자기 자신과 하나가 되어 자신이 생각한 것을 그대로 실천하는 사람이다. 그러므로 정을 통한 타인과의 관계에서도 먼저 자신을 사랑하고 자신을 고귀하게 여기는 마음이 앞서고 그를 통해 타인을 사랑할 수 있다. 그래서 아리스토텔레스는 이렇게 말한다. "사람은 자기 자신에게 가장 많이 정든 사람(친구)이요, 따라서 자기 자신에게 가장 정을 쏟지 않으면(사랑하지 않으면) 안 된다."[13]

이렇게 말하고 있는 까닭은 무엇인가? 누구나 자신의 쾌락과 자신의 유익을 위해서 최선을 다하라는 말인가? 그렇지 않다는 것은 분명하다. 진정한 정은 덕에 기초한 정이라는 말을 이렇게 표현한 것이다. 덕에 기초한 정은 단순한 감정에서 우러나온 것이 아니라 이성을 토대로 한다. 아리스토텔레스가 "이성이 바로 사람 자체"라고 말한 것은 이를 두고 한 말이다.

각 사람의 이성이 바로 그 사람 자신이요, 혹은 다른 무엇보다도 그러하며, 또 선한 사람이 그의 이 부분을 가장 사랑한다는 것은 명백한 일이다. 그러므로 선한 사람은 가장 참으로 자기를 사랑하는 사람이다.[14]

아리스토텔레스는 정욕에 따른 이기심과 이성에 따른 자기 사랑을 구별한다. 진정한 정이야말로 이성에 따른 자기 사랑이다. 그렇다면 악한 사람이 자기를 사랑하는 경우를 어떻게 보아야 할까? 이 경우의 자기 사랑은 자기뿐만 아니라 타인에게 해를 끼친다. 그러므로 악인의 자기 사랑은 권장할 일이 아니다. 자기 사랑은 오직 선한 사람에게만 권장되어야 할 일이다. 선한 사람은 "또 자기의 친구와 자기의 나라를 위하여 많은 일을 하며 필요하다면 이를 위하여 목숨을 버린다"라고 아리스토텔레스는 쓰고 있다.[15]

정과 관련한 서양의 이성중심주의가 이 대목에서 드러난다.

지금까지 아리스토텔레스의 논의를 정리해보자. 진정한 정은 자기 사랑에서 출발한다. 자기를 진정으로 이성에 따라 사랑할 수 있는 이만이 자신에게 정을 들이는 사람(친구)이 될 수 있고 타인에게 정을 주는 사람(친구)이 될 수 있다. 도덕적으로 덕스러운 행동은, 의무이기 때문에, 책임을 져야 하기 때문에 그렇게 행동한 결과가 아니라 자기 자신을 사랑하는 가운데 저절로 우러나온 행동이다. 자기를 진정으로 사랑하는 사람은 저절로 타인의 선과 타인의 잘됨을 바라지 않을 수 없고 그를 위해서 심지어는 목숨조차 버릴 수 있다. 타인은 여기서 나와 구별되는, 나와 다른 타인이 아니라 '다른 나'(heteros autos, alter ego)로 등장한다. 타인에 대한 관심과 사랑은 나의 이성적인 본성에 대한 관심과 사랑을 통해서, 곧 나를 사랑하는 사랑을 통해서 비로소 실현된다.

그러면 덕에 기초한 정은 내 자신을 위해서가 아니라 내가 사랑하는 '그 사람 자신을 위해서'라고 한 것과 자기 사랑을 어떻게 조화시킬 수 있는가?[16] 정을 세 가지로 구분할 때 아리스토텔레스는 다른 무엇을 위한 수단이 아니라 '그 자체 목적'이 될 수 있는 정을 가려내는 데 관심을 두었다. 그런데 쾌락이나 유용성에서 비롯된 정은 수단이지 그 자체 목적이 아니다. 그러므로 그 자체 목적이 될 수 있는 정은 타인의 선, 타인의 잘됨에 관심을 두는 정이어야 한다. 그러면 타인에 대한 관심과 사랑은 어디서 시작될 수 있는가? 아리스토텔레스는 이성적 본성을 가진 나를 사랑할 때 비로소 타인에 대한 사랑이 가능하다고 본다. 자기 자신을 진정으로 사랑하는 자만이 타인을 진정으로 사랑할 수 있다고 본 것이다. 따라서 이성에 따른 자기 사랑은 타인의 잘됨을 생각하는 정으로 곧장 이어지기 때문에 이 둘 사이에는 모순이 없다고 본 것이다.[17)]

'같음'으로 인한 정과 '다름'으로 인한 정

아리스토텔레스는 동일자와 타자, 나와 타인을 구별한 뒤에 동일자 중심, 나 중심에서 테두리를 바깥으로 점점 넓혀가는 방식으로 우애의 정을 생각한다. 나는 나 자신으로부터 또 '다른 나'인 타인을 사랑한다. 이런 방식으로 감정 유대의 테두리를 점점 넓혀 '다른 나', '다른 우리'를 더욱 만들어갈수록 우리는 정겨운 사회에 이르게 된다. 공자와 맹자의 인(仁)도 이러한 동일자의 영역을 확장해가라는 메시지로 보인다. 맹자가 "터럭 한 오라기를 뽑아서 천하가 이롭게 되는 일을 하지 않겠다"는 양주(楊朱)의 자기중심주의(또는 위아주의〔爲我主義〕)를 비판하면서도 "머리 꼭대기부터 발꿈치까지 다 닳아 없어지더라도 천하를 이롭게 하는 일이라면 하겠다"는 묵자(墨子)의 이타주의적 겸애주의(兼愛主義)를 동시에 배격하게 된 동기도 가족을 중심으로 한 '우리 중심'의 사고가 밑바탕에 깔려 있기 때문이다. 유교의 인(仁)은 자기 자신의 가족 사랑에서 시작하여 타인을 우리의 영역으로 수용하고 포용하는 방향으로 나아간 것이라고 할 수 있다. 이 점은 묵자 사상과 비교해보면 좀더 분명해진다.[18]

정의 출발점을 동일자에서 찾을 때 역시 중요한 것은 가까움이다. 물리적 가까움뿐만 아니라 심리적·사회적, 그리고 나아가 사상적 가까움까지 포함하는 가까움이다. 가까움은 인간에게 매우 자연스러운 현상이고 삶을 살아갈 때 소중한 것이다. 가까움을 느낄 수 있는 개인이나 집단 또는 어떤 공동체가 있을 때 사람은 그곳에 기댈 수 있고 그렇게 함으로써 안정감과 귀속감을 얻을 수 있다. 하지만 이렇게 형성된 정의 관계는 닫힌 관계에 머물 수 있다는 데 문제가 있다. 나와 다른 마을, 다른 피, 나와 다른 피부색, 다른 지역, 나와 다른 종교는 제외해버릴 수 있기 때문이다. '나'와 나의 집합체인 '우리'가 여기서 중심이 된다. 우리 가족, 우리 마을, 우리 교회처럼 '우리'를 내세우면 마치 돼지우리나 소우리처럼 '우리' 속에 들지 않는 사람은 제외된다. '같음'이나 '비슷함'으로 인해 형성된 가까움은 이렇게 배타적인 '닫힌 이웃'을 만든다. 나와 '같음'이나 '비슷함'에 기초한 이웃 사랑은 이점에서 한계가 있다.

한국인의 정 문제를 다룬 학자들은 이 점을 공통적으로 지적한다. 예컨대 『한국인에게 문화는 있는가』라는 책의 저자 최준식은 한국인의 정을 집단주의와 관련해서 논의한다. 집단을 내집단(內集團)과 외집단(外集團)으로 나눈다면 그토록 '많다'고 칭송되는 한국인의 정은 내집단, 곧 '우리'라고 부를 수 있는 사람들에게 한정되는 정이라는 것이다. 그래서 그는 이렇게 말한다.

한국인은 일단 사람을 만나면 이 정을 못 느끼면 안 되는 것
처럼 안달을 한다. 서로 고향을 따져보고, 나온 학교를 견주어
보고, 그것이 안 되면 서로 같이 아는 사람이 있나를 탐색해보
고. 그냥 개인으로서만은 있지 못한다. 홀로 있기를 두려워하
는 한국인들. 이렇게 해서 서로 정을 나누면 한국인들은 그 상
대에게 간을 빼줄 것처럼 잘한다. 항상 개인보다 집단이 소중
하기 때문이다. 그런데 거기서 끝나면 좋으련만 한국인은 주기
만 하는 것으로 끝나지 않는다. 주는 만큼 속으로는 받기를 바
란다. 만일 바라는 만큼 돌아오지 않았을 때 한국인은 또 특유
의 감정을 갖는다. 서운함 혹은 섭섭함이 그것이다.[19]

같은 저자는 다른 글에서, 정은 필요한데 그것이 가진 부정적
인 면을 극복하기 위해서 개인의 개별성이 존중되어야 한다는 것
을 다음과 같이 역설한다.

정을 중시하는 인간관계는 이렇듯 미숙하기만 하고 부정적
인 면만 있는 것일까? 분명 그렇지 않다. (……) 우리가 보기
에는 우리의 전통사회와 같은 집단주의 사회에서만이 전인적
인 만남이 가능할 것 같다. 개인주의 사회의 인간들은 따뜻한
정을 모르니 외롭기가 그지없다. 집단주의 사회에서 행해지는

것처럼 정을 앞세우고 서로의 일에 참견하는 것을 싫어한 나머지 개인주의적 인간들은 상대방에 대한 관심을 끊고 자기 안에서만 살아가는 것이다.[20]

그러면 같음에 근거한 정의 대안으로 개별성을 존중할 수 있는 방법이 무엇인가? 원자적 개인주의로 돌아가는 것인가? 이와 관련해서 예수의 '사마리아인의 비유'(「누가복음」 10:29~37)를 들어보자.

율법교사는 자기를 옳게 보이고 싶어서 예수께 말하였다. "그러면, 내 이웃이 누구입니까?" 예수께서 대답하셨다. "어떤 사람이 예루살렘에서 여리고로 내려가다가 강도들을 만났다. 강도들이 그 옷을 벗기고 때려서, 거의 죽게 된 채로 내버려두고 갔다. 마침 어떤 제사장이 그 길로 내려가다가 그 사람을 보고 피하여 지나갔다. 이와 같이, 레위 사람도 그곳에 이르러 그 사람을 보고 피하여 지나갔다. 그러나 어떤 사마리아 사람은 길을 가다가 그 사람이 있는 곳에 이르러 그를 보고 측은한 마음이 들어서, 가까이 가서 그 상처에 올리브 기름과 포도주를 붓고 싸맨 다음에, 자기 짐승에 태워서 여관으로 데리고 가서 돌보아주었다. 다음 날, 그는 두 데나리온을 꺼내어서 여관 주인에게 주고 말하기를, '이 사람을 돌보아주십시오. 비용이 더 들면, 내가 돌아오는 길에 갚겠습니다' 하였다. 너는 이 세 사람 가운데서 누가 강도 만난 사람에게 이웃이 되어주었다고 생각하느냐?" 그가 대답하였다. "자비를 베푼 사람입니다." 예수께서 그에게 말씀하셨다. "가서, 너도 이와 같이 하여라."

사마리아인의 비유는 두 가지 점에서 사람들의 통념을 깨뜨린다. 첫째, 이웃은 어려운 상황에 처한 사람이다. 내 고향 사람인가, 나의 동창인가, 나의 민족인가 하는 것은 여기서 중요하지 않다. 남자이든 여자이든, 배운 사람이든 못 배운 사람이든, 가진 사람이든 못 가진 사람이든 고통 중에 처한 사람이라면 누구나 이웃이라는 것이다. 둘째, 이웃은 먼저 내가 '되어주는' 것이다. 물리적 · 사회적 · 심리적으로 나와 가까운 사람을 이웃으로 생각하는 통념을 깨고 내가 바로 고통 받는 사람의 이웃이 되어주어야 한다는 것을 강조한다. 중심이 있다면 그것은 내가 아니라 고통 받는 타인이 되어야 함을 보여주었다고 하겠다.

사마리아인의 비유에는 "어떤 사마리아 사람은 길을 가다가, 그 사람이 있는 곳에 이르러, 그를 보고 측은한 마음이 들어서……"(「누가복음」 10:33~34)라는 구절이 나온다. 사마리아인은 그와 아무 관계도 없고, 아무런 같음이 없는데도 불구하고 강도를 만나 쓰러진 사람을 보고 측은히 여기는 마음, 곧 불쌍히 여기는 마음이 있었다. 이때 '측은한 마음이 들어서' 또는 '불쌍히 여겨서'는 그리스어로 에스플랑크니스테(esplagchnisthē)인데, 이것은 스플랑크니조마이(splagchnizomai)의 단순과거형이다. 스플랑크니조마이라는 동사는 명사 스플랑크나(splagchna), 곧 '내장' 또는 '심장'에서 나온 말이다.

　스플랑크나의 마음, 곧 '불쌍히 여기는 마음'은 예수가 목자 없는 양떼 같은 이스라엘을 보실 때(「마가복음」 6:34), 시각 장애자가 보기를 원할 때(「마태복음」 20:34), 아이가 죽은 나인 성 과부를 바라보실 때(「누가복음」 7:13) 가졌던 마음이다. 본회퍼는 이러한 마음을 가지고 살았던 예수의 삶을 '타인을 위한 현존'(Füf-ander-Dasein)이라고 표현하였다. 스플랑크나의 마음은 바울이 빌립보 교인들을 얼마나 안타까운 마음으로 사모하는가를 표현할 때(「빌립보서」 1:8), 심지어는 노예 출신인 오네시모를 일컬어 '나의 심장'(ta ema splagchna, 「빌레몬서」 1:12)이라고 할 때 쓴 말이다. 즉 지극히 깊디깊은, 아픔이 동반된 사랑의 정을 표현하는 말이다.[21] 이 마음 없이는 참된 이웃 사랑이 가능하지 않다는 것을 '사마리아인의 비유'는 보여준다.

　이웃 관계를 우리는 '닫힌 이웃'과 '열린 이웃'으로 구별해볼 수 있다. 이때 기준은 나와 타인의 차이, 타인의 다름이다. 나는 사마리아인처럼 고통 받는 사람을 보고 그에게 다가가 이웃이 되어줄 수도 있고 우리 옆집에 사는 사람이나 자주 만나는 사람, 나의 동창이나 동족에게만 이웃이 되어줄 수도 있다. 앞의 경우를 '열린 이웃 관계'라 한다면 뒤의 경우는 '닫힌 이웃 관계'라 할 수 있다. 무엇이 기준이 되는가? 닫힌 이웃은 '같음'이나 '비슷함'으로 인해 가까워진 관계이다. 열린 이웃은 같음이나 비슷함 때문이 아니라 나와 다르기 때문에 생긴 가까움이다. 강도 만난 사람 곁을 지나가던 사마리아인은 그가 자기의 동족, 자기와 같은 종교를 가진 사람, 자기와 같은 생각을 하는 사람이었기 때문이 아니라 자기와 다르기 때문에, 다시 말해, 자신은 지금 안전하게 가고 있지만 강도 만난 사람은 위급한 상황에 처해 있기 때문에, 바로 그 때문에 가까이 다가선 것이다. 여기서 가까움은 '다름으로 인한 가까움', 곧 고통 받는 이에 대한 연민과 사랑의 정으로 생긴 가까움이다.

『성경』에서 말하는 이웃 사랑, 곧 아가페의 사랑은 '다름으로 인한 가까움'의 정에서 비롯된 의지적인 활동이라 말할 수 있다. 이 점에서 아리스토텔레스가 말하는 필리아, 곧 '정' 또는 '우애의 정'과는 다르다. 우애의 정은 같음이 전제가 된다. 반면 아가페는 다름이 전제가 된다. 다른 처지, 다른 상황을 지적으로 이해하고 의도적으로, 의지를 통해 보이는 정이 아가페의 사랑이라면 필리아의 정은 같음과 비슷함에서 우러나온 정이다. 한국인들에게 익숙한 정도 같음과 비슷함에서 우러나온 정이다. 차이가 있다면 서양 사람들처럼 '나'를 그렇게 내세우지 않지만, 그럼에도 역시 '우리'가 강조된다는 점에서 본질적인 차이는 없다고 보아야 할 것이다. '우리가 남인가?'라는 말 한마디는 그 '우리' 속에 든 사람을 결속시킨다.

같음에 근거한 정과 다름에 근거한 정은 각각 다른 세계, 다른 공간을 만들어낸다. '같음'은 그 범위가 아무리 넓더라도 역시

'닫힌' 공간을 만들어낸다. 나 또는 우리와 같은 생각을 가진 사람, 같은 종교를 가진 사람, 같은 문화를 가진 사람만을 수용하고 그렇지 않은 사람은 배제한다. 나와 우리의 테두리에 들지 않는 사람은 관심 대상에서 제외된다. 그러나 '다름'은 열린 공간을 만들어낸다. '다름'에 따라 고통 받는 사람을 이웃으로 삼을 수 있는 공간은 나와 우리가 중심에 설 수 없는 공간이다. 타자를 향해서 열려 있기 때문에 원칙적으로 원 모양으로 닫을 수 없다. 나와 다른 이의 고통을 헤아리고 그의 아픔을 나의 아픔으로 받아들일 때 삶의 공간은 열린 공간이 된다.

정이 없다면 고통은 없다

한 번 더 강조해두자. 나와 '같음'으로 또는 '비슷함'으로 인해서 타인과 나누는 정은 '다름'으로 인해서 나누는 정과 차원이 다르다. 같음에서 우러난 정은 동일자(나, 같음, 비슷함) 중심이고 다름에서 우러난 정은 타자(타인, 다름) 중심이다. 앞에서 여러 차례 거론했던 레비나스는 바로 이 점에 초점을 맞추어 전혀 새로운 방식의 '타자의 철학'을 내어놓았다. 그는 지금까지 서양철학이 자아를 중심으로 한 지배의 철학, 전쟁의 철학이었다고 보고, 타자에게 자리를 줄 수 있는 철학을 시도했다.[22]

한 걸음 물러나 다시 생각해보자. 어떤 삶이 우리에게 바람직한가? 동일자와 타자는 개념적으로 상호배제적이지만 우리 삶에는 두 차원이 공존하지 않는가? 타인에 대한 관심, 타인과의 나눔은 단순한 동물적 삶을 벗어나 인간다운 삶을 빚어낸다. 그러나 그럼에도 우리에게는 같음이나 비슷함에서 우러난 우애와 정과 사랑의 공간이 필요하다. 가족 · 친구 · 동료 · 교회가 이러한 공간을 만들어낸다. 먹어야 하고, 잠자야 하고, 따스함을 누려야 할 인간에게는 같음이나 비슷함에서 오는 정이 있어야 한다. 처음부터 완전한 다름에 기초한 삶은 가능하지 않다. 그러나 그렇다고 해서 우리는 같음의 테두리에만 갇힐 수 없다. 다름으로 인한 사랑이 마침내 같음의 공간을 만들 수 있고 또한 다름을 다름으로 존중하면서 서로 따뜻한 사랑의 우애를 쌓을 수 있다. 아가페의 사랑과 필리아의 정이 맞물려 있는 삶, 이것이 우리의 구체적이고 일상적 삶이 될 때 그렇지 않은 삶보다 훨씬 더 풍요로워질 것이다.

정과 관련해서 마지막으로 한 가지 덧붙여두자. 만일 우리에게 정이 없다면 고통이 없다. 돌이나 탁자를 보라. 이것들은 고통 받지 않는다. 왜냐하면 정을 느낄 수 없기 때문이다. 정이 있기 때문에 사람은 고통 받는다. 그런데 생각해보라. 만일 고통이 없다면 진정한 의미의 윤리가 있겠는가? 윤리는 앞에서 살펴본 것처럼 타자와의 관계에서 발생한다. 우리는 언제 타자를 보는가? 고통 받을 때가 아닌가? 고통 받을 때 나는 웅크렸다가 신음을 내거나 한탄을 하거나 고함을 지른다. 이것은 타인과의 관계에 대한 요청이다. 신음 소리를 통해 고통 받는 타인을 볼 때, 그때 우리는 타인을 분명하게 의식한다. 이제 다음 장에서 박완서 선생의 고통의 기록을 통해, 정이 있기 때문에 받아야 하는 고통의 모습을 바라보자.

고통이 타인을 돌아보게 한다

고통의 특성

우리가 살아가는 세상에는 온갖 종류의 고통이 있다. 『구약성경』「욥기」에 나오는 욥은 재산을 잃고, 종을 잃고, 자식을 잃는 상실과 죽음의 고통을 겪었다. 또한 자신도 발바닥에서 정수리까지 악창이 나는 신체적 고통을 겪었다. 우리도 이렇게 이별로, 상실로, 질병으로 고통 받는다. 사업의 실패나 어려움으로 고통을 받기도 하고, 가정이 깨어지는 고통을 받기도 한다. 바라고 기대하는 대로 일이 되지 않아 고통을 받기도 한다. 남들이 나의 생각과 뜻을 제대로 알아주지 않아 고통을 받기도 한다. 몸으로 겪는 고통도 있고 정신적으로 겪는 고통도 있다. 홀로 겪는 고통도 있고 집단으로 겪는 고통도 있다. 내가 저지른 일로 인해 받는 고통도 있고 나의 의지와 상관없이 나를 덮치는 고통도 있다. 자식을 위해서 어머니, 아버지들이 자원해서 받는 고통이 있는가 하면 전혀 원하지 않는데도 당해야 하는 고통도 있다. 사람에 따라, 처한 상황에 따라, 기대와 욕망과 필요에 따라 고통의 내용과 강도가 다르다. 그러나 고통이 엄연히 우리 삶의 현실이라는 사실만은 부인할 수 없다.

고통은 '아픈 경험'이다. 쓰라린다든지, 찌른다든지, 몽둥이로 때린다든지, 괴롭다든지, 무겁다든지, 그래서 도무지 견디기 힘들다든지 하는 경험을 말한다. 여기서 우리는 고통의 특성을 세 가지로 관찰해볼 수 있다.

첫째로, 고통은 의식을 가진 이만이 겪을 수 있는 경험이다. 신체가 있더라도 의식이 없으면 고통을 경험하지 못한다. 예컨대 탁자나 마이크를 망치로 친다 해도 이것들에게는 고통이 없다. 돌은 아무리 고통을 체험하려고 해도 체험할 수 없다. 아프다는 경험, 곧 아프다는 의식이 없기 때문이다. 의식을 전제하면 고통을 수용하는 기관으로서 신체가 중요하다. 우리는 신체, 몸을 통해서 남과 공유할 수 없는 내 개인의 고통을 경험한다. 다른 사람이 나를 바늘로 찌른다면 찌른 사람은 통증이 없지만 나는 통증을 느낀다. 나의 통증은 타인에게 말로 전할 수 있지만 통증 자체를 전달할 수는 없다. 이처럼 고통은 사적인 경험이다. 이것이 고통이 갖는 두 번째 특징이다. 집단적으로 겪는 고통도 고통 받는 사람의 입장에서 보면 각각 개인적으로, 사적으로 받는 경험이다. 고통의 세 번째 특징은 쾌락과 달리 부정적인 경험이라는 사실이다. 고통은 내가 겪기는 하지만 겪고 싶지 않은 것을 경험하는 것이다. 누구나 겪고 싶은 것이라면 고통이 문제 될 까닭이 없다. 고통이 문제가 되는 것은, 겪고 싶어하는 것이 아니기 때문이다. 그런데 우리의 삶을 보라. 고통 받는 사람들의 모습을 그리 쉽게 볼 수 있는가?

은폐된 고통

오늘 우리의 삶을 보면 고통은 은폐되어 있다. 고통의 은폐성은 본질적으로 근대적 삶의 양식 때문에 생긴 것이다. 하위징아가 그리듯이 중세 말의 삶에서는 삶과 죽음, 고통과 기쁨, 재난과 행복이 너무나 선명하게 구별되었고 마치 어린 시절의 즐거움과 아픔처럼 그렇게 직접적이고 절대적인 것이었다. 길을 떠날 때나 큰일을 앞둘 때, 누구를 방문하러 갈 때 사람들은 복을 빌어주고 예배 의식을 치러주었다.[1] 현재 우리의 삶에서는 중세적 삶의 그 살을 에는 듯한 아픔(felheid)과 성례전적 행위를 찾아보기가 쉽지 않다. 재난과 행복, 기쁨과 슬픔의 경계도 막연해졌다. 과학기술에 의존한 안전 체계와 사회적·법적 체계로 인해 우리의 삶이 안락하게 되었기 때문이기도 하고, 고통을 일상의 뒷편으로 옮겨버렸기 때문이기도 하다. 이에 대해 반 퍼슨은 다음과 같이 쓰고 있다.

소비사회에서는 갈수록 죽음이 억압받고 있다. 죽음에 대해 반성하고 일터나 가정 또는 길거리에서 죽음을 목격하는 것은 1세기 전만 하더라도 다반사로 있었던 일이지만 이제 죽음은 교묘하게 은폐되고 있다. 겉으로는 죽음과 애도를 감추려는 사회규칙에 의해, 속으로는 진정제나 흥분제의 사용에 의해 죽음은 이제 더 이상 사람들의 눈에 띄지 않는 것이 되었다. 사람이 죽었다고 해서 이웃이 함께 슬퍼하는 일도 이제 없어졌거니와 상복을 입는 경우도 이제 드물게 되었다. 진정제나 흥분제의 사용으로 주위 사람들은 물론이고 죽어가는 당사자도 죽음은 스스로 선택하는 것이며 따라서 죽음도 '소비 가능한 것'(소모품)이라는 생각을 갖게 되었다.[2]

고통과 죽음을 언제나 생각해야 하는 삶은 비참하다. 그러나 죽음을 소모품처럼 보는 사회는 더욱더 불행하다. 왜냐하면 죽음의 망각은 삶을 피상적으로 볼 수밖에 없도록 만들기 때문이다. 삶은 고통과 기쁨, 고뇌와 해방, 처절한 싸움과 감사가 서로 교차하면서 빚어낸 골짜기의 골만큼 깊다. 죽음이 심각하지 않다면 삶도 심각하지 않을 가능성이 높다.

그러나 막상 고통이 무엇인가, 고통에는 의미가 있는가, 고통을 당할 때 어떻게 처신해야 하는가, 고통 받는 사람에게는 어떻게 대해야 하는가를 묻기 시작하면 우리는 곤경에 빠지고 만다. 어디서, 어떻게 시작해야 할지 잘 모르고 있기 때문이다. 과거의 신학이나 철학이 이 문제와 씨름을 했지만 대부분 변신론의 맥락에서 이루어졌기 때문에 구체적인 고통의 현상과 의미를 치열하게 사유할 수 없었다. 그렇다면 어디서 논의를 시작해볼 수 있을 것인가? 우회일 수밖에 없으나 고통 받은 사람들이 남긴 기록에서 고통의 현상과 의미를 물어볼 수 있다. 다행스럽게도 우리에게는 소설가 박완서가 쓴 『한 말씀만 하소서』라는 일기체의 글이 있다. 이 글을 바탕으로 삼아 고통이 어떤 현상인지, 고통을 어떻게 이해할 것인지, 고통 받는 과정을 통해서 나와 타인의 관계가 어떤 방식으로 드러나는지 살펴보고자 한다.

고통의 경험

사람은 어떻게 고통을 경험하는가? 신체적 고통일 경우, 예컨대 손이 바늘에 찔렸다든지 불에 손을 데었다든지 할 때는 아픔을 표시하는 동작과 함께 소리를 지른다. 질병으로 인한 고통일 경우는 통증의 정도에 따라 신음을 내거나 아픔을 호소한다. 견딜 수 없을 정도로 너무 큰 고통에는 소리조차 내지 못하는 경우도 있다. 자식이나 남편을 잃었을 때, 사람은 어떤 반응을 보이는가?

1983년 화창한 봄날 주일 오후, 월터스토프는 전화를 받았다.[3] 뮌헨에 가 있는 큰아들에게 막내아들을 떠나보내고 방금 공항에서 돌아온 길이었다.

"월터스토프 씨이신가요?"

"네."

"에릭의 아버님이신가요?"

"네."

"월터스토프 씨, 대단히 나쁜 소식을 전해야겠습니다."

"네."

"에릭이 등산을 하다가 사고가 났습니다."

"네."

"에릭이 심한 사고를 당했습니다."

"네."

"월터스토프 씨, 죄송합니다만, 에릭이 죽었습니다. 월터스토프 씨, 듣고 계신가요? 곧장 와주셔야겠습니다. 월터스토프 씨, 에릭이 죽었습니다."

월터스토프는 이어서 이렇게 쓰고 있다.

한순간 나는 체념의 평화를 느꼈다. 팔을 쭉 편 채 힘없는 아들을 손에 들고서 누군가, '누군가'에게 그 아이를 조용히 바치고 있었다. 그런 뒤에 온 아픔──차갑게 불타는 아픔.[4]

망연자실한 후 "차갑게 불타는 아픔"의 느낌을 전하는 월터스토프의 증언은 욥의 그것보다 훨씬 현실에 가깝다. "그가 가진 모든 것"[5]을 잃은 욥은 슬퍼하며 겉옷을 찢고 머리털을 민 다음에 머리를 땅에 대고 엎드려 경배하고는 "모태에서 빈손으로 태어났으니 죽을 때에도 빈손으로 돌아갈 것입니다. 주신 분도 주님이시요 가져가신 분도 주님이시니 주의 이름을 찬양할 뿐입니다"라고 말한다.[6] 욥의 찬양과 경배가 그가 고통 받은 지 얼마 만에 한 것인지 우리는 알 수 없으나 그의 반응은 너무나 차분하다. 보통 사람은 욥처럼 그렇게 쉽게 고통을 수용하지 못한다. 아들을 잃은 뒤 박완서는 이렇게 통곡한다.

원태야, 원태야, 우리 원태야, 내 아들아. 이 세상에 네가 없다니 그게 정말이냐? 하느님도 너무하십니다. 그 아이는 이 세상에 태어난 지 25년 5개월밖에 안 됐습니다. 병 한 번 치른 적이 없고, 청동기처럼 단단한 다리에, 매달리고 싶은 든든한 어깨와 짙은 눈썹과 우뚝한 코와 익살부리는 입을 가진 준수한 청년입니다. 걔는 또 앞으로 할 일이 많은 젊은 의사였습니다. 그 아이를 데려가시다니요. 하느님, 당신도 실수를 하는군요. 그럼 하느님이 아니지요.[7]

아들이 이 세상에 더 이상 존재하지 않는다는 사실이 박완서에게는 그렇게 고통스러운 일이었다. 그래서 혹시나 사후 세계가 있는가, 그곳에서라도 아들을 볼 수 있다는 증거가 있는가 하는 것을 알아보려고 그런 걸 얘기하고 있는 책들을 뒤적거린다.[8] 등산 사고로 아들을 잃었던 월터스토프도 아들 에릭을 이제는 어디서도 찾을 수 없으리라는 현실 때문에 고통스러워한다. 길거리와 방, 교회와 학교, 도서관이나 산에서 혹시나 아들이 있을까 찾아보았지만 그 어디에서도 볼 수 없었다. 아들의 부재, 침묵, 이제 '더 이상 같이 있을 수 없다'는 사실. 이것이 그렇게도 견딜 수 없는 슬픔이 되었다. 아들과 같이 앉을 수 없고, 같이 여행할 수 없고, 같이 웃을 수 없고, 같이 울 수 없고, 껴안을 수 없고, 누나와 동생들의 결혼식에도 참여할 수 없다는 사실이 그를 고통스럽게 하였다.[9]

아들을 잃은 뒤 박완서의 애통은 여러 가지로 나타난다. 무엇보다 몸이 스스로 음식을 거부하는 것이 그의 비탄과 고통에 수반된 현상이었다. 죽지 못하면서도 죽고 싶은 마음이 그를 사로잡는다. 먹지 못함으로 인해 죽어가고 있다는 사실만이 그에게 유일한 희망이었고 몸이 음식을 수용하지 않는다는 사실이 최소한의 자존심을 지키게 해준다. 그럼에도 세상은 그대로 돌아가고 있다는 사실에 박완서는 분노한다. 그는 기차가 달리고 계절이 바뀌고 아이들이 유치원 가려고 버스를 기다리고 있다는 것까지는 참아주지만 아들이 죽었는데도 올림픽이 여전히 열린다는 건 도저히 참을 수 없었다.

내 자식이 죽었는데도 고을마다 성화가 도착했다고 잔치를 벌이고 춤들을 추는 것 어찌 견디랴. (……) 아아, 만일 내가 독재자라면 88년 내내 아무도 웃지 못하게 하련만.[10]

뒤틀린 심사를 박완서는 이렇게 드러낸다. 그는 세상을 떠나 혼자 있고 싶어한다. 자신의 슬픔에는 아랑곳하지 않는 세상과 화해할 수 없었고 혼자 실컷 울고 싶었다. 부산 딸이 불러 부산에 내려갔다가 이해인 수녀의 권유로 결국 부산 분도수녀원에 들어간다. 어느 날 산책을 하다가 산책길을 벗어나 길 아닌 숲으로 들어가 나무둥치에 몸을 내던지고는 혼자 오래오래 울게 된다. 욥이 자신을 일컬어 "나는 이리의 형제요, 타조의 벗이로구나"라고 한탄한 것처럼 그는 자신이 "추하고 외롭고 서러운 짐승"이 된 것 같은 느낌을 갖는다.[11] 다음 구절은 박완서의 글 가운데서도 그의 고통의 경험을 극명하게 보여준다.

내가 이 나이까지 겪어본 울음에는, 그 울음이 설사 일생의 반려를 잃은 울음이라 할지라도, 지내놓고 보면 약간이나마 감미로움이 섞여 있기 마련이었다. 응석이라 해도 좋았다. 아무리 미량이라 해도 그 감미로움에는 고통을 견딜 만하게 해주는 진통제 같은 게 들어 있었다. 오직 참척의 고통에만 전혀 감미로움이 섞여 있지 않았다. 구원의 가망이 없는 극형이었다. 끔찍한 일이었다.

"구원의 가망이 없는 극형." C.S. 루이스는 암으로 투병하던 아내와 사별한 뒤 슬픔에 빠진 자신의 모습을 "덫에 걸린 쥐"에 비유한다.[12] 자신의 생존을 그 어느 순간보다 뚜렷이 확인하면서도 고통의 순간으로부터 자기를 피신시킬 여지가 없다는 경험. 해방과 구원에 대한 희망을 전혀 가질 수 없는 순간의 지속. 이것이 더욱더 큰 고통으로 경험된다.

고통의 현상학

구원에 대한 희망의 결여, 이것은 삶의 주도권 상실을 뜻한다. 고통은 레비나스의 묘사에 따르면 완전한 수동의 상태에 빠지는 것이다. 고통의 수동성은 칸트가 말한 '감성의 수용성'보다 훨씬 더 수동적인 수용성이요, 당함 그 자체에 당하는 것이다.[13] 나는 고통 받는 순간 이름 없는 익명적 존재에 종속된다. 그러므로 고통 받는 순간에는 미래가 없고 미래를 설계할 수 없다. 이러한 의미에서 고통에는 미래가 없다. 박완서가 머물던 분도수녀원에는 유치원이 있었다. 유치원 곁에 놀이터가 있었는데 박완서는 아이들을 바라보기도 하고 때로는 놀이터의 그네에 걸터앉아보기도 한다.

그런데 어느 날 놀이터에 있는 코끼리처럼 생긴 미끄럼틀을 보고는 재미있다고 생각하면서 문득 그 앞에서 손자들과 사진을 찍었으면 좋겠다는 생각을 하게 된다. 그러고는 곧장 화들짝 놀란다. 비록 작은 일이긴 했지만 미래를 설계하고 있는 자신을 보았기 때문이다.[14] 미래를 설계할 수 있다는 것은 이미 고통으로부터 벗어나고 있다는 조짐이다. 레비나스는 그러므로 실수나 상실로 인한 이른바 '도덕적 고통'과 극심한 통증으로 시달리는 신체적 고통의 차이를 이렇게 쓰고 있다.

도덕적 고통에서는 일종의 품위와 점잖음의 태도를 보존할 수 있고 따라서 이미 해방되었다고 할 수 있다. 그러나 신체적 고통은 그 자체가 그것의 강도에 따라 존재의 순간으로부터 해방될 수 없는 불가능성이다. 그것은 곧 존재의 면제 불가능성이다. 고통으로부터 해방될 수 없다는 것이 바로 고통의 내용이다. (……) 고통 속에는 어떠한 도피처도 없다. 그것은 다만 직접 노출되어 있다는 사실이다. (……) 고통이 그토록 뼈아픈 까닭은 그것을 회피할 수 없기 때문이다. 고통은 삶과 존재의 궁지에 휘몰리고 있다는 사실이다. 이러한 의미에서 고통은 무(無)의 불가능성이다.[15]

존재를 떠날 수 없으면서 동시에 그것을 없앨 수도 없는 상황(무의 불가능성), 이것이 고통 받는 상황이다. 이러한 고통은 반드시 신체적 고통에 제한된다고 할 수 없다. 어떤 고통이든지 그것이 극치에 이른 상황일 때 고통 받는 사람은 지극히 짧은 순간일지라도 이러한 무력감에 처하게 된다. 햄릿이 그 경우를 잘 보여준다. 가혹한 운명의 시련을 당할 것인가, 그것에 저항할 것인가? 혹시 죽는다고 하더라도 그것은 잠자는 것에 불과하지 않는가? 그렇다면 죽음을 두려워할 까닭이 무엇인가? 잠을 잘 때는 고통도 잊지 않는가? 그러나 '죽음의 잠'에도 틀림없이 꿈은 찾아올 터이고, 만일 그 순간에도 꿈을 꾼다면 죽은 뒤에도 결코 '존재한다'는 사실 자체로부터 자유가 불가능할 테니 죽는다는 것이 무슨 의미가 있는가? 그러므로 존재할 수도(to be), 존재하지 않을 수도(not to be) 없는 상황, 그것이 햄릿에게 문제였다.[16)]

그런데 '죽음의 잠'에서조차 꿈을 통해 찾아오는 그 존재는 무엇인가? 그것은 '이것' 또는 '저것'이라고 할 수 없는, 무엇이라 규정할 수 없으면서 그렇다고 '무'라고도 할 수 없는 존재. 어떠한 범주적—이것 또는 저것, 이러한 속성 또는 저러한 속성으로—규정도, 감성적 수용도 불가능한 존재. 명사도 아니고, 주어도 아닌, 단지 동사로만 있는 사건. 자기 것으로 수용하는 주체가 없는 존재. 단지 익명적으로, 이름 없이, 얼굴 없이 있는 존재. 마치 "비가 내린다"(Il pleut), "[날씨가] 덥다"(Il fait chaud)라고 할 때처럼 그저 그렇게 익명적으로 발생하는 사건. 이것을 일컬어 레비나스는 "있다"(il y a)라고 이름 붙인다.[17)] 레비나스의 '있다'는 아폴리네르나 하이데거의 경우처럼 삶의 기쁨과 충만, 은혜와 구원을 뜻하는 "있다"(il y a; es gibt)와는 달리 익명으로, 얼굴 없이, 단지 그렇게 있기만 하는, 인격을 박탈하고 익명화하는 사건이다.[18)] 고통은 익명화, 탈인격화에 존재한다. 이름 붙일 수 없는 존재사건, "어쩔 수 없는 존재", "탈출구 없는 존재"는 존재의 근본적인 부조리를 보여주며, 이런 의미에서 레비나스는 "존재는 곧 악"이라 본다.[19)]

존재의 부조리, 존재가 곧 악이고 고통인 것은 고통이 지닌 또 다른 특성에서도 드러난다. 고통도 분명히 의식에 주어진, 의식에 대해서는 분명히 하나의 '주어진 것'(un donnée)이다.[20] 하지만 의식의 지향적 활동에 상관항으로 등장하는 여타의 의식 내용과는 달리 칸트적 의식, 곧 초월적 통각에 의해 통합되지 않는다. 우리의 감성은 고통을 수용할 수 없다. 고통은 감성에 대해서 언제나 적대적이고 수용될 수 없는 것이다. 고통은 감성에게는 "지나침"으로, 지나치게 많은 것으로, 따라서 견딜 수 없는 것으로 경험된다. 레비나스에 따르면 이 점에서 고통은 범주상으로 애매성을 띤다. 주어진 것, 감각을 통해 느껴지는 것이라는 점에서 고통은 '성질'을 갖지만 그러나 어떠한 통합도 불가능한 성질이고, 전체적 의미 연관에 통합될 수 없는, 그것에 저항하는 존재 방식이라는 점에서 '존재 방식'을 갖지만 그 자체가 질서의 방해이고 방해 자체인 존재의 존재 방식이다.[21]

그런데 고통은 왜 악으로 경험되는가? 고통은 그 자체가 부정적 경험이다. 아무도 고통을 고통 그 자체 때문에 원하는 사람은 없고 고통 그 자체를 즐겁게 여길 사람은 없다. 고통은 우리에게 상처를 주는 것이고 상처는 나쁜 것, 곧 악으로 경험된다. 그런데 고통을 부정적으로 경험하게 되는 데는 삶 자체의 충족과 향유에 대한 경험이 전제되어 있지 않은가? 삶은 고통 이전의 향유를 전제하지 않는가? 향유란 먹고 자고, 일하고, 타인과 이야기하고, 음악을 듣는 등 삶을 누리는 것이다. 레비나스는 『전체성과 무한자』 2부에서 "우리는 맛있는 음식과 공기, 빛, 구경거리, 일, 생각들, 잠, 이와 같은 것들로 산다"고 쓰고 있다.22) 삶은 이와 같은 요소들을 즐기고 사랑하고 누리는 데 있다. 먹고 일하는 것, 생각하고 연구하는 것, 음악을 즐기고 얘기를 나누는 것, 이런 것들이 곧 삶이고 삶의 내용을 이루는 것이다. 삶은 수단과 목적 연관 이전에 그 자체로 즐기고 누리는 것이다. 이런 의미에서 삶은 존재를 유지하고 존재를 즐기는 데 존재한다. 존재 유지에 실패하거나 또는 실패가 예견될 때 사람은 고통을 의식한다.

사별이나 질병을 통해 얻은 고통이든 또는 손실이나 실패에서 오는 고통이든 현상으로서 나타나는 고통에는 레비나스에 따르면 그 자체로는 어떠한 의미도 없다. 의미가 있기는커녕 '의미 없음' 그 자체를 보여주는 것이 고통이다. 죽는다는 것, 사고로 다친다는 것, 사업에 실패한다는 것, 질병에 시달린다는 것, 이 자체에는 어떠한 의미도 찾아볼 수 없다. "고통의 악, 그 상해 자체는" 레비나스에 따르면 "부조리의 가장 심원한 표현이요, 폭발"이다.23) 현상으로 드러난 것만을 보면 고통은 본질적으로 전혀 쓸모없는 것, 곧 그 자체에 아무런 목적도, 유익도 없는 것(pour rien)이다.24) 그러나 고통은 자신에게 유익이 없더라도 혹시 타인이나 또는 사회 전체에 유익할 수 있지 않는가? 만일 그렇지 않다면 나라·회사·가정 또는 '하나님의 나라'를 위한 희생과 봉사를 어떻게 요구할 수 있는가?

박완서는 자신에게 극형과 같은, 그래서 무의미하기 짝이 없고 쓸데없는 고통이 타인에게는 유익이 될 수 있다는 것에 대해서 진저리를 친다. 수녀원에 머물고 있는 동안 딸을 수녀로 둔 부모가 딸을 면회하느라 찾아와 옆방에 묵고 있었다. 무슨 고민 때문인지 그들은 밤새 잠을 이루지 못하고 보낸 눈치였다. 새벽미사도 아직 이른 시간, 문을 노크하는 소리가 있어 나가보았더니 옆방 부인이 서 있었다. 방에 들어오라 하지 않고 복도의 소파에 그냥 앉아 애기를 나누었다. 그 부인에게는 혼기를 앞둔 딸이 있었는데 신병을 앓다가 나은 뒤, 갑자기 수녀가 된다고 하여 서운한 마음이었지만 하나님께 바친다는 생각으로 허락하였다. 그런데 1년이 채 못 되어 또다시 신병이 도져 아무래도 데려가야겠다는 말을 듣고 그렇게 상심해하고 있었다. 자기에게서 위로를 얻어내고자 한 그 부인에게 너무나 화가 난 나머지 박완서는 이렇게 내뱉고 만다. "나는 외아들을 잃었답니다. 그래도 이렇게 밥 잘 먹고, 잠 잘 자고 살아 있습니다". 박완서는 이어서 이렇게 쓰고 있다.

부인이 어쩔 줄을 몰라 하면서 황망히 자기 방으로 가버렸다. 몇 마디 사과의 말도 한 것 같았다. 그러나 나는 부인의 얼굴에 생기가 돈 것을 분명히 보았다. 부인도 아마 순식간에 자기의 근심이 가벼워진 것에 놀라고 있겠지. 세상엔 남의 불행이 위안이 되는 고통이 얼마든지 있다. 세상 사람들이 예서 제서 자기들의 근심이나 걱정을 위로 받으려고 내 불행을 예로 들어가며 쑥덕대는 소리가 들리는 듯했다. 남의 고통에 쓸 약으로서

의 내 고통, 생각만 해도 끔찍한 치욕이었다.[25]

자신에게는 "죽음보다 무서운 고통"이 세상 사람들에게는 입초
시에 올림으로써 그들이 받는 고통에 위로가 되고 자신의 불행이
그들의 행복을 더욱 맛있게 음미할 양념이 될 수 있다는 생각에
박완서는 괴로워한다. 자신에게 무익한 고통이 타인에게는 유익
한 것이 될까봐 그것조차 치욕으로 생각할 정도로 그의 고통은
골이 깊었다.

고통의 의미와 하나님

박완서의 고통은 아들을 잃은 비통함에 그치지 않는다. 죽은
아들을 언젠가는 만날 수 있을까? 아들의 죽음은 어쩔 수 없는 운
명인가? 신은 과연 있는 것인가? 신이 있다면 그 신은 "운명을 마
음대로 희롱하는 신"인가? 그런 신은 있으나 마나 한 것이 아닐
까? 이런 질문을 박완서는 계속 던진다.[26] 신에게 기도를 드리지
만 그것은 신을 사랑하거나 믿기 때문이 아니라 혹시나 "만에 하
나라도 당신이 계실까봐, 계셔서 남은 내 식구 중 누구를 또 탐내
실까봐 무서워서 바치는 기도"라고 할 정도로 철저히 신에 대해
서 반항과 냉소를 보낸다.[27]

박완서에게는 "왜 하필 나인가?", "왜 하필 우리 아이가 당해야
했는가?"하는 원망과 한탄이 있다. 우리가 당하는 모든 고통이 우

연의 결과거나 전생의 업보에 지나지 않는다면 이러한 질문 자체가 성립되지 않는다. 우연의 결과는 일어난 일에 대해서 아무런 설명을 해주지 않은 채 일어난 사건을 수긍하게 만들며, 업보는 고통의 원인을 나 자신이 완전히 알지 못하지만 그럼에도 과거 행위의 결과로 보게 함으로써 설명을 제공한다. 따라서 더 물을 필요가 없다. 저 물음이 질문으로서 심각성을 지니게 되는 경우는, 세상을 관장할 뿐 아니라 세상에 일어날 일을 모두 알고 자신의 뜻에 따라 개입할 수 있는 능력이 있다고 생각하는 신의 존재를 생각할 때다.[28] 박완서는 어떻게 하나님이 자신의 아들에게 죽음이라는 끔찍한 일을 일어나게 했는가 하고 묻는다. 이 물음은 루이스가 '고통의 문제'라고 이름 붙인 바로 그 물음이다.

① 만일 신이 선하다면 신은 그의 피조물들을 완벽하게 행복하도록 하셨을 것이다.
② 만일 신이 전능하다면 그가 원하는 것을 할 수 있을 것이다.
③ 그러나 그의 피조물들은 행복하지 않다.
④ 그러므로 신은 선하지 않거나 능력이 없거나 아니면 선하지도 않고 능력도 없다.[29]

좀더 단순하게는 ①하나님은 전능하다, ②그의 선하심은 무한하다, ③악은 존재한다는 세 명제로 표현할 수 있다. 변신론은 앞의 두 명제(1과 2)가 세 번째 명제(3)와 모순되지 않음을 논리적 분석을 통해서 보여주고, 이를 통해 악과 고통이 존재하는 세상은 (예컨대 라이프니츠의 경우) 가능한 세계 가운데 '가장 좋은 세상'이며 작은 고통은 결국에는 좀더 크고 완전한 질서에 기여하며, 신은 결코 불의한 분이 아니라 의로운 분이심을 논리적으로 증명하고자 하는 이론이다.[30] 하지만 변신론은 고통의 현실을 그렇게 심각하게 고려하지 않는다는 데 심각한 문제가 있다. 고통의 현실은 '고통 일반'이라는 범주 속에서 이해될 뿐 고통 받는 사람들의 개별적인 고통을 고려하지 않는다. 변신론은 손봉호 교수가 말하듯이 "지나치게 이론적이고 고통의 설명으로는 매우 피상적"일 수밖에 없고 사실 "이론적으로 위로를 받을 수 있는 고통이라면 고통은 그렇게 심각한 것이 되지 못한다."[31]

변신론이 이론적이라는 것은 고통의 문제를 철저히 제3자의 관점에서 보고 있기 때문이다. 실제로 고통을 당해본 사람은 제3자의 관점에서 고통을 수미일관 설명만 할 수 없다는 사실을 루이스는 누구보다 분명하게 보여준다. 중세문학 연구가요, 작가요, 동시에 뛰어난 기독교 변증가이기도 한 루이스는 그의 말년에 아내가 죽었을 때 하나님이 "먹고 있는 수프를 낚아채는 어릿광대", "코스믹 사디스트", "악의에 찬 바보", 또는 심지어 "생체 해부자"가 아닌가 의심한다.[32]

그러나 젊었을 때 쓴 『고통의 문제』(1940)에서 루이스는 고통의 문제를 매우 합리적인 관점에서 다루었다. '인간은 하나님의 피조물이기 때문에 하나님께 지적으로, 의지적으로, 그리고 감정적으로 굴복할 때 자신의 행복과 선을 발견할 수 있는 존재인데, 유감스럽게도 현재는 그와 반대로 신에게 반항하고 있는 모습이다. 그러므로 무기를 내려놓고 신에게 항복하는 데는 뼈아픈 아픔이 따르지 않을 수 없다. 고통은 이 상태를 치료하기 위해서 불가피하게 주어지는 것이다.' 이런 방식으로 루이스는 하나님이 사람에게 고통을 주는 이유를 제시한다. 루이스의 논지는 다음과 같이 세 가지로 살펴볼 수 있다.

첫째, 일이 잘 되고 있는 동안에 인간은 자신의 의지를 꺾지 않는다. 그러나 고통을 겪을 때 비로소 모든 것이 제대로 돌아가고 있다는 착각에서 깨어난다. 하나님이 고통을 주신 것은 이러한 착각으로부터 우리를 일깨우기 위한 것이다. 루이스는 이렇게 덧붙인다. "하나님은 우리의 쾌락 가운데서는 속삭인다. 우리의 양심 속에서는 말하신다. 그러나 우리의 고통 중에는 고함을 지른다. 고통은 귀먹은 세상을 일깨우는 하나님의 메가폰이다."[33]

둘째, 우리는 가진 것이 모두 우리 자신의 것이고, 그것으로 모두 족하다고 생각하는 환상에 빠져 있는데 고통은 그러한 환상을 뒤흔들어놓는다. 아우구스티누스의 말처럼 하나님이 좋은 것을 주시고자 하는데 우리 손이 이미 가득 찼기 때문에 그것을 줄 곳이 없다. 고통은 자기 충족성의 착각을 깨뜨려준다.

셋째, 하나님께 반항하는 우리의 의지가 워낙 완고하기 때문에 이런 의지로 즐거이 하나님께 순종하기까지는 필연적으로 고통의 과정을 거칠 수밖에 없다. 순종은 자발적이어야 하고 자발적이기 위해서는 선택할 수 있어야 하며, 무엇을 선택했는가 하는 것을 스스로 알아야 한다. 그런데 만일 우리가 전혀 의식하지 않고서 단지 좋아하기 때문에 한 일이 하나님께서 원하신 일을 한 것이라면 그것은 우연의 일치에 불과하다. 행위 내용이 우리의 자연적 경향과 반대되는 것이 아니고서는 실제로 우리가 하나님을 위해서 행위한다는 사실을 확인할 수 없다. 그런데 의지는 언제나 하나님께 반항한다. 그러므로 하나님께 전적으로 굴복하는 마음으로 행위하기 위해서는 고통이 요구된다.[34]

그러나 루이스는 이러한 논지가 얼마나 피상적이었던가 하는 것을 실제로 그의 고통을 통해 깨닫게 된다.

하나님에 대한 나의 생각은 하나님이 한 생각은 아니다. 이 생각은 때때로 깨어지지 않으면 안 된다. 하나님 자신이〔그에 대한 나의〕생각을 깨뜨리신다. 이 깨뜨림이 바로 그의 현존을 보여주는 표시들 가운데 하나라고 말할 수 있지 않을까? 화육 (化肉)은 최상의 본보기다. 그것은 메시아에 대한 그 이전의 생각을 모두 깨뜨려놓았다. 이 우상 파괴에 사람들은 대부분 "걸려 넘어진다". 그렇지 않은 사람들에게 복이 있을진저.[35]

박완서는 변신론에는 관심이 없다. 신은 정당성을 변호 받아야 할 존재이기는커녕 오히려 고발의 대상이다. 자신이 산에서 내려오면서 봉숭아를 뽑았듯이 신은 아들을 "실수도 못 되는 순간적인 호기심으로 장난처럼" 거두어간 게 아닌가, 신이 저지른 '장난'이 인간에겐 얼마나 무서운 운명의 손길이 되는지를 모르는가,[36] 자신의 잘못을 벌주는 데 이용하려고 그토록 준수하고 사랑 깊은 아이로 점지하셨더란 말인가, 하나님이란 그럴 수도 있는 분인가, 사랑 그 자체라는 하나님이 그것밖에 안 되는 분이라면 차라리 없는 게 낫지 않는가[37] 하는 질문을 던지는가 하면 온종일 죽이고 또 죽이고 "일백 번 고쳐 죽여도 죽일 여지가 남아 있는 신, 증오의 마지막 극치인 살의(殺意), 내 살의를 위해서도 당신은 있어야 돼"[38]라고 악담을 퍼부을 정도로 박완서는 자신의 "맹렬한 포악"을 드러낸다. 때로는 "주님, 당신은 과연 계신지, 계시다면 내 아들은 왜 죽어야 했는지, 내가 이렇게까지 고통 받아야 하는 건 도대체 무슨 영문인지, 더도 말고 덜도 말고 한 말씀만 해보라"[39]고 애걸하기도 하고 며칠 밤 한잠도 자지 않고 사생결단하며 신에게 대들기도 하지만 아들이 기차를 타고 멀리 달아나는 꿈만을 꾸게 하는 신에 대해 "역시 당신은 안 계셨군요"라고 비웃기도 한다.[40]

하지만 박완서에게 사고의 전환을 일으킨 일이 하나 있었다. 그것은 어느 날 어린 수녀와 속세의 친구들이 나누는 얘기를 엿듣게 된 데서 비롯된다. 그 수녀에게는 남동생이 있는데 어찌나 고약하게 구는지 집안이 편할 날이 없었다. 왜 하필 내 동생이 저래야 되나 하고 비관도 하고 원망도 해보다가 어느 날 문득 "세상에 속 썩이는 젊은이는 얼마든지 있다. 내 동생이라고 해서 그래서는 안 되란 법이 어디 있나?"라고 생각을 고쳐먹고 나니 마음도 편하고 동생과의 관계도 좋아졌다는 얘기였다. 박완서는 이 말을 듣고 너무나 놀란다. 자신의 경우 "왜 하필 내 아들을 데려갔을까?"라는 질문과 원한을 "내 아들이라고 해서 데려가지 말라는 법이 어디 있나"로 고쳐먹을 수 있다면 자신의 고통으로부터의 구원의 실마리가 있지 않을까 생각한다. '뒤집어 생각하기', '사고의 전환', 이것이 그에게는 희미한 희망같이 생각된다.[41] 이것이 그에게는 "최초의 균열"이었다.[42]

그러나 박완서는 아들의 죽음이 자신의 죄 때문이 아니었던가 하는 생각을 떨쳐버릴 수 없었다. 그는 아들의 죽음을 "내가 받은 벌"이라 부른다.[43] 공부 잘하고 한 번도 속 썩인 일 없이 일류 학교만 척척 들어간 아들에 대해 그는 너무나 자랑스러워했고 기고만장하다 못해 "서슬 푸른 교만"의 마음을 품고 있었다. 그래서 남의 공부 못하는 자식, 방탕하거나 버르장머리 없는 자식, 형편없는 대학에 들어가는 자식들에 대해 불쌍한 마음을 가졌다. 그러나 박완서는 다시 묻는다. 그가 받은 벌이 자신의 교만의 대가라고 한다면 "그럼 내 아들은 뭔가", "창창한 나이에 죽임을 당하는 건 가장 잔인한 벌인데 그 애가 무슨 죄가 있다고 그런 벌을 받는단 말인가?"[44] 박완서는 자신이 저지른 죄를 통해 고통의 의미를 찾아내려는 종교적 심성이 자신에게 있다는 것을 의식하지만, 그렇다고 해서 아들을 위한 기도가 부족했거나 아들을 잃을 만큼 큰 죄를 지었다고 생각하지 않았다.[45] 그러나 아들의 죽음과 자신의 죄가 어떤 방식으로든 관련되어 있으리란 생각을 버리지 않는다.

박완서의 반응은 그렇게 예외적인 것이라 할 수 없다. "고통은 벌"이라는 생각, 곧 우리가 받는 고통이 우리가 지은 죄나 잘못의 결과라는 도식은 어떤 종교나 문화에서도 볼 수 있다. '아픔' 또는 '고통'을 지칭하는 서양 낱말(영어의 pain, 독일어의 Pein, 프랑스어의 peine, 네덜란드어의 pijn)이 모두 '벌'이란 뜻을 가진 라틴어의 포에나(*poena*)에서 나왔다. 고통은 벌이라는 의식이 언어 속에 반영된 경우이다. 고통의 의미를 물을 때 박완서가 기대고 있는 그리스도교 전통도 이 점에서는 예외가 아니다. 인류의 죄를 위한 그리스도의 십자가의 고통과 죽음도 "죄의 결과는 고통과 죽음"이라는 인식에 바탕을 두고 있다. 고대 이스라엘 사람들은 심지어 어떤 사람이 부와 성공을 누리면 그것은 그가 의인이기 때문이고 재난을 당하면 죄인이기 때문에 그렇다고 생각하였다.[46] 불의한 사람이 잠시 복을 누릴 수 있지만 그러나 결국 반드시 그 불의에 대한 처벌이 뒤따른다고 이스라엘 사람들은 생각하였다.[47] 그러나 「욥기」는 욥의 세 친구들의 고발에도 불구하고 욥이 받은 고통은 그의 죄 때문에 받은 고통이 아니라는 것, 그래서 고통 가운데는 고통 받아야 할 죄가 없는데도 불구하고 받는 고통도 있음을 말해준다.[48]

하지만 박완서는 기어코 자신의 '죄'를 찾아낸다. 자신의 죄에 대한 깨달음은 수녀를 딸로 둔 어머니가 이른 아침 그의 방문을 두드렸던 날, 아들을 잃고도 이렇게 잘 먹고 잘 잔다는 말을 내뱉은 바로 그날 일어난다. 자신에게는 "죽음보다 더한 고통"이 남에게는 약이 되고 위로가 되는 것을 보고는 너무나 속상해서 박완서는 그날 점심을 과식하게 된다. 그래서 고통을 겪다가 결국 화장실로 달려가 먹은 것을 고스란히 토하게 된다. 그러자 그에게는 완벽한 평화가 찾아왔고, 바로 그 순간, 먹은 것을 다 토해낸 바로 그 변기 앞에서 계시와 같은 생각이 떠올랐다. "도대체 내가 무엇을 그렇게 잘못했기에 이런 무서운 벌을 받아야 하는가", "내게 무슨 죄가 있는가" 하는 물음에 대한 응답이었다. 그에게 떠오른 죄는 그가 남에게 아무것도 준 적이 없었다는 것이었다. 아낌없이 물질과 사랑을 나눈 범위는 가족과 친척 중 극히 일부와 소수의 친구에게 국한돼 있었고 그밖에 이웃이라 부를 수 있는 타인에게는 철저하게 무관심하였다. 위선으로조차도 사랑하는 척한 번 해본 적이 없었다. 모르고 잘못한 적은 있을지도 모르나 의식하고 남에게 악을 행한 적이 없다는 자신감이 그에게는 신에게도 겁먹지 않고 당당하게 대들 수 있는 유일한 도덕적 근거였다. 그러나 그는 "주지도 않고 받지도 않은, 타인에 대한 철저한 무관심이야말로 크나큰 죄라는 것을, 그리하여 그 벌로 나누어도 나누어도 다함이 없는 태산 같은 고통을 받았음을"[49] 그는 변기 앞에서 너무나 명료하게 깨달았다. 그리하여 그는 마치 욥처럼 다음과 같은 기도를 올린다.

주여, 나를 받으소서. 나의 모든 자유와 나의 기억력과 지력과 모든 의지와 내게 있는 것과 내가 소유한 모든 것을 받아들이소서. 나의 고통까지도. 당신이 내게 이 모든 것을 주셨나이다. 주여, 이 모든 것을 당신께 도로 드리나이다. 모든 것이 다 당신의 것이오니, 온전히 당신 의향대로 그것들을 처리하소서. 내게는 당신의 사랑과 은총을 주소서. 이것이 내게 족하나이다.[50]

우리는 이렇게 물어볼 수 있다. 만일 타인에게 어떠한 관심도, 사랑도 베풀지 않으면 자녀를 잃는가? 박완서의 경우를 일반화하여 "만일 x가 타인에 대해서 무관심하다면 x는 자녀를 잃을 것이다"라고 말할 수 있는가? 박완서에게 이것을 물어본다면 아마 모른다고 하거나 아니면 반드시 그런 것은 아니라고 답할 것이다. 모든 고통은 죄의 결과, 곧 벌인가 하는 물음을 그에게 던지더라도 답은 비슷할 것이다. 하지만 고통은 벌이란 도식을 그는 자신에게 적용하였고 이를 통해 자신의 '죄'를 발견한다. "모든 고통은 죄의 결과로 받는 보응이다"라는 명제는 일반적인 원칙은 아니라 하더라도 칸트식으로 말하자면 일종의 '발견적 규칙'(heuristic principle)이었다. 하지만 이를 통해 고통이 '설명'되지는 않는다. 타인에 대한 무관심과 자기중심적인 삶에 대한 각성은 결코 "왜 고통 받는가?" 하는 질문에 대한 답일 수 없고 더욱이 고통의 현실에 대한 설명일 수 없다. 그러므로 박완서는 고

통이 극복된 것이 아니라 "고통과 더불어 살 수 있게 되었다"고 말한다.[51]

타자의 존재 발견과 고통 해소

박완서는 고통 속에서 홀로 되기를 원했다. 고통 그 자체가 이미 "버려짐이고 고독"[52]인데도 그는 자신을 세상으로부터 고립시켜 철저히 고독해질 수 있는 길을 찾고 있었다. 그러던 차에 분도수녀원의 수녀로부터 전화를 받았고 그것을 자신에게는 "혼자될 수 있는 기회인 동시에 홀로 설 수 있는 기회"[53]라고 생각하였다. 그는 수녀원에서 그야말로 완벽하게 홀로 되어 '홀로서기'를 위한 몸부림을 치게 된다. "고독은 절망이고 버림받음일 뿐 아니라 남성적인 힘이고 오만이고 주권"이라고 레비나스가 쓰고 있듯이 완벽하게 홀로 되고 싶었던 박완서에게는 자신의 절망과 버림받음 가운데서, 자신을 스스로 주체할 수 있는 주체로서, '홀로서기'의 주체로서 서고 싶은 욕망이 있었던 것이다.[54] 홀로서기는 스스로 자신을 주체화하게 되는 과정이다. 주체로서 홀로서기는 자신에게 찾아온 고통, 무엇보다 강하게 자신을 엄습한 엄연한 존재 현실이면서도, 그러나 그것의 정체를 파악할 수 없는 고통에 대해서 자신을 세우는 과정이다.

주체로서의 홀로서기가 마침내 성공하기 시작했다는 표시는 박완서의 경우 '밥과의 화해'로 나타난다. 아들이 죽은 뒤 그가,

아니 그의 몸이 거부한 것은 음식이었다. 참척을 겪은 어미에게는 먹는다는 것, 먹을 수 있다는 것 자체가 수치였고 부끄러움이었다. 그것은 마땅히 그래야만 했다. 그래서 그는 식욕 없음에 체면과 자존심을 걸고 있었고 심지어는 그것이 희망이기조차 하였다.[55) 죽을 수 있다는 희망. 그러나 변기 앞에서의 체험이 있은 뒤로 그의 몸은 음식을 받아들였고 끼니때만 되면 영락없이 배는 고파왔다. 박완서는 그러한 자신의 육신에 대해 "하염없는 슬픔과 배신감"을 느꼈고 사람이 짐승과 다를 바 없다고 생각하게 되지만[56) 그러나 짐승과 닮은 본능도 "신이 준 능력이거늘 무슨 수로 거역하랴" 하는 생각을 하게 된다.[57) 자신은 독선과 아집으로 귀가 꽉 막혀 못 알아들었을 테지만 주님은 몸소 밥이 되어 찾아오셨고 "우선 먹고 살아라"라고 응답해주셨다고 생각한다. 밥과의 화해, 그것은 음식의 세계, 향유의 세계, 곧 우리의 일상적 삶의 세계로의 복귀와 세상과의 화해를 뜻한다. 어차피 주체는 신체적 주체이기 때문에 밥을 향유할 수 있는 데서 그 고유의 주체성이 성립된다.[58)

홀로서기는 그러나 역설적이게도 타인의 발견을 통해서 일어난다. 변기 앞에 꿇어앉았을 때 그는 자신이 얼마나 자기중심의 삶을 살아왔는지 깨닫게 된다. 자신의 삶에서는 가족과 가까운 친구를 빼고는 타인이 없었다. 위선으로조차도 타인을 사랑하는 척한 적도 없었다. 자신의 고통이 타인에게 약이 되고 위로가 된다는 사실만 생각해도 끔찍해할 정도로 그의 세계에는 타인이 없었다. 그러나 결국에는 주지도 않고 받지도 않은, 타인에 대한 철저한 무관심이야말로 크나큰 죄라는 것을 깨닫는다.[59] 박완서는 고통을 통해서 타인을 발견하고 타인의 발견을 통해서 자신의 고통으로부터 벗어날 출구를 찾는다. 타인은, 이제 그에게 '감시자'나 '적대자', 또는 자신의 고통을 양념으로 자신들의 삶을 즐기는 얄미운 '방관자'가 아니라 자신의 삶 바깥의 삶에 눈뜨게 해준 존재요, 사랑의 중요성을 일깨워준 존재였다.

타인의 발견은 그가 본 수녀들의 삶과 무관하지 않았다. 수녀들의 삶은 타인을 위한 삶이었다. 어느 날 그는 젊은 수녀가 변기를 들고 나오는 것을 보았다. 방금 받아낸 질펀한 다량의 똥오줌이었다. 꽃병이라면 모를까 어떻게 저 나이에 저런 얼굴로 남의 똥을 치울 수 있을까? 그곳에서 본 것은 전혀 새로운 사랑의 방법이었다. 핏줄로 연결된 부모형제나 친족간의 사랑, 본능적이면서도 신비한 이성간의 사랑, 오랜 상호 이해와 노력 끝에 도달한 우정, 그 외 이런 것들을 초월한 사랑이 가능하다는 것을 박완서는 믿지 않았다. 이른바 '박애정신'은 이상일 뿐 실행 불가능한 일이라고 생각하였다.[60] 그러나 그는 수녀원에서 그러한 사랑이 실제로 실행되고 있는 것을 보게 된다. 수녀원에서 그들의 삶의 모습을 보지 않았더라면, 아니 그토록 뼈아픈 고통을 겪지 않았더라면 그냥 스쳐 지나갔을 터인 그런 타인의 존재를, 타인에 대한 사랑을 그는 발견하였다. 홀로서기, 주체로서의 홀로서기는 결국 타자의 발견을 통해 가능함을 박완서의 고통의 기록은 보여준다.

글을 쓴다는 것 또는 타인과의 연대

박완서는 아들이 죽고 나서 이 책, 저 책을 찾았다. 죽은 아들을 천국에서 만날 가능성이 있는지 알아보기 위한 독서였다. 고통을 당할 때 책을 찾는 경우는 그리 드문 일이 아니다. 고통 받는 사람에게는 물음을 품게 되고 물음에 대한 답을 곁에 있는 사람에게 묻기보다는 대답을 기대할 수 있는 저자의 책을 통해서 들어보고자 하는 욕구가 있기 때문이다. 신앙의 물음으로 고통 받는 사람은 예컨대 아우구스티누스의 『고백록』을 손에 잡는다. 숱한 우회로를 거쳐 결국 신앙의 확실성에 도달하는 아우구스티누스의 여정에 독자는 자신의 삶을 투사시켜 함께 공감을 일으키고 이 과정을 통해 물음에 대한 답을 얻기도 한다. 자식을 잃은 사람은 우리가 지금 다루고 있는 이 일기글이 고통을 여과해가는 동반자 역할을 할 수 있다. 이 글 서두에 인용한 월터스토프의 『나는 사랑하는 사람을 잃었습니다』(원제: *Lament for a Son*, 아들을 위한 애곡)도 자식을 잃은 사람에게는 도움을 준다.[61] 아내를 잃은 뒤에 쓴 루이스의 『헤아려 본 슬픔』도 이런 역할을 한다.

그런데 박완서를 포함해서 방금 언급한 월터스토프, 루이스는 아내를 잃었거나 아들을 잃은 뒤 그들의 슬픔을 토론하는 얘기를 썼다. 박완서는 작가요, 월터스토프는 철학 교수요, 루이스는 중세 영문학 교수이므로 남이 당하는 고통에 앞서 누구보다도 자신의 고통을 자세히 관찰하고 그것을 글로 옮길 수 있는 능력을 가진 사람들이다. 그러기에 그들은 글을 썼다. 그러면 글재주가 없는 사람은 고통에 대해서 쓸 수 없는가? 전혀 그렇지 않을 것이다. 자신의 고통의 경험에 대해서 글을 쓰는 일은 고통을 당한 사람의 관점에서 보면 고통을 통과해가는 일종의 여정이다.

앞에서 잠시 얘기한 루이스를 보라. 그의 『헤아려 본 슬픔』은 모두 4장으로 되어 있다. 각 장은 그 글을 쓸 당시 영국 초등학생들이 흔히 쓰던 공책 크기와 일치한다. 공책 두 권 분량의 첫 부분은 나이 육십이 넘은 노인에게 기대하기에는 너무나 냉소적인 언어로 가득 차 있다. 루이스는 자신에 관해서, 하나님에 대해서 매우 쓰고 거친 말들을 쏟아낸다. 그러나 시간이 점점 지나면서 마지막 공책 두 권 분량의 글은 어조가 훨씬 논리적이고 차분하다. 마치 그가 42세에 쓴 『고통의 문제』(1940)를 다시 읽는 듯한 느낌이 들 정도로 슬픔을 관조하고 표현하는 방식이 변한다.

나는 글을 쓴다는 것은 고통을 완전히 자기화함과 동시에 타인과 나누는 과정이라고 이해한다. 월터스토프는 "사랑한다는 것은 고통의 위험을 감수하는 것이다. 또는 우리가 사는 세상에서는 사랑한다는 것이 곧 고통 받는다는 것이다. 도피할 수 있는 방법이 없다"고 말하면서, 다시 돌아보면 아들을 애도하는 글을 쓴 까닭은 자신의 슬픔을 자기 것으로 '소유'하는 투쟁이었다고 쓰고 있다. 현대의 경향이 슬픔을 숨기고 우리 자신이 누구인가 하는 물음과는 상관없는 존재로 만드는 것이지만 아들을 애도하는 글을 쓰게 됨으로 그 슬픔이 자신의 한 부분임을 인정하고 자신의 자기됨의 일부분으로 안고 살아가게 되었다고 밝힌다. 이를 통해 월터스토프는 하나님이 온 우주를 통치하는 주권자, 권능자라기보다는 눈물을 가진 하나님, 울고 계시는 하나님임을 알았다고 토로한다. 하나님이 만일 세상을 사랑한다면 그 하나님은 고통을 받으신다. 이때부터 월터스토프는 하나님의 사랑이 '고통 받는 사랑'이라는 주장을 하게 된다.[62]

박완서의 경우에는 독일 신학자 도로테 죌레가 언급한 고통의 심리 3단계, 곧 고립과 소통과 연대의 3단계를 그대로 거쳐 간다.[63] 박완서는 아들이 죽자 외부와 단절하고 심지어는 음식조차 거부한다. 수도원에 들어가서도 이러한 자기 단절이 계속된다. 그러다가 어린 수녀들이 자기네들끼리 얘기하는 내용을 들으면서 작은 균열이 시작되어 두 번째 단계로 들어선다. 죌레가 말하는 두 번째 단계는 신음을 내고 한탄하는 단계이다. 이 단계에서는 타인이 자신의 목소리를 듣기를 원한다. 수녀들의 헌신적인 모습을 본 것도 이 단계를 강화한다. 죌레가 얘기하는 세 번째 단계는 고통 받는 사람과 연대하는 모습이다. 박완서의 글 자체에는 그 모습이 드러나지 않지만 타인의 존재를 발견하고 자신의 고통을 글로 드러내는 것이 타인과의 연대의 시작이라 볼 수 있다. 월터스토프의 경우에는 남아프리카 방문, 팔레스타인 해방운동 등 아들의 죽음을 통해서 불의의 문제에 관심을 갖고 행동하는 철학자의 삶을 살게 된다.

이렇듯 고통은 고통 받는 사람을 때로는 신랄하고 냉소적으로 만들지만, 음침한 골짜기를 통과하는 동안 영혼을 빚어내고 영혼을 숙성시키는 삶의 과정임을 볼 수 있다.

진리를 밝히는 기호의 힘[1]

서양 중세와 에코의 소설

고통에서 빚어진 삶의 비극을 때로는 격렬하게, 때로는 잔잔하게 작은 이야기로 빚어낸 박완서의 『한 말씀만 하소서』에 비하면 이탈리아의 기호학자 움베르토 에코(Umberto Eco)의 첫 소설 『장미의 이름』(*Il nome della rosa*, 1980년 출판)은 스케일이 훨씬 클 뿐 아니라 중세 미학과 기호학을 전공한 학자가 쓴 소설답게 다양한 사상적인 논쟁이 담겨 있다.[2] 이 가운데는 삶의 고통, 음모, 살인, 삶의 진실 등이 주제로 등장한다. 에코의 소설은 수도원에서 일어난 살인 사건을 중심으로 전개되는 이야기 그 자체로 대단히 재미있지만 중세철학 입문서로도 훌륭하다.

『장미의 이름』은 학자가 쓴 소설로는 유례없이 베스트셀러가 된 책이다.[3] 여러 언어로 번역이 되었고 수천만 부가 팔렸다. 우리말로는 출판사 열린책들에서 이윤기 번역으로, 우신사에서 이동진 번역으로 나왔다. 그리스도의 가난, 이단의 출현, 교황권과

왕권, 적그리스도와 세상의 종말에 관한 신학적 논쟁이 전개되고 보편과 개체, 실재와 이름에 관한 중세철학의 논의가 현란하게 펼쳐지는 난해한 책인데도 대중적 인기를 얻은 까닭은 무엇인가? 아마 가장 가까이서 이유를 찾자면 지난 몇십 년간 유럽과 미국에서 나타난 중세에 대한 관심일 것이다. 에코에 따르면 유럽 중세는 유럽인과 미국인에게 자신들의 '유년기'에 해당한다. 유럽 언어, 상업도시, 자본주의 경제(은행·수표·이자 제도), 민족국가, 노동조합, 풍차, 편자, 선박의 방향키, 복식부기, 안경, 인쇄술은 거의 모두 중세의 산물이다. 이로부터 근대 유럽과 미국이 가능했다. 그러므로 유년 시절을 보낸 고향을 그리워하듯이 유럽인과 미국인들은 중세를 그리워한다.[4]

『장미의 이름』은 1327년 11월 하순, 이탈리아 북쪽 지방 어느 베네딕토 수도원을 배경으로 이야기가 전개된다. 이때는 하위징아가 '중세의 가을'이라 이름을 붙인 시기에 해당한다. 『장미의 이름』은 중세 도시와 성당을 찾아가지 않더라도 상상 속에서 중세에 대한 그리움을 충족시켜줄 수 있는 책이다. 그 자체로 충분한 미덕을 지니고 있다.

그 이유는 첫째, 에코는 뛰어난 이야기꾼이다. 현대 작가들은 시간의 순서에 따라 이야기를 전개하는 선형적(線形的)인 내러티브 구조를 혐오하지만 에코는 처음부터 끝까지 마치 물 흐르듯 순조롭게 진행되는 이야기를 만들었다. 이 소설은 007영화에서 제임스 본드 역으로 자주 등장한 숀 코넬리(Sean Connery) 주연의 영화로도 만들어졌지만 소설 자체가 영화와 같은 요소를 갖추고 있다. 성당과 숙소, 도서관과 부엌, 식물원과 마구간 등이 동일한 공간 속에 배치된 수도원을 중심으로 모든 사건이 진행된다.

더욱이 탐정소설이라는 형식을 통해 에코의 이야기 솜씨는 한결 빛을 발한다. 수도원 안에서 연쇄살인 사건이 일어나고 바스커빌의 윌리엄이 수사를 책임진다. 윌리엄은 조수 아드소를 데리고 범인을 찾아 나선다. 흔적 읽기, 암호 풀이, 미로 찾기 등을 통해 두 사람은 마침내 범인을 찾아낸다. 프란치스코 수도회 소속의 윌리엄은 경험과 학식이 뛰어나고 자연철학 정신을 존중하는 사람으로 새로운 것에 대해 끝없는 호기심을 가진 '현대인'으로 그려진 반면, 아드소는 베네딕토회(분도회) 수사로 당시의 교회, 정치, 철학과 신학에 대해서 거의 알지 못하는 소박한 귀족 출신 청년으로 그려져 있다(『장미의 이름』은 아드소가 고향 멜크의 수도원에서 지난 일을 회상하는 형식으로 기록되어 있다). 윌리엄과 아드소의 관계를 사람들이 셜록 홈즈와 왓슨에 비교하는 것도 우연이 아니다.[5] 특히 아드소라는 젊은 수사를 등장시킨 것은 에코에겐 적지 않은 의미가 있었다.

아드소는 나에게 대단히 중요했다. 처음부터 나는 한 사춘기 소년의 입을 통해 이야기(그 미스테리, 정치적·신학적, 심지어는 이러한 사건이 지니는 이중적인 의미까지)를 하게 하고 싶었다. 이때 내가 말하는 소년은 문제의 사건을 경험하고 이것을 사진처럼 그려낼 수는 있되, 그 사건의 진정한 의미는 이해하지 못해야 한다. (……) 말하자면 나는 아무것도 이해하지 못하는 사람의 언어를 통해 독자들에게 이것을 이해하도록 만들고 싶었던 것이다.[6]

둘째, 에코의 소설은 역사소설의 특징을 갖추고 있다. 그는 중세 사회와 문화, 중세인의 세계관을 탁월하게 그려낸다. 1314년 프랑크푸르트에서 신성로마제국 황제(루트비히 4세) 선출, 2년 뒤 남프랑스 카오르의 자크(요한 22세)의 아비뇽에서의 교황 즉위, 1322년 페루지아의 프란치스코 수도회 총회, 그리고 같은 해 프란치스코 수도회를 배경으로 한 요한 22세의 칙령('제반 낭설에 관하여') 등이 이 소설의 배경이 되고 있다. 프란치스코회가 교황청에 등을 돌리고 황제파를 옹호하게 된 소지가 되었던 그리스도의 가난에 관한 논쟁이 다섯째 날 수도원 마당에서 벌어진다.[7] 가난한 자를 옹호한 돌치노파도 역사적 배경으로 중요한 역할을 한다. 결국 이단으로 몰려 수도원 마당에서 화형된 레미지오와 살바토레는 프라 돌치노(1307년 화형됨)의 추종자들이었다.

에코는 중세 전문가답게 중세 종교와 사회 문제를 매우 정확하고 흥미롭게 그려낸다. 서양 중세를 전체적으로 이해하기에는 부족함이 없지 않지만(여기에는 기사와 기사도 정신, 장원과 영주가 등장하지 않는다) 교회와 정치, 사랑, 삶과 죽음, 수도원 생활,

그들의 세계관에 관한 지적 호기심을 만족시켜준다. 이는 한때 유행했던 『소설 동의보감』이나 『소설 토정비결』이 사람들의 지적 호기심을 충족시켜준 것에 비교된다. 이론서가 아닌 소설을 통해 사람들은 한의학과 풍수사상, 음양오행의 기본에 대한 지적 욕구를 어느 정도 채웠던 것이다.

셋째, 이 책은 하나의 사상소설이다. 보편과 개체, 실재와 이름, 기호와 의미, 지식과 권력, 열정과 테러리즘에 관한 논의가 수없이 나타난다. 현재의 문화상황과 정치상황에 비춰보더라도 이러한 논의는 현실성이 전혀 떨어지지 않는다. 에코의 관심은 추리소설이 대개 그렇듯 사건을 추적하고 해결하는 일에 한정되지 않는다. 그는 자신의 전공인 기호학을 이용하여 현시대의 문제를 중세라는 배경을 통해 해학적으로 보여준다. 이렇듯 『장미의 이름』은 학자의 소설이고 학자의 사상적 편력과 관심이 반영된 사상소설이기 때문에 우리의 시대와 문화를 반성할 수 있는 기회를 주는가 하면, 역사소설이기 때문에 중세라는 시대의 문화와 사회를 눈앞에 그려보게도 해주고, 탐정소설이기 때문에 그것이 주는 긴장으로 인해 오히려 긴장을 해소시켜준다.

기호와 상징으로 가득한 세계

에코는 왜 굳이 탐정소설을 썼는가? 그는 자신의 소설에 대해 다음과 같이 말한다.

내가 소설을 쓰면서 바라던 독자는 어떤 사람들일까? 물론, 나의 장난에 함께 놀아나 줄 공범자이다. 나는 철저하게 중세적이고자 했고, 지금 이 시대를 사는 것처럼 중세를 살고자 했다. (……) 일단 통과 의례를 끝마치고 나면 나의 '밥'(내가 만든 텍스트의 밥이라는 편이 더 낫겠다)이 되는 독자, 텍스트가 주는 것 이외에는 더 이상 아무것도 바라지 않는 독자를 창조하고자 했다. 텍스트라고 하는 것은, 독자들에게 변모의 경험을 뜻한다. 독자들은, 섹스가 있고, 마지막 대목에서 범인이 드러나고, 그러면서도 액션이 철철 넘치는 범죄소설의 구성을 원한다. 그러나 이런 소설을 원하면서도 동시에 산송장과 악몽 같은 미궁, 범죄에 대한 죄 없는 회오 같은 것으로 이루어진 낡아빠진 범죄소설을 읽었다는 사실 자체를 창피하게 여긴다. 그래? 그렇다면 라틴식 고전을 선사할 수밖에? (……) 독자들로 하여금, 우리를 전율하게 할 만한 일(말하자면 형이상학적인 전율을 느끼게 할 만한 일)을 기쁨으로 받아들일 수 있게 하고 싶었기 때문에 나는 (무수한 플롯 중에서) 가장 형이상학적이고 철학적인 구조, 곧 탐정소설의 구조를 선택하지 않을 수 없었다.[8]

에코는 탐정소설과 철학이 사실 꼭 같은 질문을 던진다고 생각한다. 철학과 탐정소설은 다같이 "누가 범인인가?"(Who is guilty?)라고 묻는다.[9] 끝내 범인을 밝혀내는 것이 탐정소설의 목적이라면 존재 근거, 원인, 원리를 찾아내는 것이 철학의 목적으로 오랫동안 이해되어왔다. 어디 철학만 그런가? 신학도 이 점에서는 동일하다. 단지 차이가 있다면 신학은 처음부터 그 범인이 하나님이라는 전제에서 출발한다는 점에서 탐정소설의 반대편에 서 있다. 그런데 범인을 찾아가는 과정은 미로를 헤매는 것과 같다. 에코는 소설 안에 등장하는 도서관의 미로가 일종의 '메너리스트의 미로'이고 윌리엄이 수도원에서 범인을 찾으면서 경험한 미로는 '리조메 미로'의 구조를 가진 것이라고 밝힌다.[10) 사람이 스스로 구축할 수 있는 미로이기는 하지만 끝내 완벽하게 구성할 수 없는 미로라는 뜻이다. 문제는 결국, 이 세상에 질서가 있는가, 질서가 있다면 그 전모를 알 수 있는가 하는 물음이다. 흔적이나 징표(기호)가 있다면 그 흔적이나 징표에 대응하는 세계를 발견할 수 있다는 희망을 가질 수 있다. 만일 어떤 것의 흔적과 징표(기호)가 또 다른 것의 흔적과 징표에 불과하고 이것이 무한 소급되어간다면 세계에 대한 진리는 무한히 연기될 뿐 모습을 드러내지 않는다.

중세시대는 알로이스 뎀프의 말대로 "최상의 형이상학적 시대"이자 동시에 "기호학적" 시대였다.[11) 그 어느 때보다 조형예술이 발달했고 상징과 그림으로 가득 찬 시대였다. 이 세계 전체가 곧 하나의 상징이요, 기호요, 징표로 보였다. 윌리엄은 아드소에게 이렇게 말한다.

착한 아드소야. 여행하는 동안 내내 가르친 게 무엇이었지? 위대한 교과서처럼 이 세상이 우리에게 말해주는 것을 가지고 증거를 포착하라고 하지 않았나? 인술리스의 알라누스가 이렇게 말했단다. "온 세상 만물이란 마치 책과 그림처럼 우리에게 거울로 반사된다." 알라누스가 생각한 것은 하나님이 세상 만물을 통해 무수한 상징으로 우리에게 영원한 삶에 관해 이야기해준다는 사실이었지.[12]

그럼에도 중세는 형이상학적 진리와 기호학적 상대성이 그 어느 때보다 첨예하게 대립을 보인 시대였다. 소설 속에서는 호르헤와 윌리엄의 대결로 나타난다. 호르헤가 형이상학적 진리를 극단적으로 추구한 사람이었다면 윌리엄은 기호학적 상대성을 추구하면서 상식과 합리성에 기대한 사람이다. 기호학적 상대성과 형이상학적 진리 사이의 갈등은 철학사에서 흔히 실재론과 유명론, 보편주의와 개별주의의 논쟁으로 그려진다.

모든 텍스트는 인용의 모자이크

이제 에코의 『장미의 이름』에 나타난 특징을 이야기해보자. 『장미의 이름』은 무엇보다 수많은 텍스트의 직물로 짜여 있다. 그래서 3분의 2가 인용으로 되어 있다고 본 학자도 있다.[13] 그 가운데에는 직접적으로 인용된 것도 있고, 간접적으로 인용된 것도 있다. 예를 들면 토마스 아퀴나스의 스승이었던 알베르투스 마그누스, 로저 베이컨, 아시시의 프란치스코 등 수많은 중세인들의 말을 직접 인용하고 있는가 하면 중세 기호학에서 아주 중요한 역할을 한 생 빅토르의 휴고(책에서는 '생 빅토르의 휴즈'라고 되어 있다)의 말이 직접 등장한다. 등장인물 가운데는 실존했던 인물이 여럿 있다. 예컨대 프란치스코 총장 케세나의 미카엘, 아비뇽의 교황 요한 22세, 그리고 다섯째 날 수도원에서 열린 종교재판에 등장하는 베르나르도 기는 그 당시 악명 높았던 이단 심문관이었다. 파두아의 마르실리우스, 몬테팔코의 클라라, 프라 돌치노 등도 모두 실존 인물이다.

하지만 수도원과 수도원에서 일어난 사건은 허구적이다. 아보 원장, 윌리엄 수사, 조수 아드소, 부르고스의 호르헤는 모두 허구적인 인물이다. 그런데 자세히 보면 그들조차도 실존했던 중세 인물들을 반영하고 있음이 드러난다. 아보 원장은 파리 근처 생 드니 수도원의 원장을 지냈던 쉬제 드 클뤼니를 반영한 것으로 보인다. 그 수도원은 세계에서 가장 부유하고 풍요로웠고 쉬제 드 클뤼니는 수도원의 부와 권력을 자랑했던 사람이다. 부르고스의 호르헤는 12세기의 베르나르 드 클레르보의 모습을 하고 있다. 베르나르 드 클레르보는 아벨라르를 정죄한 사람이었고 나중에 교회 개혁자 장 칼뱅도 자주 인용한 중세 신학자 가운데 대표적인 사람인데 매우 금욕주의적이었다. 베르나르는 쥐네브 호수를 지날 때, 눈가리개로 눈을 가렸다는 일화가 있다. 자연이 주는 감각적인 미에 현혹되지 않기 위한 것이었다. 이 일화는 작품 중의 호르헤가 장님이란 사실과 관련지어 볼 수 있다. 베르나르 드 클레르보는 현세적·지상적·세속적 아름다움에 대해서 그토록 금욕적인 사람의 상징 또는 기호라고 할 수 있다. 책 안에서 오컴의 윌리엄의 친구로 나오는 윌리엄 수사는 오컴이나 로저 베이컨 또는 둔스 스코터스와 같이 진리를 끊임없이 추구하는 과학적 정신을 대표한다.

텍스트를 인용할 때나 사람을 거론할 때 에코의 뛰어난 유머 감각이 드러나는 곳이 있다. 예컨대『사랑의 거울』을 쓴 저자로 나오는 '볼로냐의 막시무스'는 볼로냐 대학의 에코의 동료(마시모)로 알려져 있다.[14] 그는 고대와 중세의 사랑에 관한 글을 수집 하여 책으로 엮은 사람으로 고중세의 에로티시즘 문학 전문가이다. 비트겐슈타인의 말도 이 가운데 등장한다. 에코는 비트겐슈타인의『논리철학논고』(*Tractatus Logico-philosophicus*)에 나오는 "사다리는 오른 뒤에는 곧장 던져버려야 한다"(Er muoz gelîchesame die leiter abewerfen, sô er an ir ufgestigen)는 구절을 인용하면서 이 말을 중세 독일어식으로 슬쩍 바꾸어놓았다.[15] 작품 속에서 이 말을 인용한 윌리엄은 "독일의 어떤 신비가의 글에 나오는데 무슨 책인지 잊어버렸어"라고 능청을 부린다.[16]

『장미의 이름』은 이렇게 수많은 인용(텍스트, 역사적 인물, 사건)으로 구성된 소설이고 텍스트의 상호텍스트적 성격을 잘 보여준다.[17] 웃음에 관한 논쟁, 책에 관한 이론은 에른스트 로베르트

쿠르티우스(Ernst Robert Curtius)의 『유럽 문학과 라틴 중세』(*Europaische Literatur und Lateinisches Mittelalter*)에서 자세한 논의가 나온다. 수많은 인용뿐 아니라 멜크의 수도원에 앉아 어린 시절을 회상하는 마지막 장면은 하위징아의 『중세의 가을』(*Hersttij der Middeleeuwen*)에서 볼 수 있다. 사건의 추적과 도서관의 미로를 찾아가는 실마리는 「요한계시록」이 열쇠 구실을 한다. 에코는 "모든 텍스트는 인용의 모자이크로 구성된다. 모든 텍스트는 다른 텍스트의 흡수 및 변형이다. 그러므로 이제 '상호주관성' 대신 '상호텍스트성'이 자리 잡아야 한다"는 크리스테바의 말을 소설 속에서 실천한다.[18] 그럼에도 그토록 많은 인용과 작은 텍스트 조각들을 각각 알맞은 자리에 배치하여 흥미진진한 탐정소설을 만들어냈다는 점에서 에코의 뛰어난 능력이 드러난다. 책을 다 읽고 난 독자는 첫째 날부터 마지막 날까지 일어난 사건과 해결 과정을 쉽게 그릴 수 있을 정도로 『장미의 이름』은 매우 질서 정연하게 짜여 있다. 요컨대 에코의 소설은 텍스트의 조각들로 짜여 있을 뿐 아니라 이 자체가 곧 책을 주제로 한 책이다.

책 속에서 책과 함께 책으로 사는 사람들

『장미의 이름』은 에코가 서문에서 "이것은 나날의 근심 걱정에 대한 이야기가 아니라 책들에 관한 이야기"라고 말하고 있듯이 책에 관한 책이고, 책을 중심으로 일어난 사건을 담은 책이다.[19]

여기서 책은 여러 겹의 의미를 가진다.

첫째, 수도원의 살인 사건은 아리스토텔레스의 『시학』 제2권 (희극론) 때문에 일어난다.[20] 『시학』 제2권의 실존 여부에 관한 논란이 없지 않으나 소설 속에서는 수도원 도서관에 보관되어 있는 것으로 나온다. 이 책의 내용으로 추정되는 희극 · 웃음 · 풍자의 문제가 소설에서 중요하게 등장한다. 둘째 날 도서관 필사본실에서 윌리엄이 호르헤와 웃음을 두고 논쟁할 때 호르헤가 웃음에 대해 부정적인 입장을 취하는 장면이 소개된다. 웃음은 회의를 낳고 어리석은 사람들이 하나님은 존재하지 않는다고 생각하게 만든다.[21] 그래서 호르헤는 웃음에 관한 아리스토텔레스의 『시학』 제2권을 다른 사람이 읽지 못하도록 끝까지 지키려 한다. 책을 지키려고 하는 것 때문에, 그리고 그 책을 찾아 읽고자 하는 수도사들의 지적 호기심 때문에, 수도원에서는 한 사람씩 죽어간다. 사건 배후에는 호르헤라는 노인이 있다는 사실이 끝에 가서야 밝혀진다. 『시학』 제2권은 여기서 금단의 책이다. 금단의 책이기 때문에 사람들에게 읽고 싶은 욕망을 일으키고, 읽고 싶은 욕망으로 책을 손에 든 사람은 책에 발린 독으로 죽게 된다. 『시학』 제2권은 금단의 책이면서 욕망의 대상이며, 동시에 무서운 독을 담고 있는 죽음의 책으로 그려진다.

아리스토텔레스의 『시학』은 다른 여러 책들과 함께 '책의 세계'의 부분이다. 중세 수도원은 바로 그 자체가 곧 하나의 책의 세계였다. 베네딕트 수도회의 창시자인 성 베네딕트는 '수도원에는 반드시 책이 있어야 하고, 수도사들은 반드시 글을 배워야 한다는 규칙을 정해두었다. 윌리엄이 도착했을 때 아보 원장은 자신의 수도원과 수도원 도서관에 대해 다음과 같이 말한다.

책이 없는 수도원은 음식 없는 식탁, 약초 없는 정원, 꽃이 없는 들판, 잎새 없는 나무와 마찬가지입니다. 우리 수도회는 노동과 기도라는 두 가지 명제 아래 성장하여 우리에게 알려진 인간 세계의 빛이 되고, 지식의 창고가 되고, 화재, 약탈, 지진으로 소멸의 위기에 처한 고대 학문의 구원자이며, 새로운 저술의 원천임과 동시에 옛 문헌의 증가에 힘쓰기도 하며 (……) 이런! 당신도 알다시피 우리는 지금 대단한 암흑시대에 살고 있습니다.[22]

중세의 수도원은 기도하고 노동하는 장소일 뿐 아니라 필사 작업을 통해서 책을 만들고 보관하는 역할도 한다. 수도사들은 책과 더불어 사는 사람들이다. 살인 사건을 수사해가는 과정에서 윌리엄은 벤노에게 이렇게 말한다. "우린 지금 책 속에서 책과 함께 책으로 사는 사람들 가운데에서 벌어지는 일을 이해하려고 하기 때문에 책에 관한 이야기는 모두 중요합니다." 여기에 대해 벤노는 이렇게 대꾸한다. "그건 그렇습니다. 우린 책을 위해서 살죠. 무질서와 부패로 가득 찬 이 세상에선 편안한 임무입니다."[23] 벤노의 말은 지도자들조차도 글을 읽을 수 없었던 중세의 사정을 생각하면 이해가 된다. 수도사들은 반드시 글을 배웠고 책을 필사하고 전수하고 보관하는 것이 중요한 임무 중의 하나였다. 책 속에서, 책과 함께, 책으로 사는 사람들이 그들이었다.

책과 책 사이에는 그물로 연결된 조직이 있다. 책은 그 자체로 존재하는 것이 아니라 책과 책 사이의 상호 관계로 존재한다. 책은 항상 다른 책과 관계하고, 다른 책을 인용하고, 다른 책을 통해서 존재한다.[24] "왜요? 한 책의 내용을 알아내기 위해 다른 책을 여럿 읽어야 하다니요?"라는 아드소의 질문에 윌리엄은 "때로는 그래. 책이 책에 대해서 말할 때가 많거든. 무해한 책이 위험한 책으로 발전하는 작은 씨가 되는 일도 적지 않거든"이라고 답한다.[25] 책은 책 바깥의 현실 세계를 이야기한다고 생각한 아드소에게 책이 책끼리 이야기한다는 말은 의외였다. 그러니 도서관은 그에게 더욱 골치 아픈 존재로 다가왔다. 수세기에 걸친 속삭임, 양피지끼리 나누는 불가해한 대화의 장소, 살아 있는 생물, 인간정신의 지배에서 벗어난 권력의 그릇, 수많은 지성이 배출한 비밀의 보물창고, 비밀을 생산하거나 전승한 사람들의 죽음마저 초월한 존재가 도서관으로 보였다. 도서관은 그 자체가 미로였다.[26]

중세인들은 책은 새로운 생각과 정신을 표현하는 것이 아니라 과거의 건물 위에 돌멩이 하나를 더하는 것이라는 생각을 했다. "거인의 어깨 위에 앉은 난쟁이"(샤르트르의 베르나르)라는 생각이었다.[27] 그러므로 중세 학자들은 예로부터 내려오는 텍스트를 옮겨 쓰고 해석하고 이해하는 일에 몰두하였다. 토마스 아퀴나스의 『신학대전』의 구성을 보라. 예컨대 '하나님은 존재하는가?'라는 질문에 대해, 하나님이 존재하지 않는다는 주장을 먼저 내어놓고 그다음에는 그와는 반대로(Sed contra) 하나님이 존재한다는 주장을 소개한다. 그런 다음 토마스는 각각의 주장을 따지고 자신의 생각을 "나는 대답한다"(Respondeo)라는 말로 전개한다. 이것이 이른바 '스콜라적 방법'이다.[28) 이 방법은 후에 독일 관념론을 통해 변증법(정·반·합)으로 발전된다. 이때 찬반 양쪽에 배치된 명제는 자신의 생각에서 우러나온 명제가 아니라 권위 있는 철학자의 글로부터 빌려온 것이다. 현대 논리학은 이러한 논변을 '권위로부터의 논변'(argumnetum ex auctoritate)이란 이름으로 오류추리 속에 넣지만 중세인의 관점은 전혀 달랐다. 그들은 권위 있는 저자의 이름으로 명제를 내세우고 그것을 논리적으로 따져나가는 일이 낯설지 않았다. 윌리엄과 호르헤가 웃음에 관한 논쟁을 벌일 때도 과거의 텍스트를 쉬지 않고 인용하는 것을 보면 그들은 전형적인 중세인이었다.

『장미의 이름』에서 책은 사람들이 경험하는 현실을 만들어내기도 한다. 베렌가리오가 아델모를 무덤가에서 만난 이야기를 하는 가운데, 손바닥이 뜨거운 무엇에 의해 구멍이 파이는 경험을 했다고 언급하는 부분이 있다. 그것은 다른 책에서 읽은 이야기를 마치 본 것처럼 그려낸 것이다. 우베르티노가 돌치노파의 수도승 생활을 이야기하는 부분도 사실은 책에서 인용하는 것이다. 그는 그것을 실제로 경험한 것처럼 이야기한다. 그리고 아드소가 이름 모르는 소녀와 사랑을 나누는 것도 『구약성경』에 들어 있는 「아가」서와 관련되어 있다.[29] 텍스트는 현실을 창조할 뿐 아니라 실제 사건을 주도하기도 한다. 수도원의 연쇄살인 사건은 「요한계시록」과도 관계가 있다. 아델모는 수도원 바깥 눈 위에 떨어져 죽었다. 베난시우스는 돼지 피를 담은 통에 머리를 처박은 채 발견되었다. 베렌가리오는 목욕탕에 빠져 죽어 있었다. 하루하루의 사건은 이렇게 「요한계시록」(8장 6절 이하)에 따라 진행된다.

(……) 첫째 천사가 나팔을 부니 피 섞인 우박과 불이 나와서 땅에 쏟아지매 땅의 3분의 1이 타버리고 수목의 3분의 1도 타버리고 각종 푸른 풀도 타버렸더라. 둘째 천사가 나팔을 부니 불 붙는 큰 산과 같은 것이 바다에 던져지매 바다의 3분의 1이 피가 되고 바다 가운데 생명 가진 피조물들의 3분의 1이 죽고 배들의 3분의 1이 깨지더라. 셋째 천사가 나팔을 부니 횃불같이 타는 큰 별이 하늘에서 떨어져 강들의 3분의 1과 여러 물샘에 떨어지니 이 별 이름은 쓴 쑥이라 (……).

각본은 실제로 허구였다. 그렇게 보이기 위해 (계시록처럼 보이기 위해서) 호르헤가 꾸민 일이었다. 호르헤 자신은 그렇게 일어나는 모든 사건들이 묵시록적인 사건이라는 것을 굳게 믿고 있었다. 책이 사건을 읽는 단서가 아니라 사건이 책에 따라 발생한다는 생각을 여기서 읽을 수 있다.

'세상'이라는 하나의 책

세상 자체가 책이라는 생각이 『장미의 이름』에 담겨 있다. 세상이 곧 책이라는 생각은 중세적 사고를 두드러지게 보여준다.

> 착한 아드소야. 여행하는 동안 내내 가르친 게 무엇이었지? 위대한 교과서처럼 이 세상이 우리에게 말해주는 것을 가지고 증거를 포착하라고 하지 않았나? 인슐리스의 알라누스가 이렇게 말했단다. "온 세상 만물이란 마치 책과 그림처럼 우리에게 거울로 반사된다"(Omnis mundi creatura, quasi liber et pictura nobis est in speculum).[30]

이 세상을 책으로 보는 전통은 아우구스티누스에게까지 거슬러 올라간다. 그에 따르면 하나님은 두 권의 책을 썼는데 하나는 '성경'이고 다른 하나는 '세상'이란 책이다. 생 빅토르의 휴고와 보나벤투라도 세상을 책으로 보았다. 이 세상은 하나님이 쓴 책이기 때문에 읽을 수 있는 눈이 있는 이는 그 속에 담긴 글과 뜻을 읽어낼 수 있다. 갈릴레오 갈릴레이도 이 생각을 이어받았다. '자연'은 하나의 펼쳐진 책인데 이 책을 읽기 위해서는 수학적 이성과 지식이 필요하다고 생각하였다. 소설 중의 윌리엄 수사는 중세적 입장에서 근대적 입장으로 전환되는 계기를 보여준다. 근대에 와서는 설사 세계를 책으로 보았다고 하더라도 이 책은 우리가 쓴 텍스트이지 우리 바깥의 어떤 존재를 통해 쓰인 텍스트가 아닌 것으로 이해되었다. 하지만 중세인의 생각에 따르면 세상이라는 책은 읽는 사람이 있거나 없거나 상관없이 의미 있는 텍스트로 존재한다.[31]

세상이 하나님의 책이라는 비유에는 또 다른 중요한 의미가 담겨 있다. 그 비유는 하나님이 이 세상 안에서 그리고 이 세상을 통해 자신을 표현한다는 사실을 말해준다. 세상은 하나의 기호요, 하나의 흔적이다. 그러므로 흔적과 기호를 추적하면 이 세상을 지은 하나님을 알 수 있다고 보는 것이다. 중세의 상징 신학을 대표하는 디오니수스 아레오파지타, 인술리스의 알라누스, 생 빅토르의 휴고가 이와 같은 사상을 내세웠다.[32]

이들의 신학을 따르면 무한한 것은 유한한 것 속에 자신을 표현한다. 따라서 유한한 것은 무한한 것의 상징이다. 자연 전체가 하나님의 지혜와 권능과 능력을 보여주는 상징이요 기호이다. 이 세상에 있는 모든 것은 단 하나의 기원을 가리키는 기호요 상징이라고 그들은 생각하였다. 중세 기호학의 선구자라고 할 수 있는 아우구스티누스는 '사물'(res)과 '기호'(signum)를 구별하면서 '사물'도 하나의 '기호'가 될 수 있다고 가르쳤다.[33]

아드소가 전날 밤 부엌에서 이름 모를 소녀와의 정사에서 깨어나지 못한 채 정원을 거닐면서 하는 생각에는 중세의 상징 신학이 잘 반영되어 있다. 여자와 결합할 때 느낀 격렬한 쾌감, 죄악의 덧없는 천한 감각은 잊어버렸으나 "여자의 얼굴은 내 영혼이 망각할 수가 없었다"라고 고백하는 아드소는 온갖 사물 속에서 여자의 모습을 본다.

사실 나는 여자를 '보았다'. 추위에 떠는 참새가 피난처를 구하려 날아드는 앙상한 나뭇가지에서도 여자를 보고 헛간에서 나오는 어린 암소의 눈에서도 보고, 잘못 든 내 길을 가로질러 가는 양 떼의 울음소리에서도 여자의 음성을 들었다. 세상 만물이 여자에 대해 말하려 하는 듯했다. 참으로 다시 보고 싶었다. 만일 그날의 충만한 기쁨을 향유할 수 없고 설령 영원히 멀리 떨어져 있더라도 여자가 한 번만 내 곁에 있어주기만 한다면, 다시는 만나지 않고 다시는 함께 눕지 않을 각오도 되어 있었다. 지금에야 깨닫는 일이지만 [이어서 아드소는 생 빅토르의 휴고의 말을 인용한다] 하나님의 손가락이 쓴 책과 같은 온 우주 속에서는 만물이 창조주의 무한한 선을 우리에게 말해주고 [다시 인슐리스의 알라누스의 말을 빌려] 만물이 삶과 죽음의 형상이자 거울이며, 가장 비천한 장미가 지상의 우리의 발전의 광채가 되는 것과도 같이, 만물은 부엌의 향기로운 그늘에서 얼핏 본 얼굴만 내게 말해줄 따름이었다.[34]

만물은 하나님의 손길을 보여준다. 하지만 우리의 존재가 얼마나 허망하고 비참한가 하는 것도 만물을 통해 볼 수 있다. 알라누스는 '장미'를 아름다움과 허망함을 동시에 보여주는 상징으로 쓰고 있다.

오직 이름으로만 남아 있다

에코는 그의 책 제목을 『장미의 이름』이라고 붙여놓았다. 이 제목은 모를레이의 베르나르의 『세상의 멸시에 관하여』(*De contemptu mundi*, 1140년경) 가운데서 "태초의 장미는 이름으로 존재하나 우리는 빈 이름만을 가지고 있다"(Stat rosa pristina nomine, nomina nuda tenemus)는 구절에서 따온 것이다.[35] 바벨론의 영광, 그 두려웠던 느부갓네살, 힘 있던 다리우스와 유명하던 키루스(고레스)는 이제 어디 있느냐고 베르나르는 묻는다. 세상의 부귀와 권력, 세상의 영광은 이름만 남을 뿐 그 외 모든 것은 사라지고 말았다. 여기서 장미는 알라누스의 경우와 마찬가지로 허망함을 상징한다. 장미는 과거의 아름다움을 잃고 이제는 이름만 남아 있다.

그런데 사람들은 '장미의 이름'을 『로미오와 줄리엣』(2장 1막)에 나오는 구절로 해석했다. 여기서 줄리엣은 실체가 중요할 뿐 이름은 전혀 중요하지 않다는 생각을 보인다. 이름은 실체가 아니며 사물 자체의 본질에는 어떠한 영향도 미치지 못한다. 장미란 하나의 이름에 불과하며, 다르게 이름 붙인다고 하더라도 실체는 여전히 실체 그대로 남는다는 생각이다. 하지만 에코는 정반대의 것을 의도했다고 말한다. 실체는 모두 사라지고 남아 있지 않다. 과거의 영광스럽고 위대한 것들은 덧없이 사라지고 만다. 하지만 그것들은 오직 이름으로만 남아 있다. 중세 논리학자 아벨라르에 따르면 '장미라는 이름'(rosae nomen)은 그 이름으로 지칭할 장미가 없더라도 여전히 의미를 가진다. 내포는 갖지만 외연은 없을 수 있다. 이것을 바탕으로 아벨라르는 의미(significatio)와 지칭(appelatio 또는 nominatio)을 구별한다.[36]

하지만 장미의 이름을 반드시 유명론의 방향에서 해석할 필요는 없다. 모를레이의 베르나르 말을 인용할 때 에코 자신은 그것을 인간 존재의 허망함과 관련해서 보았고, 아드소 자신도 그렇게 생각했을 가능성이 있다. 하지만 장미는『장미의 이름』안에서도 여자를 상징한다.[37]『장미의 이름』의 마지막 구절은 이름 저편의 실체, 수도원 부엌에서 만났던 이름 모를 처녀의 따스한 몸에 대한 향수와 그리움을 담고 있다. 이 세상 모든 것이 지나가고, 이름 있는 것들은 오직 이름만이 남지만 장미 향기를 입술로 전해주던 소녀, "눈은 헤슈본의 연못처럼 맑고, 코는 레바논의 탑 같고, 머리털은 자줏빛"인 여자는 이름도 없이, 늙은 수도사의 머리에는 그 얼굴과 몸의 따스함으로 남아 있다.

이 여자는 누구인가? 달처럼 아름답고 태양처럼 맑고 군대처럼 두려우며 새벽처럼 일어선 이 여자는 누구인가? 오, 주님,

영혼이 떠날 때 유일한 덕은 당신이 보는 것을 사랑하는 데 있고(진실이지 않은가?), 지고의 행복은 당신이 가진 것을 소유하는 데 있으며, 거기서 당신은 행복한 생활의 샘물을 마시고(이미 말하지 않았던가?) 우리가 죽은 뒤 천사들과 함께 영원히 누릴 진실한 삶을 거기서 당신은 맛보고 있으니 (……) 그런 생각을 하자 모든 예언이 드디어 실현되는 듯했다. 여자가 형언할 수 없는 감미로움을 뿜어댔던 것이다. 내 온몸은 앞이고 뒤고 모두 눈으로 변했는지 문득 주변의 모든 것이 보였다. 그때, 거기서, 사랑으로 일치와 부드러움이 선과 입맞춤과 충족처럼 함께 창조됨을 깨달았다.[38]

여인과의 경험을 아드소는 '신비적 연합'의 체험으로 그린다. 교부 테르툴리아누스의 "모든 동물은 교접 후에는 슬퍼한다"(Omne animal triste post coitum)는 말을 떠올리면서 허무감과 죄책감에 시달렸던 순간을 아드소는 기억에 떠올린다. 그러나 "해가 바뀌고 바뀐 지금도, 그 죄를 통렬히 뉘우치지만, 그날 밤 맛본 엄청난 쾌감은 잊어버릴 수가 없다"고 말할 정도로 그때 경험의 감미로움에 잠긴다. 장미는 이름으로 남지만, 그때 그 처녀는 이름 없이 그가 맛본 따스함으로 노년의 수도사에게 남았다.

웃음이 없는 진리는 폭력을 낳고

『장미의 이름』에 만일 가장 중요한 주제가 있다면 그것은 어느 정도 우리가 진리에 충실할 수 있는가 하는 물음이 아닐까 생각한다. 이것은 다시 기호와 진리의 관계, 그리고 진리와 폭력의 관계로 좁혀볼 수 있다. 호르헤란 인물은 기독교 진리를 보존하기 위해서 그것에 대해 가장 해롭다고 생각한 아리스토텔레스의『시학』제2권을 끝까지 지키고자 한다. 그러므로 어떠한 비판도, 어떤 상대화나 회의도 그는 허용하지 않는다. 이러한 태도는 웃음에 대한 거부로 나타난다. "난 웃음이란 목욕처럼 육체의 기능 불순과 기타 질병, 특히 우울증을 고쳐주는 좋은 약이라고 믿는데요"라는 윌리엄의 말에 대해 호르헤는 "목욕은 좋은 겁니다. 토마스 아퀴나스 자신도 슬픔을 달래는 데 목욕이 좋다고 권했으니까요. (……) 하지만 웃음은 육체를 움직여 얼굴 모습을 왜곡시켜 사람을 원숭이 비슷하게 만듭니다"라고 응수한다.[39] 호르헤의 이 말에 윌리엄은 다시 이렇게 응수한다.

솔즈베리의 존은 점잖은 희열은 허가했습니다. 또 당신이 예로 든 수도원 규칙이 있는 「전도서」에는 웃음이 어리석은 사람의 특성이지만 평온한 정신으로 소리 없이 웃는 것은 최소한 허용된다는 구절이 있습니다.[40]

윌리엄의 반론에 대해 호르헤는 이렇게 답한다.

정신은 오직 진리를 묵상하고 성취하는 선을 기뻐할 때만 평온한 겁니다. 그리고 진리와 선은 웃음의 대상이 아니죠. 그래서 그리스도가 웃지 않았다고 하는 겁니다. 웃음은 회의를 낳습니다.[41]

웃음은 사악한 사람을 혼란에 빠뜨리고 이들의 어리석음을 폭로할 수 있기 때문에 인간 이성에 맞지 않는 모순된 명제의 거짓 권위를 무너뜨리는 수단이 될 수 있다는 윌리엄 수사의 생각에 대해서 호르헤는 전혀 동의하지 않는다. 마지막 날 도서관 안에서 윌리엄과 호르헤가 최후의 싸움을 할 때도 호르헤의 입장은 단호하다.

웃음이란 우리 육체의 나약·타락·어리석음입니다. 웃음은 촌놈들의 오락이고 술주정뱅이의 음담패설이며, 심지어는 지혜를 간직한 교회에서조차 축제니 사육제니 하여 우울한 기분을 방출하고 야망의 망각을 유도하는 이 일시적인 오염을 허용하지만 (……) 웃음은 여전히 천박한 것이며 단순한 사람들의 방패이거나 일반 대중들을 세속화시키는 신비일 뿐입니다.[42]

윌리엄에 따르면 웃음은 생기를 북돋아주는 것이지 타락하고 나약한 것이 결코 아니다. 한바탕 웃을 수 있다는 것은 진지함과 엄숙함으로 포장된 허위를 들추어내는 기능이 있다는 것을 윌리엄 수사는 알고 있다. 그래서 진리를 수호하기 위해서 웃음조차 거부한 호르헤에게 윌리엄은 마지막으로 이렇게 말한다.

"당신이 악마입니다."

호르헤는 못 알아들은 모양이었다. 시력이 있었다면 상대방을 어리둥절한 시선으로 쳐다보았을 것이다. 호르헤가 반문했다.

"내가?"

"그렇습니다. 당신은 속은 겁니다. 악마는 물질의 왕자가 아닙니다. 악마란 정신의 오만, 웃음이 없는 신앙, 한 번도 의심을 받지 않은 진리입니다."[43]

윌리엄이 볼 때, 건전한 신앙이란 언제나 웃음이 깃들어 있으며, 웃을 수 있고, 회의할 수 있는 것이다. 그렇지 않은 신앙은 오히려 악마적이다. 이러한 태도는 이단에 대한 윌리엄의 입장에서도 드러난다.

"그렇다면 누가 옳았습니까. 지금 누가 옳습니까. 누가 잘못이었습니까."

"모두 각자 나름대로 옳았지. 또 모두 잘못했고."[44]

수도원장과 토론할 때 윌리엄은 이른바 '이단'이라 불리는 파타리니파, 카타리파, 보고밀파 등에 대해서 상당히 동조적인 입장을 취한다.[45] 윌리엄이 볼 때 돌치노 같은 사람은 그리스도의 가난을 실제 몸으로 실천하려고 했는데, 이에 대해 수도원장은 상당히 못마땅하게 생각한다.

> "윌리엄, 당신은 이단에 대해 너무나 많은 것을 알고 있어서 이단자와 비슷하게도 보이는데, 진리가 어디에 있는지 말해보십시오."
> 윌리엄이 슬픈 어조로 대답했다.
> "때로는 아무 데도 없습니다."[46]

호르헤에게는 진리가 있었다. 그리고 그 진리를 목숨 걸고 지켜야만 한다고 생각했다. 윌리엄이 볼 때 이것은 오만이었다. 윌리엄과는 반대로 호르헤가 생각한 오만은 호기심(curiositas), 곧 인간의 지적 교만이었다. 호기심은 모든 악의 근원이었다. 그러나 윌리엄에게는 의심 없는 신앙, 회의하지 않는 태도가 오만이었고 악의 원천이었다. 도서관이 화염에 휩싸여 있을 때 윌리엄은 아드소에게 이렇게 말한다.

> 호르헤. 철학에 대한 증오로 일그러진 그 얼굴에서 나는 처음으로 그리스도의 적의 초상을 발견했어. 그리스도의 적은 선구

자들이 말했듯이 유다지파에서 또는 먼 나라에서 오는 것이 아냐. 이단자가 성인 중에서, 신들린 사람이 점장이에서 나오듯 그리스도의 적은 경건 그 자체에서, 하나님 또는 진리에 대한 과도한 사랑에서 나올 수가 있어. 아드소, 너는 예언자들과 진리를 위해 죽을 각오가 되어 있는 사람들을 두려워해라.[47)]

회의와 웃음을 곁들이지 않은 진리에 대한 절대 충성은 결국 폭력을 낳는다. 그리스도의 청빈에 대한 존중으로 교회뿐만 아니라 모든 사람이 가난해야 한다고 주장하면서 부자들에 대한 살육을 서슴지 않았던 프라 돌치노, 끝없는 마녀사냥과 이단재판을 자행한 베르나르도 기와 교황청, 기독교 세계에 이방인의 지식이 넘어오지 못하도록 지키고자 했던 호르헤, 이 모두가 사실 진리의 이름으로 폭력을 정당화한 경우다. 그러므로 윌리엄은, 모든 종류의 테러리즘은 진리에 대한 맹신으로부터 산출된다는 것을 아드소에게 가르쳐주고자 했다.[48)]

아마도 인류를 사랑하는 사람의 사명은 사람들이 진리를 향해 웃도록, '진리가 웃도록' 만드는 데 있을 거야. 유일한 진리는 진리에 대한 광적인 정열에서 우리가 해방되는 길을 배우는 데 있기 때문이지.[49)]

기호의 상대성과 기호 너머의 세계

윌리엄의 이와 같은 태도는 기호에 관한 그의 입장과 무관하지 않다. 호르헤는 기호에 대해 불신한다. 그것이 문자로 적혀 있든 그림의 형태든 아니면 눈으로 볼 수 있는 지상의 사물이든 어떤 것도 '진리 자체'를 드러내주지 못한다. 기호는 기호일 뿐 진리와 구분된다. 기호는 진리에 이르는 길이 아니라 진리를 파괴하고 왜곡하는 수단이 된다. 그러므로 호르헤는 어떤 그림도, 어떤 상징도, 어떤 해학과 웃음도, 어떤 회의도 허용할 수 없었다. 진리는 오직 명상을 통해 정신의 눈으로만 볼 수 있는 것이다. 이와 같은 진리는 더 이상 보충될 필요도, 혁신될 필요도 없다. 이미 알려진 진리는 제대로 지키는 것만으로 충분하다. 하지만 윌리엄은 진리란 늘 기호(징표)를 통해 접근할 수 있는 것으로 생각한다.

아드소, 징표의 진리에 대해 난 한 번도 의심하지 않았어. 이 세상에서 인간이 자기 방향을 잡는 데는 이 징표뿐이야. 내가 이해 못한 것은 이 징표들 간의 관계지. (……) 사악하고 논리적인 정신의 소유자의 계획을 추적하다가 호르헤에게 닿았지만 그런 계획은 처음부터 없었어. 아니, 오히려 호르헤가 최초의 자기 계획에 압도되고 나자, 원인, 유사원인, 서로 모순되는 원인이 서로 꼬리를 물고 각 원인이 독자적인 작용을 하는 바람에 계획 없이 발생한 이상한 관계를 형성했지. 그러면 내 지혜는 어디 있단 말인가. 우주에는 질서가 없다는 것을 잘 알았어야 될 때 난 질서와 유사한 것을 추구하면서 완고하게 행동했지.[50]

지식을 추구하는 과정은 가설을 설정하고 그것을 확인할 증거와 자료(흔적과 기호, 징표)를 수집하고 검증을 한 뒤 해석 절차를 거친다. 하지만 방법에는 늘 한계가 있고 알 수 있는 범위도 제한되어 있다. 윌리엄은 세계의 질서와 그것에 대한 개념적 파악 가능성을 믿었던 중세의 거대 형이상학('옛길', via antiqua)에 대해 로저 베이컨, 오컴, 스코터스의 반형이상학적·기호학적 철학('새로운 길', via moderna)을 따른다.[51] 이 철학의 특징은 '세계의 우연성', 곧 현실 속에는 필연적으로 정해진 질서가 없고 모든 것은 신의 절대의지에 달려 있다는 믿음이다. 세계가 이렇게 있다는 사실 외에, 그것이 왜 그렇게 있지 않으면 안 되는지 물을 필요가 없게 된다. 세계는 지금 이렇게 돌아가고 이렇게 존재할 뿐이다. 세계가 이렇게 있는 것은 하나님이 그렇게 원했기 때문이다.[52] 그러므로 학자의 일이란, 세계가 어떻게 돌아가고 있는지를 주어진 그대로 기술하는 것으로 족하다. 세계는 우리가 기호를 매개로 탈출구를 찾아야 할 일종의 미로이다.[53]

이와 같은 입장은 우리의 인식과 세계구조를 동일시하지 않고 오히려 그 사이에 거리가 있게 한다. 인식은 기호로 구성되어 있으며 이 기호는 세계구조와 반드시 일치하지 않는다. 오컴의 윌리엄에 따르면 지식은 현실에 대한 기호에 관한 것이고 보편 개념을 다룰 때는 단지 '기호의 기호'(signa signorum)를 다루는 것에 불과하다. 우리가 알 수 있는 것은 직접적인 기호가 있는 개별자에 불과하다.[54] 바스커빌의 윌리엄도 이 점에서는 오컴과 동일한 입장을 보인다. 이들의 이론을, 보이는 세계를 보이지 않는 세계의 상징으로 보던 12세기의 '형이상학적 기호학'과 비교한다면 '인식론적 기호학'이라고 부를 수 있다. 인식론적 기호학이 숙고하는 기호는 사물 자체가 아니라 그것을 통해 사물을 인식할 수 있는 사물의 표상이다. 기호는 사물과 갖는 유사성보다는 사물을 지칭하는 데서 그 고유한 기능을 찾아볼 수 있다. 비록 확실성에 도달하지 못하더라도 기호를 더듬어 현실을 파악할 수밖에 없는 것이 인간이 처한 삶의 조건이라는 생각이 여기에 들어 있다. 절대 진리에 대한 맹신보다 오히려 인간 존재의 애매성, 기호의 이중성, 현실적·구체적 삶의 중요성에 대한 인식과 감각이 이러한 의식에서 비롯된다.

모두가 기호일 수 있다 하더라도, 기호를 넘어선 현실을 아드소는 끝까지 포기하지 않는다. 「요한복음」 1장 1절을 가지고 시작했던 소설은 기호를 통해 진리를 파악하는 것이 얼마나 어려운가를 보여주고는 다시 처음으로 돌아가서 수사학의 한 기법으로 거론되는 수미쌍관(首尾雙關, inclusio)형의 완결된 원을 만든다. 기호를 넘어선 현실은 그러나 우리가 언어로 그릴 수 있는 감각세계가 아니라 모든 구별과 차이, 무와 존재, 여기와 거기, 지금과 과거를 뛰어넘은 세계이다. 그러므로 그곳에 이를 수 있는 길은 오직 침묵밖에 없다.

지금 내가 할 수 있는 일이란 침묵뿐이다. 아, 고독 속에 앉아 입을 다물고 하나님과 나누는 대화는 얼마나 유익하고 행복하고 또 얼마나 감미로운가! 이제 곧 나는 출발한 곳으로 다시 돌아가겠지만, 그곳이 우리 수도회의 원장들이 내게 말해준 영광의 그 하나님도, 작은 형제회 수도자들이 늘 믿어온 환희의 그 하나님도, 또 어쩌면 경건의 그 하나님도 아니라고 믿는다. 하나님은 전적으로 비존재의 존재이다. 그를 지금이나 여기가 접촉할 수 없다(Gott ist ein lauter Nichts, ihn rührt keine Nun noch Hier). 나는 곧 완전한 수평의 끝없이 이 광대한 사막으로 들어설 것이다. 거기서는 진실로 경건한 가슴이 희열 속에 쓰러질 것이다. 나는 하나님의 그늘, 말없는 고요, 필설로 형언할 수 없는 일치 속으로 가라앉을 것이며, 이 침몰에는 모든 평등, 모든 불평등이 사라지고, 그 심연 속에서 내 영혼은 자아를 망각하고 평등이나 불평등을 모르게 될 것이다.[55]

하지만 끝에서 아드소는 필사본실의 현실로 돌아온다. 금방 올라갔던 사다리를 타고 되돌아와 문자와 기호, 필사본과 책의 세계 속에 앉아 있다. 그곳은 춥고 손가락이 아픈 처참한 현실이다. 이 세계에 의미를 주고 희망을 줄 수 있는 것은 저 너머의 세계에 있으나 지금, 여기에는 단지 이름과 기호만이 있을 뿐이다. 그러므로 이제 유한한 인간에게 맡겨진 일은 무엇인가?

진리가 아무리 애매하게 보인다 해도, 또 순전히 악에 기울어진 인간의지와 뒤섞여 존재한다 해도, 우리는 진리를 밝혀주는 기호(징표)라면 남김없이 포착해야 한다.[56]

다시 일상으로

• 책을 마치며

참된 삶은 다른 곳에

밀란 쿤데라의 작품 가운데 『생은 다른 곳에』(*Life is elsewhere*)라는 제목을 단 소설이 있다. 젊은 시인 야로밀의 짧은 생애를 그린 작품이다. 소설의 제목은 랭보의 "참된 삶은 다른 곳에"(La vraie vie est ailleurs), "참된 삶은 부재중"(La vraie vie est absente)이라는 표현에서 빌려왔다. 이러한 표현에는 새로움이나 놀라움이 없이 어제나 오늘이 똑같이 반복되는, 너무나 익숙하고 평범한 일상에 참된 삶이 존재하지 않는다는 인식을 드러낸다. 그럼에도 일상과는 다른 참된 삶이 어디엔가 있으리라는 기대 또한 담겨 있다. 참된 삶이 여기에 없다는 의식은 좌절과 절망을 가져다주지만 어느 곳엔가 있으리라는 기대는 우리로 하여금 희망과 기대를 가지고 계속 움직이게 한다. 이러한 움직임, 이러한 동작을 레비나스는 '타자로 향한 초월'이라 부르고 '형이상학적 욕망'의 표현으로 본다.[1]

어디 '형이상학적 욕망'만 참된 삶의 부재 경험에서 비롯되겠는가? 일상 안에 사는 사람 자체가 초월을 꿈꾼다. 따라서 초월을 형이상학이나 윤리학이나 신학의 의미로 제한해서 쓸 필요가 없다. 문자 그대로 '넘어감', '떠남'이 초월이다. 지금, 여기를 떠나 다른 곳으로, 더 먼 곳으로 옮겨가는 행위를 우리는 초월이라 부를 수 있다. 이렇게 본다면 인류 역사는 거의 처음부터 초월의 역사라 볼 수 있다. 왜냐하면 인류의 역사는 '이주'(移住)의 역사이기 때문이다.[2] 거주하는 땅이 생존의 터전이 될 수 없을 때 인류는 끊임없이 다른 곳으로 이동하였다. 질병, 배고픔, 악천후, 전쟁과 같은 것들을 피해 더 나은 곳, 더 살기 좋은 곳으로 살 곳을 찾아 이주를 시도한 것이 인류의 역사를 만들었다. 개별 국가가 성립되고 여권 제도가 도입되고 국경이 통제되고 이주민의 이동에 제한이 가해지기 시작한 것은 19세기 후반 20세기 초이지만, 지구는 이미 그 이전부터 고산지대, 얼음 덮인 북극이나 남극 지대, 거주 불가능한 대양을 제외하고는 거의 모든 곳이 사람들의 거주처가 되었다. 이는 참된 삶이 어디엔가 있으리라는 기대와 염원 없이는 불가능했다.

사람들은 일상 속에 살면서 일상을 탈출할 수 있는 방법을 모색한다. 어떤 사람은 게임을 즐기기도 하고, 어떤 사람은 스포츠를 하기도 하고, 어떤 사람은 영화관에 가기도 한다. 어떤 사람은 문학작품 속에 담긴 이야기를 통해 오늘의 일상과는 다른 현실을 만나기도 하고, 어떤 사람은 음악을 통해 일상을 잊고 새로운 현실 속에 하나 된 기쁨을 누리기도 하며, 어떤 사람은 친구와의 만남을 통해 속 깊은 대화를 나누기도 한다. 또 어떤 사람은 기도와 찬송, 예배를 통해 깨어진 현실 속에서 회복의 소망을 품기도 하고 어떤 사람은 짧게 또는 길게 여행을 떠나기도 한다.

이처럼 사람들은 지금, 여기에 부재하는 참된 삶을 잊기도 하고 실현 불가능한 삶을 대리체험하기도 한다. 일상으로부터의 초월의 수단들은 어떤 경우에는 일상을 망각하게 하고, 어떤 경우는 일상을 이야기의 틀에 넣어 다시 보게 한다. 어떤 경우는 일상에 다른 색깔을 입히고 다른 목소리를 내게 하고, 어떤 경우는 일상 전체를 해석하고 평가할 틀을 제공하기도 한다. 그러므로 일상으로부터의 초월 수단이 모두 동일한 가치를 지녔다고는 말할수 없다.

그러나 일상으로부터의 초월이 어떤 모습을 취하든지 간에 누구나 다시 일상으로 돌아오게 마련이다. 이것은 마치 이주가 거주를 전제할 때만 가능한 것과 같다. 거주하러 떠나지 않는 이주는 없다. 그러므로 이주를 한다 해도 또 다시 그곳에는 일상이 기다린다. 새 땅에서도 사람은 먹어야 하고 입어야 하고 잠자야 하고 일해야 하며, 타인들을 만나야 하고 타인들과 갈등 속에 빠지기도 해야 한다. 일상의 모습은 이주 전이나 이주 후나 똑같이 반복된다. 이렇게 되돌아올 수밖에 없는 일상은 우리의 삶이 유지되는 자리이자 한계이다. 좀더 나은 삶의 환경이 되었다고 해도 시간의 흐름과 함께 새로운 현실, 새로운 환경은 같은 날이 반복되는 일상으로 변한다. 그래서 지리적 이주가 끝난 사람에게도 이렇게 사회적·심리적·종교적 이주, 곧 초월의 갈망이 일어난다. '참된 삶이 어디엔가 있겠지'라는 갈망이 가슴속에 다시 일어나고 부재중인 참된 삶을 꿈꾼다.

일상적인 삶의 성격과 모습

그런데 막상 문제가 되는 것은 일상의 정체이다. 일상이 도대체 무엇인가? 모리스 블랑쇼는 "일상은 도망간다. 이게 일상의 정의이다"(Le quotidien échappe. C'est sa définition)라고 말한다.[3] 내 앞에 있는 사물을 잡으려는 듯이 일상을 잡아보려고 하면 일상은 도망을 가버린다. 그러므로 일상을 엄밀하게 정의하기보다는 차라리 우리의 삶을 이루는 계기들을 하나씩 들여다보는 것이 낫다. 왜냐하면 삶은 일상을 떠나지 않기 때문이다. 일상을 떠나기는커녕 일상에 뿌리박고 일상에 몸을 기대고서야 살아낼 수 있는 것이 우리 삶이다. 깊은 산중의 절간이나 수도원에서 수련하는 이들에게마저도 일상은 피할 수 없는 삶의 자리이다.

일상은 저녁에 자고 아침에 일어나 세수하고 옷 입고 밥 먹는 일에서부터 시작한다. 그리고 지금 내가 하고 있는 것처럼 컴퓨터 자판을 두들기며 글을 쓰거나 방금 우리 아이가 한 것처럼 학교 가는 버스를 타느라 가방을 메고 집을 나서는 등의 일을 통해 조금 더 내용을 채워간다. 직장에 출근하여 어제 하던 일을 다시 이어 하거나 사람들을 만나거나 물건을 사거나 아니면 집에 머물러 이런저런 일을 하거나, 사람마다 무엇인가를 하면서 움직이며 시간을 보낸다. 해야 할 일은 많으나 주어진 시간이 촉박하기 때문에 시달리기도 하고 무료함에 주리를 틀기도 하고 뉴스를 통해 들려오는 소식에 분통을 터뜨리기도 하고 억울하게 죽어간 사람들에 대해 연민을 드러내기도 한다. 때가 되면 먹고, 가야 할 곳이 있으면 가고, 휴대폰이 울리면 전화를 받고, 이런저런 얘기를 하다가 다시 일손을 움직인다. 저녁밥을 먹고 텔레비전을 보거나 책을 읽다가 씻고는 잠에 든다. 때로는 예기치 않은 질병이 찾아오기도 하고 가까운 사람의 부음을 듣기도 한다. 사는 모습이나 삶의 방향은 사람마다 조금씩 다르지만 다른 사람들이 살아가는 것처럼 대체로 비슷하게 사람들은 일상을 살아간다.

다시 물어보자. 일상은 무엇인가? 일상(日常)은 문자 그대로 따라 하자면 "늘 같은 하루"이다. "하루하루가 늘 같다"는 말이다. 잠을 자고, 일어나고, 먹고, 일하고, 타인을 만나고, 읽고 생각하고, 기도하고, 예배드리는 일. 이렇게 동일한 행동이 반복되는 삶. 때로는 파안대소할 정도로 즐거운 일이 있는가 하면, 절로 눈물이 나올 정도로 슬픈 일이 있기도 한 삶. 그러나 대부분은 크게 즐거워할 일도, 크게 슬퍼할 일도 없이, 그저 그렇게 하루하루 지나가는 삶. 이것이 일상이다. 사람이면 누구도 벗어날 수 없고(필연성), 진행되는 일이 이 사람이나 저 사람이나 비슷하고(유사성), 반복되고(반복성), 특별히 두드러진 것이 없으면서(평범성), 어느 하나도 영원히 남아 있지 않고 덧없이 지나가는(일시성) 삶. 이것이 일상이요, 일상의 삶이다. 그렇다면 이러한 일상의 삶은 어떤 성격을 가지고 있는가?

일상의 삶은 사람이면 누구도 벗어날 수 없는 현세적 삶의 조건이다. 이것을 일컬어 나는 '일상의 필연성'이라 부르고자 한다. 잠을 자야 하고, 먹어야 하고, 타인을 만나야 하고, 기쁘거나 슬프거나 감정의 변화를 겪어야 하고, 결정해야 하고, 이것과 저것을 구별하여 판단하고, 때로는 침묵하기도 하고 때로는 말해야 한다. 만일 이러한 행위가 없다면, 일상의 삶은 없고, 일상의 삶이 없다면, 현세적 삶이 없다. 따라서 일상의 여러 모습은, 각각 사람에 따라, 상황에 따라 다르게 나타나지만 이와 같은 행위를 하고, 경험을 하는 것 자체가 삶을 구성하는 필연적 조건이다.

일상의 삶이 지닌 첫 번째 성격은 어떤 결함 때문에, 혹은 의도적으로, 일상의 삶을 중단할 수 있다는 것이다. 예컨대 시각 장애나 청각 장애가 있을 때에는 보고 싶어도 보지 못하고 말을 하고 싶어도 하지 못하며 듣고 싶어도 듣지 못한다. 한센병(나병)과 같은 질병에 걸린다면 신체의 고통을 전혀 느끼지 못할 수도 있다. 슬픈 일이나 안타까운 일을 볼 때, 감정 표현이 전혀 없는 사람이 있을 수 있다. 한편 단식을 한다든지, 타인을 만나지 않고 홀로 거처한다든지, 침묵으로 일관한다든지 하며 의도적으로 일상의 삶의 여러 모습을 거부하거나 중단하기도 한다. 일상적인 것을 떠남으로써 다른 현실과의 만남을 추구하는 경우, 일상의 행위를 일시적으로 중단한다. 이는 수도 공동체에서 자주 볼 수 있는 현상이다. 일상의 필연성을 '필연적이 아닌 것', '우연적인 것'으로 만들어, 일상과는 다른 차원, 다른 삶의 실재를 맛보고자 한다. 그러나 수도자의 삶조차도 결국은 일상으로 복귀한다.

일상의 삶이 지닌 두 번째 성격은 유사성이다. 물론 무엇을 먹는가, 어떤 옷을 입는가, 어떤 거처에서 사는가는 사람에 따라, 지역에 따라, 문화에 따라 다를 수 있다. 즉, 피자를 즐겨 먹는 나라 사람이 있는가 하면 된장국을 즐겨 먹는 사람도 있다. 아파트에 사는 것을 즐기는 사람이 있는가 하면 단독주택을 선호하는 사람도 있다. 그러나 땅 위에 사는 사람이면 무엇을 먹든지, 무엇을 입든지, 어떤 처소에 거하든지, 살아가는 모습은 비슷하다. 보름달을 보면 즐거워하고, 아이들의 재롱을 보면 누구나 웃음을 보인다. 힘든 일을 하게 되면 얼굴을 찌푸리고, 일 없이 한가하게 지내면 얼굴이 맑고 밝다. 가진 사람이든, 가지지 못한 사람이든, 배운 사람이든, 배우지 못한 사람이든, 남자든 여자든, 북방 사람이든, 남방 사람이든, 일상의 삶은 적어도 원칙적으로는 비슷하다.

일상의 세 번째 성격은 반복성이다. 먹고 자고, 일어나고, 일하는 삶이 날마다 다름 없이 반복된다. 어제 했던 일을 오늘 하게 되고, 오늘 했던 일을 내일 또 하게 된다. 오늘 고심했던 일을 내일 또 고심한다. 한 아이를 키우느라 한 수고와 비슷한 수고를 또 다른 아이를 키우면서 반복한다. 어제 학교 가느라 걸어간 길을 오늘 또 걸어가고 내일도 다시 걸어갈 것이다. 오늘 밥을 먹고, 내일도 밥을 먹는다. 모레도 밥을 먹을 것이다. 이렇게 죽을 때까지 먹을 것이다. 먹는 밥, 하는 일, 만나는 사람, 곧 반복의 내용은 동일하지 않더라도 반복의 형식은 동일하다. 그러므로 일상의 삶은 이렇게 끊임없는 반복으로 구성된다고 해도 틀리지 않을 것이다. 반복하면서 익숙해지고, 익숙해짐으로 인해 모든 일이 쉽게 진행된다. 만일 먹는 일, 자는 일, 사람들과 만나는 일, 타인과 더불어 사는 일이 전혀 반복이 없이, 그때마다 언제나 새로운 일이라면 그때마다 새로운 학습 과정을 거쳐야 할 것이며 새롭게 긴장을 해야 할 것이다. 반복은 약간의 학습 과정과 약간의 긴장으로 삶을 쉽게 영위할 수 있도록 도와준다.

일상의 반복은 지루함을 낳는다. 반복 가운데는 새로운 것, 관심을 끄는 것, 피를 뜨겁게 하는 것, 신경을 곤두세워 몰두할 수 있는 것이 결여되어 있기 때문에 지루함이 발생한다. 지루함은 시간이 없거나 일이 없기 때문이 아니라, 시간이 있되 너무 많이 있고, 일이 있되 정신의 촉각을 세울 만큼 관심을 요구하는 일이 아니기 때문에 생긴다. 삶의 과정이 합리적이고 논리적으로 처리되기는 하되, 열정이 없고 고통이 없기 때문에 발생하는 것이 지루함이다. 그래서 간혹 사람들은 '지루한 천국'보다 '신나는 지옥'이 좋다고 말한다. '지루한 천국'이란 사실은 형용모순이다. 마치 네모난 원이 원이 아니듯이 지루한 천국은 천국이 아니다. 좋은 것은 많되, 관심과 사랑과 정열이 없다면, 따라서 지루하다면 그곳이야말로 지옥이다.

평범성은 일상의 네 번째 특성이다. 일상의 삶에는 눈에 크게 두드러진 것이 없다. 통상적이고, 보통의 것이고, 공통적인 것이다. 그야말로 범용(凡庸)이 일상성의 특성이다. 누구에게도 동일하게 적용되는 것이다. 평범이란 말도 이런 뜻이다. 일상적인 것의 이러한 특징을, 영어로는 '오디너리'(ordinary)라고 이름 붙인다. '엑스트라 오디너리'(extraordinary), 곧 비상(非常)하고 특별하고, 독특한 것과는 달리 오디너리한 삶, 오디너리 라이프(ordinary life). 이것이 일상이다. 그런데 보라. 범(凡)의 경우든, '오디너리'의 경우든 누구에게나 적용되는 공통의 질서가 이속에 표현되어 있다. 일상을 어떤 정체가 없는 무질서로 보면 그것은 오해다. 일상이 일상인 것은 평범하면서 그 가운데 질서가 담겨 있기 때문이다. 그렇지 않다면 일상은 모든 사람의 삶의 장(場)이요, 삶의 통로일 수 없다. 땅에는 차가 다니는 길이 있고, 물에는 배들이 다니는 뱃길이 있다. 돌은 일정한 방향으로 쪼개지고, 바람이 한 번 불 때는 일정한 방향으로 분다. 누구에게나 통용되고, 누구에게나 공통적일 수 있는 것은 그 가운데 질서가 있기 때문이다. 질서는 일상의 삶을 유지하고 지탱하며 그 골격을 유지하게 하는 뼈대와 같고 동시에 소통을 가능케 하는 통로와 같다.

일상의 평범성은 반복성과 마찬가지로 일상의 삶을 도피대상으로 만든다. 누구나 한때 일상의 탈출을 꿈꾼다. 날마다 반복되는 일, 날마다 특별할 것이 없는 일을 떠나, 좀 특별하고, 좀 신기하며, 좀 짜릿하고, 혼을 흔들어줄 수 있는 일을 기대한다. 뭐, 좀 재미나는 일이 없나 하는 생각을 하게 된다. 일정한 궤도, 일정한 질서, 일정한 길을 벗어나 특별한 경험을 해보고자 하는 것이다. 새로운 것을 알거나 경험하고자 하는 호기심, 기존의 관념이나 질서와 배치되는 행동이나 사고 양식의 추구, 낯선 곳으로의 여행 등은 모두 일상의 평범성을 벗어나고자 하는 노력이다. 누구나 다시 일상으로 복귀하지만, 이러한 행동은 평범한 일상의 삶에 숨통을 터주는 기능을 할 뿐 아니라 기존의 질서를 수정하고 새로운 것을 발견하거나 발명할 수 있도록 유도한다.

일상의 다섯 번째 특징으로는 일시성(一時性)을 들 수 있다. 삶은 늘 같은 것이 반복되므로, 늘 머물러 있는 듯하지만, 세월이 지난 뒤 다시 돌아보면 모든 것은 순간으로 존재할 뿐 결국 지나가고 만다는 것을 깨닫게 된다. 아침에 일찍 일어나고, 온종일 땀 흘려 일한 것, 밤을 지새우면서 읽고 생각하고 쓴 것들, 그토록 애달파하며 정을 쏟아 사랑한다고 생각한 것들, 박장대소하며 즐거워했던 일, 이 모든 것들은 잠시 잠깐 주어졌을 뿐, 결국은 흔적도 없이 사라지고 만다. 「전도서」 기자의 말처럼 모든 것은 바람을 잡으려고 달려가는 것처럼 헛되고 헛된 것이다. 모든 것은 마치 아침 안개와 같다. 눈앞을 잠시 가리지만 언제 사라졌는지도 모르게 사라지듯이, 그 존재가 무상한 것이 일상의 삶이다.

삶의 일시성, 무상성은 인간이 망각할 수 있는 존재라는 사실과도 관련이 있을 것이다. 만일 모든 것을 기억한다고 해보자. 내가 쏟은 땀과 노력, 내가 경험했던 참혹한 일들, 내가 읽은 것들을 나뿐만 아니라 타인들 역시 하나도 잊지 않은 채 모두 기억한다고 해보자. 그렇다면 삶은 더욱 의미 있고 아름다울까? 그렇지 않을 것이다. 망각하고 사라지고 스러져가기 때문에 새로운 기억이 축적되고, 새로운 것들이 옛것을 대신해서 자리 잡는다. 어떤 의미에서 우리의 성장은 쌓은 것들을 허물어내고 모은 것들을 무의식적으로 버리기 때문에 가능하다. 없앰이나 비움 없이 성장은 없다. 그러나 성장조차도 결국은 현세의 옷을 벗고 새 옷을 입을 때, 새 하늘과 새 땅을 맛볼 수 있을 것이다. 삶의 일시성, 삶의 무상성은 탄생에서 죽음에 이르는 삶의 가치를 매김하는 개념이다.

그럼에도 새롭고도 놀라운 일, 눈을 뜨고 정신을 번쩍 들게 하는 일, 그런 일들이 일상 속에서도 일어난다. 공원 산책로를 따라 걷다가 문득 눈에 들어온 민들레 꽃 한 송이, 숲 사이로 비친 햇살, 추운 겨울 몸을 녹여주는 뜨거운 목욕물, 해맑게 웃는 아이의 웃음, 열 달이라는 긴 시간을 엄마의 뱃속에 머물다 태어난 아이의 모습, 이제 갓 걸음마를 시작한 아이를 향해 두 손을 활짝 편 젊은 엄마의 모습, 길 가다 어깨가 부딪쳐 돌아볼 때 되돌아온 미안하다는 말 한 마디, 이 모두 일상에서 일어나는 것들이다. 이런 일들을 경험할 때 가슴 깊은 곳으로부터 감동을 받는다. 아이들과 함께 밥을 먹는 식탁에서, 지하철 안에서, 교실에서, 문득 본 광고 문안에서, 놀라움은 일상 속에 찾아온다. 눈이 있고 들을 귀가 있고 받아들일 가슴이 있다면 일상은 단순한 반복도, 단순한 필연도, 단순히 평범하기만 한 현실도 아니라 자유를 경험하고 깊은 의미를 체험하는 삶의 장소이다.

철학이란 삶을 자세히 들여다보는 일

일상이 철학과 무슨 상관이 있는가? 철학은 언제나 불변하는 것, 본질적인 것, 보편적인 것을 생각하지 않았는가? 과거의 철학을 본다면 이러한 질문은 정당하다. "캐묻지 않은 삶은 사람에게 살 만한 가치가 없다"고 말한 소크라테스조차도 예컨대 안다는 것은 무엇인가, 경건이란 무엇인가, 정의란 무엇인가, 용기란 무엇인가 등 사람이면 갖추어야 할 미덕에 대해서 끝까지 추궁하며 물었지만, 우리가 먹고, 자고, 일하고, 쉬는 것이나 남자와 여자로 사람이 만나 함께 삶을 누리고 즐기는 것이 무슨 의미가 있는지, 무슨 가치가 있는지를 묻지 않았다. 소크라테스는 우리가 육신을 가지고 하는 일시적이고 가변적이며 상대적인 행위에 대해서 관심을 보이지 않았다. 심지어 삶의 의미에 대한 질문을 하지 않았다. 신학자 한스 큉(Hans Küng)에 따르면 서양 전통에서 삶의 의미에 관해 최초로 질문한 이는 칼뱅이었다.[4] 칼뱅은 『제네바 교리 문답』을 만들면서 "사람의 제일 되는 목적이 무엇인가"를 첫째 질문으로 삼았다. 이에 대해 그는 "하나님을 아는 것입니다"라는 답을 제시했다.

그러면 어떻게 일상의 삶에 관해 생각하고 묵상할 수 있을까? 나는 질문이 무엇보다 앞서야 한다고 생각한다. 물어보아야 한다. 묻지 않고서는 아무것도 캐낼 수 없다. 묻는 일은 병원의 진찰실과 경찰서의 조사실, 대학의 실험실에만 한정되지 않는다. 철학자들에게 유일한 실험실인 삶의 현장에서, 묻지 않고는 아무것도 캐낼 수 없고 캐내지 않고서는 아무것도 알 수 없다. 소크라테스가 해답의 명수가 아니라 질문의 달인이었던 까닭은 그가 앎을 이미 지닌 지자(知者, sophos)가 아니라 철학자, 곧 앎을 추구하는 사람(philosophos)이었기 때문이다. 앎을 추구하면서 묻지 않는 것은 앞을 향해 달리려는 사람이 발을 내밀지 않고 한 자리에 서서 뛰고 있는 것과 같다. 질문을 통해 우리는 일상이 무엇인지, 일상 속에 살고 있는 삶이 무엇인지, 삶을 추동시키는 원천과 바탕, 목표가 있다면 그것이 무엇인지, 삶에는 과연 의미가 있는지 알아볼 수 있다.

질문을 가지고 우리가 할 수 있는 일은 무엇인가? 질문 속에 담긴 단어를 분석하고 개념을 따져보는 것인가? 아니, 무엇보다 먼저 할 수 있는 일은 자세히 보는 일이다. "생각하지 말아라, 보아라!"(Denk nicht, sondern schau!)라고 비트겐슈타인은 말한다.5) 생각은 개념을 만들어내고 개념과 개념이 이어지면 일정한 판단이 형성된다. 어떤 판단을 가지고 삶을 재단하고 결합하고 판정할 경우, 삶은 그 모습을 드러내기보다 오히려 자취를 감춘다. 그러므로 생각으로 틀을 짜서 삶을 찍어내려고 하기보다는 주어진 삶을 먼저 자세하게 들여다보는 일이 앞서야 한다.

찬찬히 들여다보면 삶은 여러 모양으로, 여러 색깔로, 여러 차원으로 모습을 드러낸다. 언제나 한 지점에서, 하나의 입각점에서 보다 넓고 먼 지평을 배경으로 해서만이 무엇을 보고 인지할 수밖에 없는 우리 자신의 지각의 특성과 한계 때문에 삶을 통째로 한꺼번에 볼 수 있는 가능성이 우리에게는 없다. 그러므로 보되 옆에서도 보고 돌려서도 보고 뒤집어서도 보아야 한다. 삶을 완전한 전체로 한꺼번에 볼 수 없지만, 그럼에도 볼 만큼 보면서 삶을 그려내고 추적하고 추론해보는 수밖에 없다. 삶을 살아가는 동안 우리에게 무엇이 나타나는가, 무엇이 드러나는가, 무슨 일이 벌어지는가 묻고 따져보면서 그 모습을 포착해보아야 한다.

그런 다음에는 의미를 묻고 행동 방향에 대해 숙고해야 한다. 삶은 수많은 동작과 행동, 여러 갈림길에서 끊임없이 계속 선택해야 할 일들로 구성되어 있다. 그 각각이 무엇인지, 어떻게 서로 연관되는지 자세히 들여다보고 드러내고 그려내는 일이 첫 과제라면, 그 각각이 홀로 지닌 의미는 무엇인지, 다른 행위와 행동들과 관련해서 빚어내는 의미가 무엇인지 따져보고 물어보아야 한다. 이와 함께 물어보아야 할 것은 행동의 방향이다. 이런 방식으로 삶을 접근해보면 삶의 구조와 의미 연관, 삶의 윤곽이 어느 정도 드러난다.

일상의 삶은 시간과 공간 안에서 영위된다. 공간은 크게 보면 우주이고, 좁혀서 보면 지구, 곧 이 땅이고, 좀더 좁히면 각자 부모를 통해 태어난 곳, 자란 곳, 하나의 특정한 언어를 모국어로 쓰면서 사는 곳이거나 여러 언어를 사용하면서 이동하는 공간일 것이다. 공간이 하나의 축을 이루고 있다면 시간은 다른 하나의 축을 이루고 있다. 시간축은 태어나서 죽을 때까지의 매우 한정된 트랙으로 구성된다. 우리 각자는 의식을 지닌 신체적 존재로 이 트랙을 여행한다.

인간은 적어도 원칙적으로는 공간과 시간 안에서 자유롭게 삶의 길을 따라 걸어가지만, 현실적으로는 수많은 제약과 조건에 종속된다. 예컨대 공간의 경우, 근대 민족국가가 출현한 후로는, 지구상에 태어난 사람은 누구나 자신이 속한 국가에서 발급한 여권을 소지한다. 따라서 남의 나라를 허가 없이 출입하거나 장기간 체류할 수 없다. 시간의 경우도 제약이 따른다. 사람에 따라 길게 허용된 경우가 있는가 하면 짧게 허용된 경우가 있는 것이다. 이렇게 사람은 제한이 있는 상태로 주어진 시간과 공간 안에서 삶의 길을 따라 걸어간다.

공간축과 시간축을 일상의 삶의 좌표계로 삼아 우리는 먹고, 마시고, 잠자고, 교육 받고, 일하고, 타인을 만나고, 사랑을 나누고, 아이를 낳고 키우며, 미래를 설계한다. 때로는 타인과 어울려 하나의 목표를 두고 함께 일하는가 하면, 때로는 싸우고 등을 돌리고 헤어지기도 한다. 어떤 사람은 오직 정치에 모든 관심을 쏟는가 하면 어떤 사람은 오직 돈 버는 일에만 관심을 둔다. 어떤 사람은 오직 쾌락에 몰두하는가 하면 어떤 사람은 목표를 달성하기까지 모든 쾌락을 유보하기도 한다. 철학이 삶과 관련하여 질문을 던지고자 한다면 이처럼 공간축과 시간축을 통해 타인과 더불어 먹고, 자고, 울고, 웃고, 일하고, 집 짓고 살아가는 인간의 모습을 자세히 들여다보아야 할 것이다.

주註

1부 철학의 얼굴

철학은 어디에 있는가

1) 이 문제에 대해서 이미 나의 의견을 자세하게 서술한 적이 있다. 강영안, 『인간의 얼굴을 가진 지식: 인문학의 철학을 위하여』, 소나무, 2002, 1장 참조.

2) 미국의 경우는 최근의 논의 가운데 마사 너스바움(Martha C. Nussbaum)의 최근 저작 *Not for Profit*, Princeton, New Jersey: Princeton University Press, 2010 참조.

3) Jan Sperna Weiland, "De toekomst van de geesteswetenschap", *Tmesis* 4, 1993, 48~59쪽 가운데 특히 56~57쪽 참조.

4) Martha Nussbaum, 앞의 책.

5) Martin Heidegger, *Gelassenheit*, Pfulling: Neske, 1955, 15쪽 참조.

6) Jean-François Lyotard, *La condition postmoderne*, Paris: Minuit, 1979, 13~14쪽 참조.

7) Werner Jaeger, *Early Christianity and Greek Paideia*, London: Oxford University Press, 1969 참조. 유교의 배움에 관한 이상을 이해하기 위해서는 Xinzhong Yao, *An Introduction to Confucianism*, Cambridge: Cambridge University Press, 2000, 209~223쪽 참조.

8) 이 구별에 대한 자세한 논의는 강영안, 앞의 책, 1장 참조.

9) 강영안 · 최진덕, 「수양으로서의 학문과 체계로서의 학문」, 『철학연구』

47권, 철학연구회, 1999, 35~63쪽 참조.

10) 노자는 실재한 인물이 아니었다는 주장과 관련해서는 Lao Tzu, D.C. Lau(trans.), *Tao Te Ching*, London: Penguin Books, 1963, xi쪽 이하에 실린 옮긴이 해설 참조.

11) 잠시 괄호 속에 넣어서 '철학'이란 용어에 대해서 살펴보자. 철학(哲學)은 다른 학문 분야와는 달리 명칭 자체만을 보고서는 무엇을 하는 학문인지 알 수 없다. 예컨대 '정치학'은 정치를 공부하고 '경제학'은 경제를 공부하고 '언어학'은 언어를 공부한다고 이해할 수 있지만 '철학'은 '철'을 공부하는 학문이 아니기 때문이다. 그러나 이 말의 생성 배경을 알게 되면 왜 그렇게 될 수밖에 없었는지 이해할 수 있다. 철학이란 말이 19세기 중엽 일본에서 만들어질 때 네덜란드학, 곧 난가쿠(蘭學)를 한 니시 아마네(西周)와 쓰다 마미치(津田眞道)의 손을 거쳤다. 철학은 네덜란드어로 베이스브헤이르트(wijsbegeerte)이다. 베이스(wijs)는 '지혜로운'이란 말이고 '브헤이르트'(begeerte)는 '희구', '욕구', '욕망'이란 말이다. 이것을 일본 사람들은 '철지'(哲智)의 '희구'(希求) 곧 '희구철지'(希求哲智)로 번역했다가 다시 '희구'와 '철지'의 앞에 두 글자를 따서 '희철'(希哲)이라 하고 여기에 '학'을 붙여 '희철학'(希哲學), 곧 '키데츠가쿠'라고 부르다가 나중에 다시 키(希)가 떨어지고 데츠가쿠(哲學)로 진화된 것으로 추정된다. 철학은 번역할 당시 '밝은 지혜를 구하는 학문'이란 뜻이었다. 일본인들이 네덜란드어의 wijsbegeerte가 영어의 philosophy와 같은 뜻을 가진 말임을 알게 된 것은 시간이 상당히 흐른 뒤였다. 자세한 내용은 강영안, 『우리에게 철학은 무엇인가』, 궁리, 2002 참조.

12) Edmund Husserl, *Die Krisis der europäischen Wissenschaften und die transzendentale Phaenomenologie*, The Hague: Martinus Nijhoff, 1962, 331쪽 참조.

13) 세 가지 관심을 다른 어느 것으로 환원할 수 없는 성격에 관해서는 Arnauld Burms & Herman de Dijn, *De rationaliteit en haar grenzen*, Assen/Maastricht: Van Gorcum, 1986, 1~12쪽 참조.

14) Stanley Cavell, *Themes out of School*, San Francisco: North Point

Press, 1984, 9쪽.

15) 영미철학의 경우에 토마스 네이글이나 로버트 노직은 예외로 언급될 수 있다. Thomas Nagel, *The Mortal Questions*, Cambridge: Cambridge University Press, 1979; Robert Nozick, *Philosophical Explanations*, Cambridge, MA: The Belknap Press of Harvard University Press, 1981; Robert Nozick, *The Examined Life*, New York: Simon & Schuster, 1989 참조.

16) 그럴 수가 없다는 것을 나는 마이클 폴라니(Michael Polanyi)에게서 분명하게 본다. 무엇보다도 과학에 대한 철학적 논의와 관련해서 그의 초기 작업에 속하는 *The Logic of Liberty*(1951), Liberty Fund, 1998 을 참조하길 바란다.

17) 후설에 관해서는 Bong Ho Son, *Science and Person: A Study in the Idea of Philosophy as Rigorous Science in Kant and Husserl*, Assen: van Gorcum, 1972 참조.

18) Immanuel Kant, "Prolegomena to Any Future Metaphysics", in *Theoretical Philosophy after 1781*, Cambridge: Cambridge University Press, 2002, 53쪽 참조.

19) 학문에 대한 칸트의 이념과 인간 이성의 본성 간의 관계에 대한 자세한 논의는 강영안, 『칸트의 형이상학과 표상적 사유』, 서강대출판부, 2009 참조.

20) 한스 자너는 칸트 철학을 이러한 관점에서 새롭게 읽어낸다. Hans Saner, *Kant's Political Thought: It's Origins and Development*, Chicago/London: The University of Chicago Press, 1973 참조. 칸트 철학에서 갈등과 평화에 관한 자세한 논의는 강영안, 「칸트철학을 통해서 본 갈등의 문제」, 『칸트연구』 17집, 한국칸트철학회, 2006, 47~75쪽 참조.

21) René Descartes, "Discourse on Method", in D.A. Cress(trans.), *Discourse on Method and Meditations on First Philosophy*, Indianapolis/Cambrdige: Hackett, 1989, 9쪽 이하 참조.

22) René Descartes, C. Adam & P. Tannery(eds.), *Oeuvres de*

Descartes IX-2, Paris : J. Vrin, 1978, 2~4쪽.

23) 데카르트의 지식 이념에 대한 자세한 논의는 강영안, 앞의 책(『인간의 얼굴을 가진 지식』) 참조.

24) 특히 데카르트의 『방법서설』 2부를 보라.

25) Hans-Georg Gadamer, *Wahrheit und Methode*, Tübingen : Mohr, 1960, 2부 참조.

26) 플라톤의 수사학 개념에 대한 자세한 논의는 Samuel IJsseling, *Rhetoric and Philosophy in Conflict*, The Hague : Martinus Nijhof, 1976, 7~17쪽 참조.

27) Martin Heidegger, "Das Ende der Philosophie und die Aufgabe des Denkens", in *Zur Sache des Denkens*, Tübingen : Max Niemeyer, 1969를 보라.

28) Samuel IJsseling, "Das Ende der Philosophie als Anfang des Denkens", in F. Volpi et al., *Heidegger et la idée de la phenomenology*, The Hague : Kluwer, 285~299쪽.

29) Samuel IJsseling, "Heidegger and the Destruction of Ontology", in *Man and World* 15, 17~35쪽.

30) Martin Heidegger, *Was heisst Denken*, Tübingen : Niemeyer, 1954, 123쪽.

31) Martin Heidegger, *Was ist das-die Philosophie?*, Pfullingen : Neske, 1956, 33~34쪽.

32) Hilary Putnam, J. Conant(ed.), Cambridge, *Realism with a Human Face*, MA and London, UK : Harvard University Press, 1990, 118쪽.

33) 같은 책, 118~119쪽.

34) Edmund Husserl, *Philosophie als strenge Wissenschaft*, Frankfurt a. M. : Vittorio Klostermann, 1965, 27쪽.

35) 철학의 텍스트적 성격과 관련해서 후설 철학이 지닌 특성은 강영안, 앞의 책(『인간의 얼굴을 가진 지식』) 참조.

36) Immanuel Kant, *Kritik der reinen Vernunft*, A838/B866. 칸트의

『순수이성비판』은 통상 인용 방식대로 1판(A)과 2판(B)의 쪽수를 표시한다.

37) 같은 책, A838/B866.

38) 같은 책, A839/B867.

39) 같은 곳. 이 개념에 대한 좀더 자세한 설명은 강영안, 『자연과 자유 사이』, 문예출판사, 1998, 4장 참조.

40) Immanuel Kant, 같은 책, A838/B866.

41) 같은 책, A840/B868.

42) 삶의 방식으로서 철학의 이상에 대해서는 피에르 아도의 다음 책들을 참조하라. Pierre Hadot, A.I. Davidson(ed.), M. Chase(trans.), *Philosophy as a Way of Life*, Oxford: Blackwell, 1995와 M. Chase(trans.), *What is Ancient Philosophy?*, Cambridge, MA: The Belknap Press of Harvard University Press, 2002.

43) Ludwig Wittgenstein, G.H. von Wright(ed.), P. Winch(trans.), *Vermischte Bemerkungen/Culture and Value*, Oxford, UK & Cambridge, MA: Blackwell, 1980, 16쪽.

44) Adriaan Peperzak, *Thinking. From Solitude to Dialogue and Contemplation*, New York: Fordham University Press, 2006 참조.

인문학, 놀고 즐기고 살다

1) 이 글은 원래 2008년 10월 6일 중앙대학교에서 열린 제1회 아시아 인문학자 대회에서 발표하기 위해 쓴 글이다. 이때 받은 주제가 '신기술 시대의 인문학 환경 변화와 인문학의 가치'였다.

2) 인문학을 이렇게 이해하는 방식은 에른스트 카시러의 『문화과학의 논리』(*Zur die Logik der Kulturwissenschaften*)로 거슬러 올라간다. 예일대 출판사에서 번역된 Ernst Cassirer, *The Logic of Cultural Scieces: Five Studies*, New Haven: Yale University Press, 2000 참조.

3) Joseph Weizenbaum, *Computer Power and Human Reason*, W.H. Freeman & Company, 1976 참조. 기술을 '몸의 연장'(the extension of body)으로 본 것이 에른스트 캅이라는 사실은 손화철 교

수가 알려주었다.

4) Neil Postman, *Technopoly: The Surrender of Culture to Technology*, New York: Knopf, 1992 참조.

5) 함석헌 선생이 이 문제를 지적한 적이 있다. "지금은 과학이 발달하고 발달해서 어디까지 왔느냐 그러면, 아주 기술시대 고등기술시대에 왔어. 그래, 그걸 technology라고 그러잖아요. 고등기술에 들어왔어. 그래서 기술이 발달하면 어떻게 되느냐 사람이 하는 일과 생각이 자꾸 특수화해 나갑니다. 저저 아는 것만 아는 것, 역사 아는 사람은 역사만, 역사에서 도 이젠 벌써, 저기 다 역사 선생님 계십니다마는, 일반으로 역사에도 그 런 따위가 없습니다. (……)그러니까 특수한 데는 참 잘 아는데 발달하 면 할수록 집을 떠나서 멀리 나가 설수록 집 잊어버려. 안 보여. (……) 그러니까 뿌리를 떠난 가지가 뻗어나가긴 많이 뻗어나갔지만 뿌리에서 끊어진다면 그거 안 돼." 함석헌, 「한국은 어디로 가는가」, 『함석헌전집 12권: 6천만 민족 앞에 부르짖는 말씀』, 한길사, 1984, 308~309쪽.

6) '삶의 질' 개념에 대한 이론적인 연구로는 Martha C. Nussbaum & Mamarthya Sen(eds.), *The Quality of Life*, Oxford: Clarendon, 1992 참조.

7) 여기서 사용하는 '센티멘털리즘' 개념은 헤르만 드 데인의 제안을 따라 사용한 것이다. Herman De Dijn, *De herontdekking van de ziel: voor een volwaardige kwaliteitszorg*, Kapellen: Pelckmans, 2002 참조.

8) 하위징아의 '호모 루덴스', 곧 '놀이하는 인간' 개념은 그의 『호모 루덴 스』에 잘 나타나 있다. 그의 강조점은 인간이 놀이를 통해서 문화를 창 조한다는 데에 있지 않다. 오히려 ①어떤 유용성의 목적 없이 그 자체로 의 즐거움 때문에 하는 활동으로 문화가 성립되고 존립된다는 점, ②예 술·학문·법률·철학 등 인간의 중요한 활동의 근저에는 놀이가 있다 는 점, ③놀이는 그 자체로는 경험의 영역을 초월한 규칙을 따르는 행위 라는 점, ④따라서 놀이에서 가장 중요한 요소는 공정한 게임(fair play)이어야 한다는 점, ⑤이러한 의미의 놀이를 20세기 유럽 문명은 잃어버렸다는 점을 문화비판적으로 관찰하는 것이 하위징아의 『호모 루

덴스』의 목적이다. Johan Huizinga, *Homo Ludens*, in *Verzamelde werken*, Haarlem: Tjeenk Willink en Zoon, 1950 참조. 한국어판으로는 영어와 독일어를 중역한 『호모 루덴스』(김윤수 옮김, 까치)와 『놀이하는 인간』(권영빈 옮김, 중앙일보미디어) 등이 있다.

9) 『논어』, 「옹야」: "知之者不如好之者, 好之者不如樂之者."

10) Michael Polanyi, *Personal Knowledge*, Chicago: The University of Chicago Press, 1961 참조.

11) 객관주의에 대해서는 강영안, 『인간의 얼굴을 가진 지식: 인문학의 철학을 위하여』, 소나무, 2002 참조.

휴머니즘의 길찾기

1) '주체' 개념과 휴머니즘과 관련된 논의는 강영안, 『주체는 죽었는가: 현대철학의 포스트모던 경향』, 문예출판사, 1996 참조.

2) Paul Oskar Kristeller, *Renaissance Thought: The Classic, Scholastic, and Humanist Strains*, New York: Harper & Row, 1961, 8쪽 이하 참조.

3) Samuel IJsseling, *Rhetorik und Philosophie*, Stuttgart-Bad Cannstatt: Frommann-Holzbog, 1988, 81~88쪽 참조.

4) 데카르트, 『방법서설』, 1장 참조.

5) 같은 책, 2장 참조.

6) 아래 부분은 강영안, 『인간의 얼굴을 가진 지식: 인문학의 철학을 위하여』(소나무, 2002)에서 비코에 관해 다룬 내용을 줄인 것이다.

7) Giambattista Vico, Elio Gianturco(Trans., Intro. and Notes), *On the Study Methods of Our Time*, Ithaca: Cornell University Press, 1990, 12~15쪽 참조.

8) 같은 책, 33~34쪽 참조.

9) 같은 곳 참조.

10) 유럽철학의 경우에는 예컨대 레비나스의 *Totalité et Infini: Essai sur l'extériorité*, Den Haag: Martinus Nijhoff, 1962를 들 수 있고, 분석철학 진영에서는 이 책의 1장에서도 밝혔듯이 네이글과 노직에게서 그

노력을 볼 수 있다.

11) Stephen Toulmin, *Cosmopolis: The Hidden Agenda of Modernity*, New York: The Free Press, 1990, 186~192쪽 참조.

지난 세기 유럽철학의 풍경

1) 이 과정을 누구보다 잘 보여준 사람이 스위스 철학자 피에르 테브나즈였다. Pierre Thevenaz, J.M. Eddie et al(trans.), *What is Phenomenology and Other Essays*, Chicago: Quadangle Books, 1962 참조.

2) E. Husserl, "Philosophie als strenge Wissenschaft", 1911, 326쪽.

3) 같은 글, 290쪽.

4) E. Husserl, *Die Krisis der europaischen Wissenschaften und transzendentale Phänomenologie*, Hua VI, Den Haag: Martinus Nijhof, 1969, 15쪽. 후설 철학의 이런 면모는 손봉호 교수의 후설 연구에서 가장 잘 드러난다. Bong Ho Son, *Science and Person: A Study in the Idea of Philosophy as Rigorous Science in Kant and Husserl*, Assen: van Gorcum, 1972 참조.

5) E. Husserl, 같은 책, 314~334쪽.

6) E. Husserl, *Logische Untersuchungen* II/1, 82쪽.

7) E. Benveniste, *Problèmes de linguistique générale* I, Paris: Gallimard, 1966, 259~263쪽 참조.

8) E. Husserl, 앞의 책(*Die Krisis der europaischen Wissenschaften und transzendentale Phänomenologie*), 365~386쪽. 문자/텍스트와 철학의 관계에 대해서는 강영안, 「텍스트와 철학」, 한국기호학회 엮음, 『기호와 해석』, 문학과 지성사, 1998, 26~63쪽 참조.

9) J. Derrida, *L'origine de la géometrie*, Paris: PUF, 1962.

10) M. Foucault, *L'ordre du discours*, Paris: Gallimard, 1971; J. Lacan, "Subversion du sujet et dialectique du désir dans l'inconscient freuien", in *Ecrit*, Paris: Seuil, 1966, 793~828쪽; J. Derrida, *De la grammatologie*, Paris: Minuit, 1967. 그 외 김형효,

『구조주의의 사유체계와 사상』, 인간사랑, 1989와 라캉의 주체관에 관해서는 강영안, 『주체는 죽었는가: 현대철학의 포스트모던 경향』, 문예출판사, 1996, 181~222쪽 참조.

11) J. Derrida, *Marges de la philosophie*, Paris: Minuit, 1972, 16쪽.

12) J. Derrida, *Positions*, Paris: Minuit, 1972, 41쪽. 데리다의 철학에 대해서는 김형효, 『데리다의 해체철학』, 민음사, 1993을 참조하길 바란다.

13) 이런 생각이 가장 잘 반영된 글은 역시 푸코의 *L'ordre du discours* (앞의 책, 1971)이다.

14) M. Foucault, *Les mots et les chose*, Paris: Gallimard, 1966, 398쪽.

15) 여러 예 가운데 대표적인 것으로는 Ram Adhar Mall, *Philosophie im Vergleich der Kulturen: Interkulturelle Philosophie*, Darmstadt: Wissenschaftliche Buchgesellschaft, 1995를 들 수 있다.

16) 레비나스 철학에 관해서는 강영안, 『타인의 얼굴: 레비나스의 철학』, 문학과 지성사, 2005 참조.

2부 타인의 발견

타인을 위한 삶은 진정 가능한가

1) Richard Rorty, *Contingency, Irony and Solidarity*, Cambridge: Cambridge University Press, 1989(이하 *CIS*), xvi. 한국어판은 김동식 · 이유선 옮김, 『우연성, 아이러니, 연대성』, 민음사, 1996, 24쪽.

2) 같은 책, 23~26쪽(김동식 · 이유선 옮김, 63~67쪽).

3) Richard Rorty, "Solidarity or Objectivity?", in *Objectivity, Relativism and Truth*, Cambridge: Cambridge University Press, 1991, 21쪽 이하 참조.

4) *CIS*, 141~188쪽(김동식 · 이유선 옮김, 257~341쪽).

5) 같은 책, xv(김동식 · 이유선 옮김, 22~23쪽).

6) 같은 책, 92쪽(김동식 · 이유선 옮김, 178쪽).

7) 같은 책, 94쪽(김동식 · 이유선 옮김, 181쪽).

8) 같은 책, 197쪽(김동식 · 이유선 옮김, 357쪽) 참조.

9) 같은 책, 106쪽(김동식 · 이유선 옮김, 200쪽) 참조.

10) 이 문제에 대한 좀더 자세한 논의는 강영안, 「레비나스 철학에서 주체성과 타자」, 한국현상회, 『후설과 현대철학』, 서광사, 1990, 243~263쪽 참조.

11) 로티의 자아관과 그것에 대한 비판적 논의에 대해서는 김동식, 『로티의 신실용주의』, 철학과 현실사, 1994, 339~365쪽 참조.

12) Emmanuel Levinas, *Totalité et infini: Essai sur l'extériorité*, Den Haag: Martinus Nijhoff, 1961(이하 *TI*), xiv.

13) H.J. Heering, "Die Idee der Schöpfung im Werk Levinas", in *Nederlands Theologisch Tijdschrift* 38, 1984, 300쪽 참조.

14) Emmanuel Levinas, *De l'existant à l'existant*(1947), Paris: Vrin, 1978, 119쪽 이하. 특히 147~151쪽 이하 참조. 이 시기의 '주체' 생성 과정에 관한 내용은 강영안, 『타인의 얼굴』, 문학과 지성사, 2005, 3장 참조.

15) *TI*, 6쪽.

16) 같은 곳. 『전체성과 무한자』를 중심으로 주체와 타자 간의 관계에 대한 논의는 강영안, 앞의 책, 4장 참조.

17) Emmanuel Levinas, *Autrement qu'etre ou au delà de l'essence*, Den Haag: Martinus Nijhoff, 1974(이하 *AQE*), 147쪽 참조.

18) 같은 책, 80쪽.

19) 같은 책, 89쪽 참조.

20) 같은 책, 63~64, 70쪽 참조.

21) 같은 책, 97쪽 참조.

22) *CIS*, 194쪽(김동식 · 이유선 옮김, 352쪽) 참조.

23) 같은 책, xiv(김동식 · 이유선 옮김, 21쪽).

24) 같은 책, 83쪽(김동식 · 이유선 옮김, 162쪽) 참조.

25) 같은 책, 192쪽(김동식 · 이유선 옮김, 349쪽) 참조.

26) 같은 책, xv(김동식 · 이유선 옮김, 23쪽) 참조.

27) *AQE*, 98쪽 참조.

28) 같은 책, 147쪽 참조.

29) *CIS*, 143쪽(김동식 · 이유선 옮김, 261쪽) 참조.

30) '자기 창조'와 '연대성'의 분리가 정말 현실성 있는 대안인가 하는 것
    에 대해서는 Thomas McCarthy, "Private Irony and Public
    Decency: Richard Rorty's New Pragmatism", in *Critical Enquiry*
    16(Winter 1990), 355~370쪽; 유홍림, 「로티의 정치 사상」, 『철학과
    현실』 31호(1996년 겨울호), 84~93쪽.

전체성과 역사를 너머 지금 여기에

1) A.Th. Peperzak(ed.), *Ethics as First Philosophy: The Significance
   of Emmanuel Levinas for Philosophy, Literature and Religion*,
   London: Routeledge, 1995 참조.

2) J. Derrida, *Adieu à Emmanuel Levinas*, Paris: Galilée, 1997, 15쪽.

3) Howard Caygill, *Levinas and the Political*, London/New York:
   Routledge, 2002, 2쪽 참조.

4) Emmanuel Levnias, *Totalité et Infini: Essai sur l'extériorité*, La
   Haye: Martinus Nijhoff, 1961(이하 *TI*), ix. 본문 가운데 이 책이 인용
   되는 경우 *TI*로 표시해서 쪽수와 함께 인용했다.

5) 토마스 홉스, 진석용 옮김, 『리바이어던 1』, 나남, 2008, 64쪽 이하 참조.

6) '총력전'(Totale Krieg)은 클라우비츠까지 거슬러 올라가는 개념이지
   만 실제로 유행하기는 히틀러 치하의 선전장관 요셉 괴벨스(Joseph
   Goebbels)가 1943년 쓰기 시작할 때부터이다. Jorg Bohse,
   "Goebbels' rede zum 'Totalen Krieg'", in http://www.
   mediaculture-online.de/fileadmin/bibliothek/bohse_
   goebbels/bohse_goebbels.pdf 참조.

7) 자기 유지의 존재론을 토대로 한 평화의 한계에 대해서는 강영안, 「레비
   나스의 '평화의 형이상학': 일인칭적 관점에서 본 평화의 문제」, 서강대학
   교 철학연구소 엮음, 『평화의 철학』, 철학과 현실사, 1995, 219~240쪽
   참조.

8) 레비나스의 평화론에 대해서 현재까지 나온 연구 가운데 로제 부르흐흐 라브의 연구가 가장 포괄적이다. Roger Burggraeve, *Levinas over vrede en mensrechten*, Leuven: Acco, 1990, 13～179쪽 참조.

9) 이런 의미의 유한은 예컨대 칸트의 『순수이성비판』에서 논의한 유한 개념이다.

10) 니콜라스 월터스토프, 홍병룡 옮김, 『정의와 평화가 입 맞출 때까지』, IVP, 2007 참조.

11) Emannuel Levinas, *Autrement qu'être ou au-delà de l'essence*, La Haye: Martinus Nijhoff, 1974, 6～8, 47～49쪽 참조.

12) "내가 여기 있나이다"에 대한 자세한 논의는 강영안, 『타인의 얼굴: 레비나스의 철학』, 문학과 지성사, 2005 참조.

13) 레비나스 철학의 발전 단계에 대해서는 강영안, 같은 책 참조.

14) 라인홀드 니버, 남정우 옮김, 『도덕적 인간과 비도덕적 사회』, 대한기독교서회, 2003 참조.

15) 말과 거리둠, 말과 분리에 대해서는 *TI*, 35～42쪽 참조.

16) 이 한 마디에 우리는 레비나스 철학 전체를 담을 수 있다. Simon Critchley, "Introduction", in Simon Critchly & Robert Bernasconi(eds.), *The Cambridge Companion to Levinas*, Cambridge: Cambridge University Press, 2002, 27쪽 참조.

'정'답게 세상을 보다

1) 이 글은 2000년 10월 3일 사랑의 씨튼 수녀회가 주최한 '한국인의 정과 그리스도인의 영성'이라는 주제의 발표회에서 읽었던 원고이다. 이 주제를 생각하도록 자극을 주고 발표를 부탁한 김승혜 서강대 종교학과 명예교수(당시 사랑의 씨튼 수녀원 원장)와 중국 전통에 나타난 정의 문제와 관련해서 그레이엄의 자료를 찾아준 정재현 박사(서강대 철학과 교수)께 감사를 드린다.

2) 한국문화와 정의 관계를 자세히 논의한 연구서로는 최봉영, 『한국문화의 성격』, 사계절, 1997 참조. 이 가운데 정과 관련된 여러 가지 '사전적 의미'에 관해서는 특히 143～146쪽 참조.

3) A.C. Graham, *Studies in Chinese Philosophy & Philosophical Literature*, Albany: SUNY Press, 1986, 59쪽 이하.

4) 『맹자』(孟子), 「공손축장구 상」(公孫丑章句上), 6장 참조.

5) 같은 책, 「진심장구 상」(盡心章句上), 33장.

6) 최종근, 「사람 사는 정(情)을 배우며」, 『영성생활』 19호, 도서출판 영성 생활, 2000, 16~22쪽. 인용은 21쪽.

7) 정의 상호적 성격과 인지적 요소와 관련해서는 아리스토텔레스, 『니코 마코스 윤리학』, 8권 2장 참조.

8) 같은 책, 8권 3장 참조.

9) 같은 곳.

10) 같은 곳.

11) 같은 책, 8권 4장 참조.

12) 같은 책, 9권 8장(1168b).

13) 같은 책, 9권 8장.

14) 같은 곳.

15) 같은 곳.

16) 같은 책, 8권 3장.

17) 좀더 전문적인 논의는 Paul Ricoeur, *Soi-même comme un autre*, Paris: Seuil, 1990, 7장과 Susanne Stern-Gillet, *Aristotle's Philosophy of Friendship*, Albany: State University of New York Press, 1995 참조.

18) 묵자의 겸애설도 역시 자기 자신을 사랑하는 사랑에 대한 이해에서 출 발한다. 자기 자신을 사랑하듯이 남의 부모, 남의 자식을 먼저 사랑하 라는 것이 묵자의 가르침이기 때문이다. 『묵자』(墨子), 「겸애편」(兼愛 編); 김학주, 『묵자: 그의 생애, 사상과 묵가』, 민음사, 1988, 155쪽 이 하 참조.

19) 최준식, 『한국인에게 문화는 있는가』, 사계절, 1997, 130쪽.

20) 최준식, 「한국인의 정」, 『영성생활』 16호, 1998, 75~81쪽. 인용은 80쪽.

21) 진 토마스 신부님도 이 말을 지목한다. 진 토마스, 「서양인의 눈으로 본 한국인의 정」, 『영성생활』 18호, 1999, 9~15쪽 가운데 특히 14쪽

참조.

22) 레비나스, 강영안 옮김, 『시간과 타자』, 문예출판사, 1996; 강영안, 『주
    체는 죽었는가: 현대철학의 포스트모던 경향』, 문예출판사, 1996 참조.

고통이 타인을 돌아보게 한다

1) Johan Huizinga, *Hersttij der middeleeuwen*(1919), Wolters-
   Noordhoff, 1984, 1쪽 참조.

2) C.A. 반 퍼슨, 강영안 옮김, 『급변하는 흐름 속의 문화』, 서광사, 1994,
   212~213쪽.

3) 월터스토프는 미국 그랜드래피즈의 칼빈 칼리지와 암스테르담 자유대
   학교 철학과 교수를 거쳐 예일대학교에서 철학·신학 교수로 지내다가
   은퇴한 뒤 버지니아 대학교 고등연구소에서 원로연구원으로 재직 중이
   다. 주요 저서로는 *Divine Discourse*, Cambridge University Press,
   1995와 *Locke and the Ethics of Belief*, Cambridge University Press,
   1996이 있고, 그 외 *The Universal*; *Science within the Bounds of
   Religion*; *Art in Action*; *Educating for Responsible Action*, *Untill
   Justice and Peace embrace* 등 형이상학, 과학철학, 예술철학, 교육철
   학, 종교철학, 사회철학 등에 관한 책이 있다.

4) Nicholas Wolterstorff, *Lament for a Son*, Grand Rapids, Michigan:
   Eerdmans, 1987, 9쪽. 한국어판은 박혜경 옮김, 『나는 사랑하는 사람
   을 잃었습니다』, 좋은 씨앗, 2003.

5) 「욥기」 1장 10절.

6) 「욥기」 1장 21절.

7) 박완서, 『한 말씀만 하소서』, 솔, 1994, 13쪽.

8) 같은 책, 29~30쪽.

9) Nicholas Wolterstorff, 앞의 책(*Lament for a Son*), 15쪽 참조.

10) 박완서, 앞의 책, 15쪽.

11) 같은 책, 82쪽; 「욥기」 30장 29절.

12) Clive Staples Lewis, *A Grief Observed*, London: Faber & Faber,
    1961, 14쪽.

13) Emmanuel Levinas, "Souffrance inutile"(1982), in *Entre nous*, Paris: Grasset, 1991, 107~119쪽. 인용은 108쪽. 레비나스 철학에서 고통의 문제에 관해서는 *Tijdschrift voor Filosofie* 59호(1997년 제2집)에 실린 필자의 글 "Levinas on Suffering and Solidarity"를 참조하길 바란다. 이 글은 첨삭 과정을 거쳐 강영안, 『타인의 얼굴: 레비나스의 철학』, 문학과 지성사, 2005에 실었다.

14) 박완서, 앞의 책, 71쪽.

15) Emmanuel Levinas, *Le temps et l'autre*(1947), Paris: Quadrige/PUF, 1979, 55쪽(강영안 옮김, 『시간과 타자』, 문예출판사, 1996, 75~76쪽).

16) William Shakespeare, *Hamlet* III, sc. I. 햄릿의 저 발언에 대한 레비나스의 해석에 관해서는 Emmanuel Levinas, *De l'existence a l'existant*(1947), Paris: Vrin, 1990, 101쪽; Emmanuel Levinas, 앞의 책(*Le temps et l'autre*), 29, 61쪽(강영안 옮김, 44, 82쪽) 참조.

17) Emmanuel Levinas, 같은 책, 27쪽(강영안 옮김, 39~40쪽) 참조.

18) Emmanuel Levinas, *Ethique et infini*, Paris: Fayard et Radio-France, 1982, 37쪽.

19) Emmanuel Levinas, 앞의 책(*Le temps et l'autre*), 25쪽(강영안 옮김, 44~45쪽). 레비나스의 고통의 개념에 대한 자세한 논의는 강영안, 앞의 책 참조.

20) Emmanuel Levinas, 앞의 글, 107쪽.

21) 같은 곳.

22) Emmanuel Levinas, *Totalité et infini: Essai sur l'extériorité*, Den Haag: Martinus Nijhoff, 1961(이하 *TI*), 82쪽.

23) Emmanuel Levinas, 앞의 글, 108~109쪽.

24) 같은 글, 109쪽.

25) 박완서, 앞의 책, 84~85쪽.

26) 같은 책, 46쪽.

27) 같은 책, 47쪽.

28) 같은 책, 46쪽 참조.

29) C.S. Lewis, *The Problem of Pain*(1940), New York: imon and Shuster, 1996, 23쪽 참조.

30) 변신론에 관한 짧고도 유익한 논의는 Hans Küng, *Gott und das Leid*, Einsiedeln: Benzinger, 1967과 Paul Ricoeur, *Le mal*, Géneve: Labor et Fides, 1986에서 읽어볼 수 있다. 강영안, 「악의 형이상학은 가능한가?」, 한국정신문화연구원 엮음, 『악이란 무엇인가』, 도서출판 창, 1992, 18~60쪽 참조. 사족이 되겠으나 변신론 또는 신정론으로 번역되는 유럽 낱말들은 1710년 라이프니츠가 만든 것으로 "신(ho theos)은 의로운 분(dikaios)이시다(esti)"라는 말에서 나왔다.

31) 손봉호, 『고통받는 인간』, 서울대학교 출판부, 1995, 89쪽.

32) C.S. Lewis, *A Grief Observed*, 27쪽. 젊을 때 이론적으로 쓴 고통의 문제와 아내 조이가 죽을 때 그 슬픔을 토로한 헤아려 본 슬픔에서 루이스가 보인 갈등에 대해서는 강영안, 『신을 모르는 시대의 하나님』, IVP, 2007, 161~181쪽 참조.

33) C.S. Lewis, 앞의 책(*The Problem of Pain*), 83쪽.

34) 같은 책, 87~88쪽.

35) C.S. Lewis, 앞의 책(*A Grief Observed*), 52쪽.

36) 박완서, 앞의 책, 18쪽.

37) 같은 책, 26쪽.

38) 같은 책, 32쪽.

39) 같은 책, 66쪽.

40) 같은 책, 74쪽.

41) 같은 책, 79~80쪽.

42) 같은 책, 99쪽.

43) 같은 책, 25쪽.

44) 같은 곳.

45) 같은 책, 43쪽.

46) 「욥기」 4장 5~11절; 5장 3, 5절; 5장 12~16절.

47) 「욥기」 20장 4~29절 참조.

48) 「욥기」 6장 29절; 9장 20~21절; 13장 23절; 16장 17절; 23장 2, 6,

10~12절; 27장 3~6절; 30장 25~26절; 31장 5~40절. 욥의 고통에 대한 자세한 연구로는 Philippe Nemo, *Job et l'excès du mal*, Paris: Bernard Grasset, 1978과 Emmanuel Levinas, "Transcendance et mal", in *De Dieu qui vient à l'idée*, Paris: J. Vrin, 1982, 191~207쪽 참조.

49) 박완서, 앞의 책, 89~90쪽.

50) 같은 책, 90쪽.

51) 같은 책, 11쪽.

52) Emmanuel Levinas, 앞의 책(*Entre nous*), 109쪽.

53) 박완서, 앞의 책, 57쪽.

54) Emmanuel Levinas, 앞의 책(*Le temps et l'autre*), 35쪽(강영안 옮김, 51쪽).

55) 박완서, 앞의 책, 94~95쪽.

56) 같은 책, 96쪽.

57) 같은 곳.

58) *TI*, 86, 88~92쪽 참조.

59) 박완서, 앞의 책, 90쪽.

60) 같은 책, 69~70쪽.

61) Nicholas Wolterstorff, 앞의 책(*Lament for a Son*).

62) 자세한 것은 최근에 출간된 Nicholas Wolterstorff, *Hearing the Call. Liturgy, Justice and World*, Grand Rapids, Michigan: Eerdmans, 2011, 14~15쪽 참조.

63) Dorothee Sölle, *Leiden*, Stuttgart/Berlin: Kreuz-Verlag, 1973, 91쪽 이하. 세 단계의 대조를 죌레는 92쪽에서 자세하게 도표로 제시한다.

진리를 밝히는 기호의 힘

1) 이 글은 1994년 6월 13일 서강대 인문과학연구소에서 내가 발표한 내용을 당시 서강대 철학과 대학원에 재학 중이던 서동욱 교수가 녹취한 것을 토대로 다시 원고를 수정, 보완하여 1994년 9월 24일 한국기호학회와 이화여대 기호학연구소가 공동 주최한 학회에서 발표한 글이다.

문어체로 바꾸었으나 내용이나 구성, 흐름에 처음 발표했을 때의 입말의 자취를 그대로 남겨두었다.

2) 이 책은 밀라노의 Bompiani 출판사를 통해 1980년 이탈리아어로 출판되어 1983년 네덜란드어와 영어로 번역되었다.

3) Umberto Eco, *Il nome della rosa*(1980), Milano: Bompiani. 이 글에서는 이동진 옮김, 『장미의 이름으로』, 우신사, 1986(이하 『장미의 이름』)을 인용한다.

4) Umberto Eco, *Travels in Hyperreality*(1986), San Diego/NewYork/London: Harcourt Brace Jovanovich, 61~72쪽 참조.

5) 서영채, 「이성중심주의와 장미: 움베르토 에코의 『장미의 이름』 읽기」, 『세계의 문학』 63호(1992년 봄호), 328~347쪽; Samuel IJsseling, "De naam van de roos: een boek over boeken", in P. Allegart & I. Vanmarcke, *Tussen poussin en punthelm*, Lueven/Amersfort: Acco, 167~180쪽 참조.

6) Umberto Eco, *Postscript to the Name of the Rose*, San Diego/New York/London: Harcourt Brace Jovanovich, 1984, 33~34쪽(이윤기 옮김, 『나는 장미의 이름을 이렇게 썼다』, 열린책들, 1992, 53~54쪽).

7) 『장미의 이름』, 337쪽 참조.

8) Umberto Eco, 앞의 책(*Postscript to the Name of the Rose*), 50~53쪽(이윤기 옮김, 77~78쪽).

9) 같은 책, 54쪽(이윤기 옮김, 79~80쪽) 참조.

10) 같은 책, 54~58쪽(이윤기 옮김, 80~83쪽) 참조.

11) Alois Dempf, *Metaphysik des Mittelalters*, Darmstadt: Wissenschaftliche Buchgesellschaft, 1971, 3쪽 참조.

12) 『장미의 이름』, 25쪽.

13) Samuel IJsseling, 앞의 글, 12쪽.

14) 『장미의 이름』, 324쪽.

15) 이동진은 이 말을 "사다리가 튼튼해야 올라갈 수 있다"(493쪽)로, 이윤기는 "지붕에 올라간 다음에는 누가 쫓아오지 못하게 사다리를 치워야 한다"(이윤기 옮김, 『장미의 이름』, 554쪽)로 옮겼다. 이윤기는 "누

강영안 姜榮安

1952년 경상남도 사천에서 태어났다. 고등학교 졸업 후 신학을 몇 년 공부하고 학교를 옮겨 한국외국어대학교에서 네덜란드어와 철학을 공부하였다. 1978년 벨기에 정부 초청 장학생으로 벨기에로 건너가 루뱅 가톨릭대학교에서 네덜란드어로 철학을 공부하여 철학학사와 석사 학위를 받았다. 1985년 네덜란드 암스테르담 자유대학교에서 "Schema and Symbol, A Study on Kant's Doctrine of Schematism"으로 철학박사 학위를 받았다. 네덜란드 레이든대학교 철학과 전임강사로 형이상학과 인식론을 맡아 강의했으며 귀국한 뒤에는 계명대학교 철학과 조교수를 거쳐 1990년 이후 지금까지 서강대학교 철학과 교수로 재직 중이다. 루뱅대 초빙교수를 지냈으며 미국 칼빈 칼리지에서는 초빙 정교수 자격으로 서양철학과 동양철학을 강의하였다. 지은 책으로는 『주체는 죽었는가』『자연과 자유 사이』『도덕은 무엇으로부터 오는가』『강교수의 철학이야기』『우리에게 철학은 무엇인가』(일본어 번역: 韓國近代哲學の形成と展開),『인간의 얼굴을 가진 지식』『타인의 얼굴』『칸트의 형이상학과 표상적 사유』『강영안 교수의 십계명강의』『신을 모르는 시대의 하나님』『생각과 실천』(공저), 대담집 『철학이란 무엇입니까』 등이 있다. 옮긴 책으로는 『시간과 타자』『급변하는 흐름 속의 문화』『몸·영혼·정신』(공역)이 있다.

yakang@sogang.ac.kr